Lawrence L. Kerns
unter Mitarbeit von Adrienne B. Lieberman

Hilfen für depressive Kinder

Ein Ratgeber

Herausgeber der deutschen Ausgabe:
Sigrid und Michael von Aster

Übersetzung der ersten acht Kapitel aus dem Amerikanischen
von Irmela Erckenbrecht

Verlag Hans Huber
Bern · Göttingen · Toronto · Seattle

Für meine Familie: Lawrence A. und Genevieve; Elizabeth;
Andrew, Caroline, Gillian und Peter (L.L.K.)

Für Nancy (A.B.L.)

Die amerikanische Originalausgabe dieses Buches ist 1993 bei Prima
Publishing, Rocklin (Canada), unter dem Titel «Helping your depressed child»
erschienen. Für die deutsche Ausgabe wurden die Kapitel 9 bis 12
grundlegend überarbeitet und ergänzt und durch die Kapitel 9 und 10 ersetzt.
© für die Originalausgabe 1993 by Lawrence L. Kerns.

Umschlagbild: Rosina Kuhn, «Judith»
(im Original Öl auf Leinwand, 50 cm x 45 cm)
© 1993 Rosina Kuhn

Die Deutsche Bibliothek – CIP-Einheitsaufnahme

Kerns, Lawrence L.:
Hilfen für depressive Kinder : ein Ratgeber / Lawrence L. Kerns.
Unter Mitarb. von Adrienne B. Lieberman. Hrsg. der dt. Ausg.:
Sigrid und Michael von Aster. Übers. der ersten acht Kap.
aus dem Amerikan. von Irmela Erckenbrecht. – 1. Aufl. – Bern ;
Göttingen ; Toronto ; Seattle : Huber, 1997
  (Aus dem Programm Huber: Psychologie-Sachbuch)
  Einheitssacht.: Helping your depressed child <dt.>
  ISBN 3-456-82815-2

1. Auflage 1997
© für die deutsche Ausgabe Verlag Hans Huber, Bern 1997
Druck: Druckerei Odermatt AG, Dallenwil
Printed in Switzerland

Inhalt

Danksagung

Das vorliegende Buch ist das Ergebnis meiner Ausbildung und der klinischen Erfahrungen, die ich in den letzten Jahren sammeln konnte. Ich möchte daher den LehrerInnen und MentorInnen danken, die zu meinem Verständnis der Behandlung depressiver Kinder und deren Familien beigetragen haben: Doug Breunlin vom Family Institute of Chicago; Lee Combrinck-Graham, M.D., vom Institute for Juvenile Research; Richard Marohn, M.D., von der Northwestern University Medical School und Paul Tolpin, M.D., vom Chicago Institute for Psychoanalysis. Sie alle ließen mich in jahrelanger Zusammenarbeit und zahllosen Diskussionen an ihren Erfahrungen und Erkenntnissen teilhaben.

Außerdem danke ich dem Personal den Good Shepherd Hospital Mental Health Units, den Partial Hospital Programs of Lake County und den Family Services of McHenry County. Im Team haben wir Hunderte von Kindern und Jugendlichen mit ihren Angehörigen behandelt, und dabei habe ich von ihnen ganz gewiß mehr gelernt als sie von mir.

Unendlich dankbar bin ich auch den ExpertInnen, die dieses Buch gemeinsam mit mir realisiert haben, darunter meine Ko-Autorin, Adrienne B. Lieberman; unsere Agentin, Jane Jordan Browne; unsere Lektorinnen, Jennifer Basye und Anne Montague; und unsere Herstellerin, Janelle Rohr.

Mein allergrößter Dank gebührt jedoch den Kindern und Familien, die sowohl den Stoff als auch den Anlaß für dieses Buch gaben. Ich bin sicher, ihr Beispiel wird vielen anderen Familien Trost spenden können.

Vorwort zur deutschen Ausgabe

Viele Eltern mit psychisch kranken Kindern erleben neben der eigentlichen Belastung, die eine solche Erkrankung mit sich bringt, eine große Verunsicherung in ihrer Elternrolle, Schuldgefühle und manchmal auch Ächtung und Schuldzuweisungen aus ihrer Umgebung. Solche Erfahrungen können ein ernsthaftes Hindernis für eine professionelle Behandlung darstellen. Auch heute noch gilt eine psychische Erkrankung in weiten Kreisen der Öffentlichkeit als eine Art Makel, und allzuleicht werden abwertende Urteile über Familien gefällt, in denen ein Kind psychisch erkrankt ist. Fachleute müssen kritisch in den Spiegel schauen und sich fragen, ob von ihnen geprägte Begriffe wie z. B. „Patient Familie" solchen wenig hilfreichen Denkhaltungen zusätzlichen Auftrieb geben.

In diesem Zusammenhang stellt das vorliegende Werk von Lawrence Kerns einen erfreulich konstruktiven Beitrag dar. Der Autor spricht die Eltern ausdrücklich als kompetente Partner von Ärzten und Psychotherapeuten im Behandlungsprozeß des Kindes an und ermöglicht ihnen, sich an Hand vieler Beispiele aus seiner langjährigen Praxis umfassend über die Krankheit Depression und ihre Heilungsmöglichkeiten zu informieren. Durchgängig spürbar ist eine von Achtung und Respekt geprägte Haltung gegenüber den Eltern depressiver Kinder, verbunden mit der stetigen Ermutigung, aktiv am Behandlungsprozess teilzunehmen.

Die deutsche Bearbeitung enthält Anpassungen hinsichtlich spezifischer Behandlungsmöglichkeiten und -bedingungen im deutschsprachigen Raum und wurde hinsichtlich des Ansatzes der Klientenzentrierten Kinderpsychotherapie erweitert, der insbesondere im Bereich der öffentlichen psychosozialen Versorgung in Deutschland einen erheblichen Stellenwert hat.

Wir freuen uns, diesen unserer Ansicht nach wertvollen und zukunftsweisenden Beitrag unseres engagierten Kollegen aus Chicago zur begleitenden Elternarbeit bei depressiven Kindern und Jugendlichen einer deutschsprachigen Leserschaft zugänglich machen zu können.

Küsnacht/Zürich, November 1996
Sigrid und Michael von Aster

Einleitung

«In letzter Zeit scheint sich Mary für ihre Arbeit immer weniger zu interessieren. Selbst wenn sie von aufregenden Erlebnissen berichtet, schwingt in ihrer tonlosen Stimme keine Begeisterung mit. Sie scheint sich selbst nicht mehr zu mögen, und manchmal kommt es mir so vor, als sei ihr völlig egal, was mit ihr geschieht.»

Klingt das wie die Beschreibung einer Person aus ihrem Bekanntenkreis – die Beschreibung einer Kollegin, eines Verwandten oder einer Freundin? Sie könnte auf beliebig viele depressive Erwachsene zutreffen, doch Mary ist ein 8jähriges Mädchen. Und leider ist Mary mit ihren Problemen nicht allein.

Sechs Millionen Kinder und Jugendliche in den USA – etwa 10 Prozent aller Kinder – sind depressiv. Sie sind nicht bloß gelegentlich ein bißchen niedergeschlagen oder traurig, gelangweilt, einsam oder ängstlich, sondern leiden an einer ernsthaften und im schlimmsten Fall sogar tödlichen Krankheit: der Depression.

Diese Krankheit kann das Leben für Kinder unerträglich machen. Sie behindert ihre normale Entwicklung, weil sie Energien bindet, welche die Kinder eigentlich bräuchten, um in der Schule zu lernen und zu Hause zu spielen. Depressive Kinder sind dringend auf Hilfe angewiesen, doch stoßen sie geliebte Menschen durch ihr Verhalten häufig gerade dann ab, wenn sie sie am meisten brauchen. Bleiben sie unbemerkt, können Depressionen zum Selbstmord führen, und das auch schon bei Kindern, die gerade erst fünf Jahre alt sind.

Viele Jahre lang haben Fachleute verneint, daß auch Kinder und Jugendliche unter Depressionen leiden können. Zwei irrtümliche Annahmen führten zu dieser Schlußfolgerung:

Erstens glaubten sie, das «sorgenfreie» Leben in der Kindheit weise nicht genug Streßfaktoren auf, um Depressionen auslösen zu können. Leider ist das Gegenteil der Fall. Kindern haben mit einer ganzen Reihe ernsthafter Probleme zu kämpfen. Eine Scheidung, ein Todesfall in der Familie, ja, sogar ein Umzug – es gibt zahlreiche Streßfaktoren, die ein dafür anfälliges Kind in Depressionen stürzen können.

Zweitens ging die Fachwelt davon aus, daß Depressionen durch eine allzu kritische Bewußtseinsinstanz, das sogenannte Über-Ich hervorgerufen werden. Weil das Über-Ich erst in der späten Kindheit vollständig entwickelt ist, wurde gefolgert, daß kleine Kinder nicht depressiv sein können. Heute wissen wir, daß Depressionen auf die vielfältigsten Ursachen zurückgehen können. Die meisten Psychotherapeutinnen und Psychotherapeuten halten eine Fehlentwicklung des Über-Ichs nicht mehr für den einzigen Ursprung einer Depression.

Der bloße Gedanke an Depressionen bei Kindern läßt Erwachsene unbehaglich fühlen, ja, viele empfinden den Gedanken selbst als deprimierend. Wir wollen in dem Bewußtsein leben, daß wir unsere Kinder glücklich machen und in jeder Notlage trösten können. Gelingt uns dies nicht, verschließen wir lieber die Augen vor dem Problem. Denn wenn wir die Tatsache, daß auch Kinder unter Depressionen leiden, nicht verdrängen können, müssen wir uns mit unserer eigenen Hilflosigkeit auseinandersetzen. Die Flucht vor dem Problem hat jedoch einen Haken: Wenn wir es ignorieren, können wir es auch nicht lösen.

Die *American Medical Association* hat vor kurzem berichtet, daß psychische Störungen bei 10- bis 18jährigen in den USA die häufigste Art von Erkrankung sind, ja, in ihrer Häufigkeit alle anderen chronischen Störungen bei dieser Altersgruppe übertreffen. Eine landesweite Untersuchung von Schülerinnen und Schülern im achten bis zehnten Schuljahr ergab die folgenden Zahlen:

- 61 Prozent der Schülerinnen und Schüler berichteten von depressiven Verstimmungen und Gefühlen der Hoffnungslosigkeit.
- 45 Prozent gaben an, streßreiche Situationen zu Hause und in der Schule nicht bewältigen zu können.
- 36 Prozent meinten, es gäbe manchmal oder sogar häufig nichts, worauf sie sich freuen könnten.
- 34 Prozent räumten ein, bereits einmal an Selbstmord gedacht zu haben, 14 Prozent hatten tatsächlich schon einen Selbstmordversuch unternommen. Auf jeden erfolgten Selbstmord entfallen wahrscheinlich zwischen 50 bis 200 Selbstmordversuche, von denen viele unbemerkt bleiben oder nicht in die Statistiken gelangen.

Trotz dieser ernüchternden Ergebnisse wird geschätzt, daß weniger als 20 Prozent aller Kinder mit ernsthaften emotionalen Problemen überhaupt eine Behandlung erhalten. Von dringlichen Fällen geradezu überschwemmt, haben viele auf die Probleme von Kindern speziali-

sierte psychotherapeutische Einrichtungen inzwischen so lange Wartelisten, daß die betreffenden Kinder selbst auf das erste Beratungsgespräch wochenlang warten müssen. An den Schulen arbeitende Sozi-
alarbeiterinnen und Sozialarbeiter sind mit so vielen depressiven
Kindern konfrontiert, daß sie ihre Zeit sorgfältig einteilen müssen, um
zumindest die gravierendsten Fälle ausreichend bearbeiten zu können.
Mich selbst haben manchmal innerhalb einer einzigen Woche fünf
selbstmordgefährdete Jugendliche aufgesucht.

Aber es gibt auch eine gute Nachricht: Depressionen im Kindes- und
Jugendalter lassen sich erfolgreich behandeln. Es ist möglich, kompe-
tente Hilfe von außen zu bekommen, und auch Sie als Eltern können
Ihrem Kind Hilfestellung leisten.

Der erste Schritt besteht darin zu bestimmen, ob Ihr Kind depressiv
ist. Es ist nämlich durchaus möglich, daß Ihr Kind unter Depressionen
leidet, obwohl es nicht traurig aussieht und auch nicht sagt, daß es unglücklich ist. Häufig verstecken sich Depressionen hinter Wutanfällen,
Schulproblemen, Drogenmißbrauch oder Eßstörungen.

Das vorliegende Buch gibt Ihnen Gelegenheit, die vielen Masken
kennenzulernen, hinter denen sich Depressionen im Kindes- und Jugendalter verstecken können. Außerdem werden Sie erfahren, warum
Kinder depressiv werden und welch wichtige Rolle Sie übernehmen
können, indem Sie Ihrem Kind helfen, konstruktiv mit diesen Gefühlen umzugehen.

Depressive Menschen – und das gilt für Kinder ebenso wie für Erwachsene – empfinden häufig einen Kontrollverlust, ein Gefühl der
Hilflosigkeit. Möglicherweise ist eine therapeutische Behandlung nötig,
damit Ihr Kind das Gefühl, für sein eigenes Leben verantwortlich zu
sein, wiedererlangen kann. Wir werden erklären, wie Sie eine kompetente Therapeutin oder einen kompetenten Therapeuten für Ihr Kind
finden können, und Ihnen Informationen an die Hand geben, mit deren
Hilfe Sie die verschiedenen Behandlungsformen besser einschätzen
können. Auch auf den Fall, daß eine stationäre Behandlung im Krankenhaus für Ihr Kind ratsam erscheint, wollen wir ausführlich eingehen.

Die wichtigste Quelle der Hilfe für Ihr depressives Kind sind jedoch
Sie, seine Eltern. Sie lieben Ihr Kind mehr als sonst jemand auf dieser
Welt, und Sie kennen Ihr Kind am allerbesten. Was Sie tun oder sagen,
wird auf Ihr Kind tiefgreifende Auswirkungen haben. Eine gute Therapeutin bzw. ein guter Therapeut wird Ihnen helfen, die eigenen Möglichkeiten zu nutzen, so daß Sie jetzt und in Zukunft die wunderbare
Gelegenheit bekommen, für Ihr Kind «therapeutisch tätig» zu sein.

Wie Sie über Ihr Kind, Ihre Familie und die Depressionen denken,
bestimmt, was Sie tun und wie erfolgreich Sie damit sind. Ich bin weit

davon entfernt, Sie oder Ihr Kind als «gestört» zu betrachten; im Gegenteil, ich gehe von der grundsätzlichen Kompetenz Ihrer Familie aus.
Sie verfügen bereits über alle notwendigen Fähigkeiten, um Ihrem
Kind wirksam helfen zu können. Ich werde Ihnen zeigen, wie Sie diese
Fähigkeiten entdecken, nutzen und gezielt einsetzen können. Dabei
werden Sie einiges über sogenannte «Systeme» wie z.B. Ihre Familie,
die Schule Ihres Kindes und Ihr soziales Umfeld erfahren. Im Laufe
der Zeit werden Sie immer deutlicher erkennen, daß die Depressionen
Ihres Kindes Probleme in diesen Systemen widerspiegeln.

Mein Ansatz stützt sich auf die normalen Entwicklungsprozesse Ihres Kindes und Ihrer Familie. Inneres und äußeres Wachstum ist die
wichtigste Entwicklungsaufgabe Ihres Kindes, und daraus kann es eine
starke Kraft beziehen. Weil es noch wächst, kann es sich leichter wieder
aufrichten und zu seinem Kurs zurückfinden – wie ein gekentertes Se-
gelboot. Mein Ziel besteht darin, Ihnen und Ihrem depressiven Kind
dabei zu helfen, all die Hindernisse beiseite zu räumen, die einem normalen Wachstum vorübergehend im Wege stehen.

Hinweis zur Benutzung dieses Buches

Natürlich hoffen wir, daß Sie das Buch letztendlich vollständig durch-
lesen werden. Es ist jedoch nicht notwendig, alle Kapitel der Reihen-
folge nach zu lesen. Im Gegenteil, es kann für Sie besser sein, mit dem
Kapitel anzufangen, das sich direkt mit Ihren drängendsten Fragen be-
faßt.

So haben Sie dieses Buch zum Beispiel vielleicht zur Hand genommen, weil Sie sich fragen, ob Ihr Kind möglicherweise unter Depressionen leidet. Mit dieser Unsicherheit sind Sie nicht allein. Es könnte
für Sie sinnvoll sein, sich zuerst Kapitel 2 anzuschauen, in dem beschrieben wird, welche verschiedenen Erscheinungsformen Depressionen im Kindes- und Jugendalter annehmen können. Kapitel 4 und 6
gehen dann noch einmal ausführlicher auf einige dieser Erscheinungsformen ein.

Falls bei Ihrem Kind bereits eine Depression diagnostiziert wurde,
könnte die Frage nach dem Warum für Sie im Vordergrund stehen. Kapitel 3 wäre deshalb für Sie besonders interessant. Vielleicht machen
Sie sich aber auch am meisten Sorgen darüber, wie Ihre Familie mit
diesem Problem zurechtkommen wird (Kapitel 8) oder wie Sie eine geeignete Psychotherapie für Ihr Kind finden (Kapitel 9).

Möglicherweise hat Ihr Kind aber auch bereits einen Selbstmordversuch unternommen oder Sie befürchten, daß es mit dem Gedanken an

Selbstmord spielt. In diesem Fall wäre es sinnvoll, mit Kapitel 7 anzufangen. Falls man Ihnen geraten hat, Ihr Kind stationär in einem Krankenhaus behandeln zu lassen, kann Kapitel 10 Ihnen helfen, diesen Rat besser einzuschätzen und zu einer fundierteren Entscheidung zu gelangen.

Die Depressionen Ihres Kindes können die besorgniserregendste Erfahrung sein, mit der Ihre Familie sich bisher auseinandersetzen mußte. Sie können für Sie alle aber auch eine einmalige Chance zu echtem Wachstum bieten.

Teil I: Was bedeuten Depressionen bei Kindern und Jugendlichen?

1. Depressionen – ein weit verbreitetes Problem

Stark depressive Kinder fallen häufig in der Schule zurück, und manche holen die Leistungsdefizite nie wieder auf. Sie verlieren Freundschaften und verlernen Fertigkeiten, die sie niemals wiedererlangen können. Manche depressiven Kinder legen auch ein zerstörerisches oder selbstzerstörerisches Verhalten an den Tag. Und hinter den betreffenden Kindern und Jugendlichen stehen deren Familien, die ebenfalls unter der Situation leiden.

Häufigste Auswirkungen

Schulversagen und familiäre Schwierigkeiten

Kathy, eine depressive 10jährige, hat große Lernschwierigkeiten. Die tägliche Beaufsichtigung bei den Schulaufgaben beschreiben Kathys Eltern als Tortur. Abend für Abend setzen sie sich nach dem Essen zu dritt am Eßtisch zusammen. Eine Weile lang arbeitet Kathy konzentriert, doch sobald sie ein Problem nicht auf Anhieb lösen kann, beginnt sie, auf ihrem Stuhl hin- und herzurutschen.

Während ihre Eltern sie ermahnen, sich auf ihre Aufgaben zu konzentrieren, wird Kathy immer unleidlicher. Wenn sie nicht in Tränen ausbricht und schreiend vom Tisch aufspringt, provoziert sie ihre Eltern so lange, bis diese eine Strafe aussprechen und sie fortschicken.

Auf diese Weise haben Kathy und ihre Eltern eine tägliche Probe zu überstehen, eine Konfrontation mit ihren größten Ängsten. Jeden

Morgen geht das Mädchen mit der Erwartung in die Schule, erneut zu versagen und sich dabei elend zu fühlen. Und jeden Abend sehen sich Kathys Eltern, während ihre Tochter vor den einfachsten Rechenaufgaben kapituliert, mit ihrer Scham und dem eigenen Versagen konfrontiert. Überzeugt davon, daß ihr Kind unzulänglich ist, müssen sich Kathys Eltern auch mit der eigenen Unzulänglichkeit auseinandersetzen. Frustriert streiten sie mit Kathy und miteinander, bis sie schließlich erschöpft in den Schlaf fallen. Und natürlich fürchten sie sich alle drei vor der Wiederholung des ganzen Dilemmas am folgenden Tag.

Verhaltensprobleme

Selbstzerstörerische Verhaltensweisen wie lügen, stehlen, schlagen, Schule schwänzen oder gar von zu Hause weglaufen sind bei depressiven Kindern häufig zu beobachten. Alle diese Verhaltensweisen dienen dazu, die Konfrontation mit den eigentlichen Gefühlen zu vermeiden. Tatsächlich werden Depressionen bei Kindern und Jugendlichen oftmals nicht erkannt, weil ihr Verhalten von den dahinterstehenden Gefühlen ablenkt und eine verärgerte Reaktion provoziert. Für viele Kinder ist es einfach weniger schmerzhaft, sich aufzuspielen, anstatt den eigenen Gefühlen nachzuspüren. Die Folgen dieses Verhaltens können jedoch bis zu einer gerichtlichen Vorstrafe reichen und die Zukunft der betreffenden Kinder und Jugendlichen ernsthaft gefährden.

Drogenmißbrauch

Der verzweifelte Versuch, den unverständlichen und überwältigenden Schmerz mit selbst verordneten Mitteln zu bekämpfen, kann bei Kindern und Jugendlichen rasch zu Drogenmißbrauch führen. Wie eine depressive 16jährige es formulierte: «Als ich zum ersten Mal Drogen ausprobierte, war ich nicht *high*, sondern fühlte mich endlich wieder normal. Das Gefühl war um vieles besser als das, was ich vorher durchgemacht hatte. Und genauso geht es mir auch jetzt noch, wenn ich Drogen nehme. Ich bin nicht *high*, ich fühle mich einfach nur besser. Wenn ich keine Drogen nehme, geht es mir beschissen.»

Entwicklungsstörungen

Depressionen können die Entwicklung eines Kindes nachhaltig beeinträchtigen und über Jahre aufgebaute Fortschritte zunichte machen. So war es auch bei der 17jährigen Tara, die zu Beginn ihres letzten Schuljahrs depressiv wurde. Bis dahin hatte die Schülerin sowohl im Sport als auch in den anderen Fächern ausgezeichnete Leistungen erbracht. Bei einem bevorstehenden Sportwettkampf galt sie als unumstrittene Favoritin, und jeder ging davon aus, daß sie ein Stipendium für die Universität Yale bekommen würde. Doch die großen Erwartungen belasteten das Mädchen sehr.

«Das Schlimmste ist, daß ich sie alle enttäusche», sagte Tara. «Meinen Vater, meinen Mutter, meinen Trainer … Sie haben alles für mich getan, und jetzt lasse ich sie hängen. Aber ich kann ihnen das unmöglich sagen. Andere um Hilfe zu bitten, hält mein Vater für ein Zeichen von Schwäche, und Bewunderung kann er nur für starke Menschen aufbringen. Wenn ich meinen Eltern sage, daß ich Angst davor habe, nicht als Beste abzuschneiden, und daß ich unter großem Druck stehe, werden sie mich für zu sensibel oder zu schwach halten.»

Selbst ihre Depression empfand Tara als Last, von der sie glaubte, daß sie sie ganz allein tragen müsse. «Ich mag es nicht, wenn sich meine Eltern um mich Sorgen machen. Sie sollen nicht beunruhigt sein, bloß weil ich so niedergeschlagen bin. Es ist mein Problem, und ich will allein damit fertig werden. Sie wollen, daß ich mich ständig toll finde und glücklich darüber bin, was für eine herrliche Zukunft ich vor mir habe. Können sie denn nicht begreifen, daß dieser Zwang zum Glücklichsein für mich schwer zu ertragen ist?»

Als der innere Druck zu groß wurde, verspürte Tara den Drang, sich selbst weh tun zu müssen. Sie fügte sich mit einem Lockenstab Verbrennungen zu oder schnitt sich mit einer Rasierklinge in die Haut. Wenn sie das Blut oder die Brandblasen sah und den Schmerz spürte, floß etwas von Taras Spannung ab, so als hätte sie ein Ventil geöffnet. Doch bald reichten diese selbstzerstörerischen Verhaltensweisen nicht mehr aus, um den Druck auszugleichen. Tara fiel in dem Schulhalbjahr durch zwei Prüfungen und verpaßte die Qualifikation für den Sportwettbewerb.

Depressionen in der Kindheit führen zu einem erhöhten Risiko, sowohl im Jugendalter als auch im Erwachsenenalter wieder an Depressionen zu erkranken. Mindestens die Hälfte der Kinder, die eine klinische Depression durchmachen, erleben im späteren Leben ähnliche Krankheitsepisoden.

Auch aus diesem Grund ist es so ungeheuer wichtig, Depressionen bei Kindern und Jugendlichen frühzeitig zu erkennen und angemessen zu behandeln. Medizin und Psychotherapie haben sich in dieser Hinsicht beachtlich weiterentwickelt und die weitgehende Ignorierung kindlicher Depressionen überwunden. Viele Eltern tun sich jedoch bis heute schwer, diese Entwicklung nachzuvollziehen.

Sich die Krankheit eingestehen

Ein Kind leiden zu sehen, tut jedem Erwachsenen weh, für die betroffenen Eltern ist es jedoch noch schmerzhafter. Je länger die Depressionen ihres Kindes andauern, desto verzweifelter werden sie. Viele versuchen, die Untröstlichkeit ihres Kindes zu ignorieren und darauf zu hoffen, daß sich das Problem von selbst wieder geben wird. Sie sagen sich: «Das ist nur eine Phase. Mein Kind wird schon darüber hinwegkommen.»

Kürzlich behandelte ich ein 14jähriges Mädchen, dessen Depressionen die gesamte Familie belasteten. Sobald Diane in unseren familientherapeutischen Sitzungen auf ihre Traurigkeit zu sprechen kam, wandte sich entweder der Vater mit einer theoretischen Frage an mich, oder ihr jüngerer Bruder zog mit auffälligem Verhalten die Aufmerksamkeit auf sich.

Beide Verhaltensweisen dienten dazu, Diane und die anderen Familienmitglieder vorübergehend abzulenken. Aber Dianes Traurigkeit wurde dadurch nicht behoben – im Gegenteil, sie wurde noch größer.

Als ich schließlich die Ablenkungsversuche des Vaters und des Bruders unterband, gelang es Diane, ihren Gefühlen weinend Ausdruck zu verleihen, und ihre Mutter tat es ihr gleich. Als ihre Mutter Diane im Arm hielt, mit ihr weinte und sie tröstete, konnte auch Dianes Vater zum ersten Mal seit über zwölf Jahren offen weinen. Nachdem sie sich Dianes Krankheit eingestanden hatten, konnten die Familienmitglieder sich bewußt zusammenschließen, um etwas dagegen zu unternehmen. Möglicherweise muß auch Ihre Familie langjährige Strategien aufgeben, die dazu dienten, die Depressionen Ihres Kindes zu leugnen oder zu verdrängen.

Rasch handeln

Je schneller die Depression Ihres Kindes erkannt wird, desto einfacher ist sie zu behandeln. Sind die depressiven Verhaltensweisen erst einmal zur Gewohnheit geworden, fällt es sehr viel schwerer, sie wieder abzulegen. Indem wir Depressionen möglichst früh erkennen und behandeln, können wir auch die negativen, später nur schwer wieder behebbaren Auswirkungen – wie Schulversagen, Störungen des Selbstbilds, zerbrochene Freundschaften und tiefgreifende Familienkonflikte – in Grenzen halten. Rasches Handeln ist auch deshalb erforderlich, weil Depressionen die normale Entwicklung Ihres Kindes stören können. Einem depressiven Kind fällt es schwer, die Initiative zu ergreifen, unabhängig zu werden, Kompetenz zu entwickeln und eine eigene Identität aufzubauen. Die Depressionen hindern es am Erwachsenwerden.

Vor einiger Zeit wurde ich von einer Schule angerufen, weil ein 9jähriger Junge damit gedroht hatte, sich mit einem Radio in der Badewanne selbst zu töten. Robert war ein intelligentes Kind mit neugierigen blauen Augen, hatte ein außergewöhnlich gutes Gedächtnis und konnte sich auch noch an Dinge erinnern, die geschehen waren, als er zwei Jahre alt gewesen war. Leider erinnerte er sich auch noch lebhaft an den Tod seiner Mutter. Sie war an einer Überdosis Drogen gestorben, als er fünf Jahre alt gewesen war.

Nachdem er eine Weile lang zwischen verschiedenen Verwandten hin- und hergeschoben worden war, lebte Robert bei seiner Tante. Beide mußten nun entscheiden, ob aus dieser vorübergehenden Regelung etwas Dauerhaftes werden sollte.

Robert hatte vor kurzem aufgehört, seine Schulaufgaben zu machen und mit anderen Kindern zu spielen. Er hatte auch seinen Appetit verloren und seit Monaten nicht mehr zugenommen. Außerdem hatte er mehrfach in Läden gestohlen – kleine Dinge, die seine Tante ihm gekauft hätte, wenn er sie nur darum gebeten hätte. Doch der traurige kleine Junge hatte nie um etwas gebeten, und seine Tante zögerte, ihn wegen des Stehlens zu schelten.

Gefühle des Verlassenseins sind mit Depressionen in der Kindheit auffällig oft verbunden. Robert hatte in dieser Hinsicht doppelt gelitten. Erst hatte sich seine Mutter das Leben genommen, dann war er von einem Verwandten zum nächsten weitergereicht worden.

Schließlich hatte Roberts Tante den Jungen zu sich genommen, doch sie litt selbst unter der Angst, von den Menschen, die sie liebte, verlassen zu werden. In ihrer Unsicherheit fragte sie sich, ob sie überhaupt als Elternersatz für Robert taugte. Mit therapeutischer Unterstützung gelang es Roberts Tante zu erkennen, wie wichtig sie für ihren Neffen war. Sie lernte auch, ihre Stärken wertzuschätzen: ihren Sinn für Humor, ihr Engagement und ihre beruflichen Leistungen.

In der therapeutischen Arbeit mit Robert und anderen depressiven Kindern versuche ich stets, praktikable Lösungen für spezifische Probleme zu finden. So hatte sich Robert z. B. beklagt, er wisse gar nicht, wie er in der Schule Freunde finden könne. Ich gab ihm die Aufgabe, die anderen Kinder in der Schule ganz genau zu beobachten und herauszufinden, worüber sie sprachen, wie sie miteinander umgingen und wie sie sich anfreundeten. In der nächsten Woche hielt mir Robert einen ausführlichen Vortrag über die Bedeutung von Nintendo-Videospielen für das Sozialverhalten neunjähriger Jungen. Dann nahm er sich vor, alles über diese Spiele zu lesen, sie kräftig zu üben und anschließend mit den anderen Kindern in der Schule darüber zu reden. Robert war angenehm überrascht, als er feststellte, daß sie ihm zuhörten.

In der Zwischenzeit lernte Roberts Tante zu erkennen, wann ihr Neffe Trost und Ermutigung brauchte und wann eine angemessene Disziplinierung erforderlich war. So weigerte sie sich z. B., Roberts wiederholte Behauptung zu akzeptieren, kein Kind aus seiner Klasse würde kommen, wenn er es zum Spielen nach Hause einladen würde. Eines Tages sagte sie ihm, wenn er nicht bis zum nächsten Freitagnachmittag einen Jungen eingeladen hätte, würde sie es selber tun. Um sich die Peinlichkeit zu ersparen, lud Robert einen Jungen ein, und bald wurden die beiden dicke Freunde.

Heute nimmt Robert erfolgreich am Schulunterricht teil. Er genießt die Freundschaft von drei oder vier Jungen aus seiner Klasse und wurde schließlich von seiner Tante adoptiert. Drei Monate nach der ersten Therapiesitzung verschwanden seine Depressionen.

Depressionen bei Jugendlichen

Kommen Kinder in die Pubertät, treten neue Themen in den Vordergrund. Nun kommt es nicht mehr nur darauf an, zu Hause, in der Schule und beim Spielen mit anderen Kindern zurechtkommen. Pubertierende Kinder müssen auch beginnen, sich von ihren Eltern zu lösen.

Jugendliche müssen lernen, die Verantwortung für ihre Gedanken, Gefühle und Verhaltensweisen zu übernehmen. Sie müssen lernen, wichtige Entscheidungen selbst zu treffen, ohne sich allein daran auszurichten, was ihre Eltern in der gleichen Situation tun oder sagen würden. Depressionen im Jugendalter hängen häufig mit Unsicherheiten bei diesem wichtigen Schritt zusammen.

Erwachsen werden Kinder natürlich nicht über Nacht. Sie wachsen langsam erst aus ihrer körperlichen, dann aus ihrer psychischen Abhängigkeit von den Eltern heraus. Gesunde Jugendliche können schließlich ihr Zuhause verlassen und ihr eigenes Leben beginnen, ohne sich ständig darüber Sorgen zu machen, was ihre Eltern wohl über diese oder jene Entscheidung denken. Sie können intime Beziehungen eingehen, ohne dabei nach einem Ersatzelternteil zu suchen oder unerfüllte Bedürfnisse der eigenen Kindheit nachholen zu wollen. Gesunde Jugendliche können sich von ihren Eltern lösen, ohne sie völlig abzulehnen oder die wichtige Unterstützung zu leugnen, die sie ihnen bislang gewährt haben.

Jugendliche sind also mit einer gewaltigen Entwicklungsaufgabe konfrontiert, und es ist kein Wunder, daß viele von ihnen zunächst ängstlich, aggressiv oder depressiv reagieren. Ängstliche Jugendliche scheuen sich davor, eigene Entscheidungen zu treffen; sie klammern sich an ihre Eltern, anstatt ein eigenständiges Leben zu beginnen. Aggressive Jugendliche verhalten sich rebellisch, verschmähen alles, was ihren Eltern lieb und teuer ist, und brauchen viel Distanz, um sich ablösen zu können. Andere Jugendliche werden depressiv.

Der 17jährige Brad war depressiv und selbstmordgefährdet, als er ins Krankenhaus kam. In der Vergangenheit war er immer wieder von zu Hause weggelaufen und hatte die Schule geschwänzt. Die kinder- und jugendpsychiatrische Abteilung betrat er ganz in schwarz gekleidet, mit einer grellrot gefärbten Haarsträhne und einem Silberohrring. Er war in dem Dilemma gefangen, in dem sich viele Jugendliche wiederfinden: Wenn sie ihr Elternhaus nicht im Zorn verlassen, können sie sich möglicherweise gar nicht lösen.

Brads Eltern gehörten zur konservativen Mittelschicht, glaubten an die Werte von harter Arbeit und beherrschtem, korrektem Benehmen. Sie waren schockiert von Brads trotzigem, manchmal auch dramatischem Verhalten. Sie schwankten zwischen Wutgefühlen auf ihren Sohn, den sie als selbstsüchtig und undankbar empfanden, und bitteren Selbstvorwürfen, seine Rebellion herausgefordert zu haben. Obgleich Jugendliche darum kämpfen müssen, sich von ihren Eltern zu lösen, besitzen sie häufig nicht die dafür nötigen Bewältigungsmechanismen. So fehlte Brad z. B. die Fähigkeit, seine eigenen Stärken und Schwächen realistisch einzuschätzen. Wie viele Jugendliche schwankte er zwischen hochfliegender Selbstüberschätzung und dem Gefühl, völlig wert- und nutzlos zu sein.

Nach zwei Wochen im Krankenhaus begann Brad, ein positiveres Gefühl für seine eigene Identität als sensibler junger Mann und potentiell erfolgreicher Schüler zu entwickeln. In der Therapie konzentrierte ich mich zunächst darauf, Brads Stärken – wie etwa sein künstlerisches Talent – herauszustellen und zu bestärken. Auf diese Weise lernte Brad, seine Fähigkeiten anzuerkennen und darauf stolz zu sein.

Therapeutinnen und Therapeuten haben mit dieser Aufgabe oft größeres Glück als die Eltern. Jugendliche kämpfen mit zwei grundsätzlich unvereinbaren Wünschen: Einerseits möchten sie von ihren Eltern gerettet, beschützt und bewundert werden. Andererseits kann der innere Krieg gegen die eigenen kindlichen Erwartungen sie dazu zwingen, die elterliche Unterstützung um so heftiger abzulehnen.

In der therapeutischen Arbeit mit Brad und seiner Familie half ich dem Jungen, eine Vereinbarung auszuhandeln, die ihm im Elternhaus ein angemessenes Maß an Freiheit sicherte. Gleichzeitig verlangte der Vertrag von Brad die Bereitschaft, ein vertretbares Maß familiärer Regeln zu befolgen.

Das richtige Augenmaß wahren

So ernst Depressionen im Kindes- und Jugendalter auch sein können, und so dringend Ihr Kind möglicherweise der Behandlung bedarf, haben Sie doch allen Grund, die Hoffnung nicht zu verlieren. Depressionen sind behandelbar, Ihr Kind kann die Krankheit überwinden, und sein zukünftiges Leben kann sich ganz normal entwickeln. Vielleicht macht Ihnen das Ergebnis einer Untersuchung über die Kindheit von 400 der herausragendsten Persönlichkeiten des 20. Jahrhunderts Mut. Bei dieser Untersuchung stellte sich nämlich heraus, daß 60 Prozent dieser außerordentlich erfolgreichen Menschen – darunter Thomas Edison und Pablo Picasso – während ihrer Kindheit ernsthafte emotionale Probleme hatten.

Einer der Jungen wirkte besonders «scheu, einsam und weltabgewandt». Seine Eltern hielten ihn für geistig zurückgeblieben und völlig ungesellig. Vor allem seine stockende Sprache ließ sie an der Intelligenz ihres Jungen zweifeln. Unfähig, in der Schule stillzusitzen, versuchte er auf jede nur erdenkliche Weise, sich vor dem Unterricht zu drücken, und versuchte aus diesem Grund sogar, seinen Arzt dazu zu bringen, ihm einen Nervenzusammenbruch zu bescheinigen. Auch die Aufnahmeprüfung für die höhere Schule bestand er zunächst nicht. Doch dann brach Albert Einstein auf, um den Lauf der Geschichte für immer zu verändern ...

Natürlich ist jeder Fall einzigartig. Jedes Kind hat ganz besondere Probleme und Stärken, deshalb muß jede einzelne Familie auch nach ganz besonderen Lösungen suchen. Wenn Sie vermuten, daß Ihr Kind unter Depressionen leidet, werden Sie sowohl Information als auch Ermutigung brauchen. Beides finden Sie auf den folgenden Seiten. Mit diesem Buch ausgerüstet und sich Ihrer Entscheidungsmöglichkeiten bewußt, können Sie beginnen, Ihrem Kind wirksame Hilfe zur Selbsthilfe zu geben, damit es seine Depressionen so bald wie möglich überwinden kann.

2. Ist Ihr Kind depressiv?

Viele Eltern fragen sich, wie sie erkennen können, ob ihr Kind unter Depressionen leidet. Dies zu bestimmen, ist in der Tat oft nicht leicht, weil sich Depressionen im Kindes- und Jugendalter häufig hinter äußerlich auffälligeren Problemen wie Schulversagen oder sozialem Rückzug verstecken. Selbst aufmerksamen Eltern können daher die üblichen Anzeichen entgehen.

So brachte z. B. Mrs. Jenks ihre 8jährige Tochter Felice zu mir, weil die Drittkläßlerin im Unterricht zunehmend unaufmerksam war und ständig ihre Hausaufgaben vergaß. «Das sieht ihr überhaupt nicht ähnlich», sagte Mrs. Jenks verwundert. «Sie ist immer eine so gute Schülerin gewesen.»

Felices Lehrer berichtete, das Mädchen sei zwar offenkundig intelligent, wirke im Unterricht jedoch «geistesabwesend». Felices Verhalten in der Schule beschrieb er mit den folgenden Worten: «Felice hat bisher keine Freundinnen oder Freunde gefunden. Sie ist sehr still und bleibt in den Pausen oft allein. Meistens spaziert sie abseits von allen anderen über den Schulhof oder sitzt allein auf einer Bank.»

Felice war neu an der Schule. Ihr Vater war vor einiger Zeit arbeitslos geworden. Wegen einer neuen Stelle hatte er mit seiner Familie die Stadt, in der sie 15 Jahre lang zu Hause gewesen waren, überstürzt verlassen müssen.

Dennoch war Felices Mutter davon überzeugt, daß ihre Tochter den Umzug gut verkraftet hatte. Sie beschrieb Felices als «sehr einsichtiges, frühreifes Kind» und sagte: «Vor dem Umzug habe ich mit Felice darüber gesprochen, daß sie ihren jüngeren Geschwistern mit gutem Beispiel vorangehen müsse. Und das hat sie auch getan. Ja, ich glaube, Felice hat den Umzug besser verkraftet als alle übrigen Familienmitglieder.»

Mrs. Jenks versicherte mir, Felice sei schon immer ein ausgesprochen fröhliches Kind gewesen, das stets versucht habe, alle anderen aufzuheitern. «Aber ich habe Felice kein einziges Mal weinen sehen», erwiderte sie überrascht, als ich sie fragte, warum ihre Tochter so traurig sei.

Auch Felice behauptete, es gehe ihr gut. Doch der traurige Blick strafte ihre Worte Lügen. Als ich sie fragte, ob sie ihre alten Freundinnen und Freunde vermissen würde, füllten sich Felices Augen mit Tränen. «Rebecca war meine beste Freundin», schluchzte sie. «Sie wohnte gleich nebenan, und wir sind in die gleiche Klasse gegangen. Wir waren auch in einer Fußballmannschaft und in der gleichen Pfadfindergruppe. Wir haben alles zusammen gemacht.»

Als ich sie ermunterte, weiter über den Verlust der Freundin zu sprechen, löste sich bei Felice eine Flut von Tränen. «Ich hatte ja gar keine Ahnung, daß wir wegmußten», erzählte sie weinend. «Erst eine Woche vor dem Umzug habe ich davon erfahren. Mein Vater hatte plötzlich eine neue Stelle, und da mußten wir Hals über Kopf aufbrechen. Ich hatte kaum Gelegenheit, Rebecca auf Wiedersehen zu sagen.»

Als Felice merkte, daß sie mich vor ihrer Traurigkeit nicht zu schützen brauchte, konnte sie zum ersten Mal einem anderen Menschen offenbaren, wie elend ihr zumute war. Felice hatte weder Lernschwierigkeiten noch Probleme im Umgang mit anderen Kindern. Felice war depressiv. In Gedanken mit ihren eigenen Verlustgefühlen beschäftigt, hatte Mrs. Jenks die Traurigkeit ihrer Tochter nicht wahrgenommen. Aus solchen und ähnlichen Gründen fällt es vielen Eltern schwer, die Gefühlslage ihrer Kinder richtig einzuschätzen.

In diesem Kapitel wollen wir deshalb vor allem darauf eingehen, wie Sie mit Ihrem Kind sprechen und ihm zuhören können, so daß Sie mehr über seine wirklichen Gefühle erfahren. Außerdem wollen wir Ihnen Anhaltspunkte dafür geben, wie Sie eine klinische Depression von normalen traurigen Gefühlen unterscheiden können. Abschließend werden wir dann noch die sogenannte bipolare Störung beschreiben, besser unter dem Namen «manisch-depressive Störung» bekannt.

Selbstverständlich brauchen Sie sich nicht die gesamte Verantwortung für die Diagnose einer möglichen Depression bei Ihrem Kind aufzubürden; dafür können und sollten Sie professionelle Hilfe in Anspruch nehmen. Dennoch kann es sinnvoll sein, die wichtigsten Anzeichen kindlicher Depressionen zu kennen, damit Sie wissen, wann Hilfe von außen nötig ist. Außerdem hat es den Vorteil, daß Sie am diagnostischen Prozeß aktiv teilhaben können.

Warum Sie die Depressionen Ihres Kindes vielleicht nicht bemerken

Wie Mrs. Jenks haben Sie sich wahrscheinlich nie träumen lassen, daß Ihr Kind depressiv werden könnte. Viele Kinder sagen nicht von sich aus, daß sie traurig sind, wenn sie nicht ausdrücklich danach gefragt werden, und wie Felice können sich viele Kinder auch dann ihre Gefühle nicht eingestehen. Dazu kommt, daß wichtige Depressionssymptome wie geringe Selbstachtung, Zukunftspessimismus und ständige Erschöpfung bei Kindern von anderen, äußerlich auffälligeren Problemen überlagert werden können.

Falls Sie Schwierigkeiten haben, die Depressionen Ihres Kindes wahrzunehmen, sind Sie damit nicht allein. In einer 1988 vom Houston

Child Guidance Center durchgeführten Untersuchung stellte sich heraus, daß Eltern selten von den Symptomen wußten, über die ihre depressiven Kinder den Forscherinnen und Forschern berichtet hatten. Zu diesen Symptomen gehörten negative Gefühle, mangelnde Energie, Konzentrationsschwierigkeiten und Schlafstörungen. Wie nicht anders zu erwarten, bemerkten Eltern offenkundige Symptome wie ständige Klagen oder übermäßiges Weinen, nahmen die eher subtilen Anzeichen jedoch seltener wahr.

Haben Sie mit Ihrer Partnerin bzw. Ihrem Partner über die Symptome Ihres Kindes gesprochen? In der in Houston durchgeführten Studie stimmten Väter und Mütter, was das Vorliegen entsprechender Symptome betraf, häufiger überein als Eltern und ihre Kinder. Wußte ein Elternteil von den Selbstmordgedanken des Kindes, teilte in 88 Prozent der Fälle der andere Elternteil dieses Wissen. Allerdings war sich nur etwa eines von drei Elternpaaren der Selbstmordgedanken ihres Kindes bewußt.

Natürlich spielt Ihre eigene Gefühlslage eine große Rolle. Wenn Sie selbst mit negativen Gefühlen zu kämpfen haben, fällt es Ihnen möglicherweise schwer, die nötige Energie aufzubringen, um bei Ihrem Kind die Anzeichen einer Depression zu erkennen. Mrs. Jenks, selbst traurig über den unerwarteten Umzug der Familie, bemerkte deshalb z. B. nicht, wie deprimiert ihre Tochter Felice war.

Andererseits kann die eigene Depression Sie für die Traurigkeit Ihres Kindes auch sensibler machen. Mehrere Forschungsarbeiten haben ergeben, daß depressive Eltern Symptome kindlicher Depressionen rascher erkennen als Eltern, die nicht depressiv sind. Wer selbst ähnliche Erfahrungen gemacht hat, weiß, wie Depressionen das Denken verzerren, negative Gefühle verstärken und sogar zu körperlichem Unwohlsein führen können.

Auch die Stärke der kindlichen Depressionen beeinflußt, wie gut sie wahrgenommen werden. So fand die Forschungsgruppe aus Houston heraus, daß Kinder von sich aus über weniger Symptome berichteten, sobald sie die Schwelle von einer mäßigen zu einer starken Depression überschritten hatten. Auch ich habe in meiner Praxis häufig festgestellt, daß mäßig depressive Kinder auf Fragen nach ihrer Gefühlslage recht offen antworten, während stärker depressive Kinder eher dazu neigen, ihre Symptome zu leugnen oder sie mit ausweichenden Formulierungen abzutun.

Ist Ihr Kind bereits in der Pubertät, kann die Depression wegen des für dieses Alter typischen Mangels an Mitteilsamkeit sogar noch schwerer zu erkennen sein. Ungeachtet des jeweiligen Alters besteht der allererste Schritt jedoch darin, mit Ihrem Kind zu sprechen und ihm zuzuhören.

Wie Sie mit Ihrem Kind sprechen und ihm zuhören können

Kinder dazu zu bringen, über ihre Gefühle zu sprechen, kann ein schwieriges Unterfangen sein. Kleine Kinder wissen oft noch nicht, wie sie ihre Gefühle in Worte kleiden sollen, und ältere Kinder scheuen sich davor, über ihre Gefühle zu sprechen, vor allem, wenn es «schlechte» oder traurige Gefühle sind. Auch vielen Erwachsenen fällt es schwer, über ihre Depressionen zu sprechen. Hinzu kommt, daß das Gespräch depressive Menschen noch trauriger machen kann, vor allem, wenn ihr Gegenüber sie nicht versteht oder kein Mitgefühl zeigt.

Dennoch sollten Aussagen wie «Ich habe heute keine Lust, in die Schule zu gehen», «In den Pausen spielt nie jemand mit mir», «Ich bin dumm» oder «Ich muß ständig an mein totes Meerschweinchen denken» Sie auf jeden Fall veranlassen, ein Gespräch anzuknüpfen. Seien Sie dabei aufmerksam, geduldig und verständnisvoll, so daß Ihr Kind das Gefühl hat, alles über das Thema sagen zu können, was es darüber sagen will.

Es kann für Sie sehr schmerzhaft sein, Ihr Kind über traurige Gefühle sprechen zu hören. Unterdrücken Sie trotzdem den Impuls, Ihrem Kind gleich ins Wort zu fallen. Auch wenn es Sie noch so danach drängt, Ihr Kind zu trösten – was Ihr Kind wirklich braucht, ist, daß Sie ihm zuhören und versuchen, es zu verstehen.

Vermeiden Sie alle Aussagen, die geeignet sind, die Gefühle Ihres Kindes in Frage zu stellen. Sätze wie «Das meinst du doch nicht ernst», «Du kannst doch unmöglich deshalb so traurig sein», «Komm schon, du hast das Leben noch vor dir» oder «Hör auf zu weinen, wir kaufen dir ein neues Meerschweinchen» würgen das Gespräch mit Ihrem Kind ab, ehe es überhaupt richtig begonnen hat.

Lassen Sie Ihr Kind einfach sprechen, ohne es zu korrigieren, zu kritisieren oder vorschnell zu trösten. Akzeptieren Sie die Gefühle Ihres Kindes, auch wenn dies für Sie noch so schmerzvoll sein mag. Wenn Ihr Kind nicht von sich aus über seine Gefühle spricht, können Sie versuchen, es durch vorsichtiges Nachfragen zum Reden zu bringen. Um dies tun zu können, müssen Sie jedoch wissen, was im Leben Ihres Kindes vor sich geht.

Nehmen wir z. B. an, Ihre Tochter möchte unbedingt in der Theatergruppe ihrer Schule mitspielen. In diesem Fall müssen Sie sich klarmachen, wie wichtig dieses Ziel für ihre Tochter ist, wie aufgeregt sie vor dem Vorspielen ist und wie sie sich fühlen wird, falls sie es nicht schafft, in die Gruppe aufgenommen zu werden. Fragen Sie nach, wann das Vorspielen stattfindet. Bohren Sie nicht nach und mischen Sie sich nicht mehr ein, als Ihre Tochter es möchte, doch lassen Sie Ihre Tochter wissen, daß Ihnen bewußt ist, wie sehr sie sich anstrengt und wieviel ihr daran liegt, es zu schaffen. Bieten Sie ihr Ihre Hilfe an und geben Sie ihr Ihre moralische Unterstützung. Erkundigen Sie sich, wann sie die Ergebnisse erfahren wird, und bereiten Sie sich darauf vor, die positiven oder negativen Gefühle Ihrer Tochter zu akzeptieren. Überlegen Sie schon vorher, wie Sie ihr helfen können, mit ihrem Erfolg oder Mißerfolg fertig zu werden.

Am allerwichtigsten ist jedoch, daß Sie Ihrer Tochter ihre eigenen Gefühle zugestehen. Geben Sie ihr genügend Raum, diese Gefühle auszudrücken, ohne sie zu korrigieren oder ihr andere Gefühle einreden zu wollen.

Kommt Ihr Kind nicht von sich aus auf depressive Gefühle zu sprechen, können Sie das Gespräch eröffnen, indem Sie eine bloße Beobachtung in Worte fassen: «Seitdem du gestern die Mathearbeit zurückbekommen hast, scheinst du ziemlich down zu sein.» Oder: «Du hast in letzter Zeit wenig über deine beste Freundin Sonja erzählt, und du scheinst auch ein wenig einsam zu sein.» Mit solchen Aussagen zeigen Sie, daß Sie wahrnehmen, was vor sich geht, daß Sie auf nonverbale Signale Ihres Kindes achten und daß Sie bereit sind, ihm zuzuhören.

Kommt auch durch solche Beobachtungen kein Gespräch zustande, können Sie es mit einer vorsichtigen Frage versuchen: «Du hast in letzter Zeit wenig über Sonja erzählt ... Ist alles in Ordnung?» Oder: «Ich weiß, daß du von deiner Note in der Mathearbeit enttäuscht warst ... Beschäftigt dich das noch immer?» Fragen dieser Art erfordern zumindest eine Vermutung darüber, was Ihr Kind belastet. Doch auch wenn Sie damit falsch liegen, führen sie vielleicht dazu, daß Ihr Kind Ihnen sagt, was es wirklich bedrückt.

Manchmal kann es auch sinnvoll sein, das Gespräch zu eröffnen, indem Sie Ihre eigenen Gefühle ausdrücken. «Ich vermisse Opa wirklich sehr ... Manchmal denke ich an ihn, und dann muß ich weinen.» Oder: «Es macht mich ganz kribbelig, daß ich nicht weiß, ob Daddy tatsächlich versetzt wird und wir bald umziehen müssen ... Für dich ist das sicherlich auch schwer zu ertragen.»

Achten Sie jedoch darauf, sich nicht so sehr von den eigenen Gefühlen mitreißen zu lassen, daß Ihr Kind keine Gelegenheit hat, über seine traurigen Gefühle zu sprechen. Kinder sollten wissen, daß ihre Eltern starke Gefühle haben, aber Ihr Kind ist nicht dafür da, Sie zu trösten.

Wo liegt die Grenze zwischen normaler Traurigkeit und Depression?

Wie können Sie erkennen, ob es sich bei den Gefühlen Ihres Kindes um ganz normale Traurigkeit handelt oder um eine Depression? Lassen Sie sich nicht entmutigen, wenn die Unterscheidung Ihnen verwirrend erscheint. Selbst Fachleute tun sich schwer damit zu definieren, was als «normal» anzusehen ist. Schließlich hängt die Antwort auf die Frage, was normal ist, immer von der Norm ab, auf die wir uns dabei beziehen – z. B. auf den Durchschnitt der Bevölkerung, auf das Fehlen von Krankheitssymptomen oder auf eine optimale Gesundheit. Außerdem müssen wir angeben, für wen das beschriebene Verhalten normal sein soll, in welchem Alter und unter welchen Umständen.

Eine «normale» Reaktion auf den Umzug in eine andere Stadt und den Wechsel auf eine neue Schule wird sich deutlich von einer «normalen» Reaktion auf den Beginn eines neuen Schuljahrs in der alten Schule im gleichen Klassenverband unterscheiden.

Über die Trennung von ihrer besten Freundin, ihrer alten Schule und der vertrauten Umgebung traurig zu sein, war für Felice Jenks mit Sicherheit normal. Das gleiche gilt für die von der Arbeitslosigkeit und dem plötzlichen Stellenwechsel des Vaters ausgelösten negativen Gefühle, zumal die Ereignisse Auswirkungen auf die gesamte Familie hatten. Doch Streßfaktoren wie diese sollten bei einem Kind nicht das Gefühl völliger Hoffnungslosigkeit hervorrufen. Es sollte nicht so deprimiert sein, daß es sich nicht mehr auf die Schule konzentrieren und neue Freundschaften schließen kann.

Mrs. Jenks bemerkte Felices Depressionen erst, als es zu einem massiven Leistungsabfall in der Schule kam. Vorsichtige Fragen zu Felices Gefühlen angesichts der Trennung von ihrer besten Freundin hätten sie schon früher darauf aufmerksam machen können.

Normale Gefühle

Ehe wir uns mit den Symptomen einer klinischen Depression beschäftigen, wollen wir kurz auf die «normalen» Gefühle von Kindern und Jugendlichen eingehen. Welche Gefühlskonflikte sind für bestimmte Altersstufen typisch, und unter welchen Umständen ist es normal, daß Ihr Kind sich traurig fühlt?

Säuglingsalter. Wir alle kommen mit der Fähigkeit zur Welt, Gefühle zu empfinden. In den ersten Lebensmonaten zeigen Säuglinge zumindest sieben unterscheidbare Gefühle: Freude, Wut, Erstaunen, Widerwillen, Interesse und Traurigkeit. Die Fähigkeit zur Traurigkeit ist also jedem Kind angeboren. Auch zu Depressionen kann es schon im Säuglingsalter kommen. In den vierziger Jahren beschrieb Rene Spitz, ein Pionier der Kleinkinderpsychiatrie, die «anaklitische Depression» bei Säuglingen, die schon früh von ihren Müttern getrennt worden waren. Jeder angemessenen emotionalen Zuwendung beraubt, aßen diese Kinder nur schlecht und nahmen kaum zu. Sie wirkten teilnahmslos und unglücklich, lächelten nicht und reagierten kaum auf äußere Reize. Nur durch intensive, einfühlsame Zuwendung konnten sie aus diesem Zustand herausgelöst werden.

Im Alter von einem Jahr dreht sich bei den Gefühlen Ihres Kindes alles um das Vertrauen, das es in Sie gefaßt hat. Normal ist eine gewisse Ängstlichkeit, wenn es sich vorsichtig ein wenig weiter in die Welt hinauswagt.

Kleinkindalter. Im 1. bis 3. Lebensjahr setzt sich Ihr Kind mit den Themen Autonomie und Kontrolle auseinander. Wenn Sie ihm Grenzen setzen, ruft dies häufig Wut hervor. Negative Gefühle von Scham können von Wutausbrüchen überlagert werden.

Das normale Kleinkind entwickelt erste soziale Fertigkeiten, indem es lernt, die durch unerfüllte Wünsche entstehende Aggressivität zu kanalisieren. Traurigkeit über eine Trennung von den Eltern ist in diesem Alter ebenso normal wie trotziges Verhalten bei Frustrationen.

Vorschulalter. Zwischen dreieinhalb und sechs Jahren verringert sich die Abhängigkeit des Kindes von den Eltern, und es entdeckt andere interessante Menschen in seiner Umgebung. Für diese Phase sind rasch wechselnde Bündnisse mit Mutter oder Vater sowie ein starkes Schwanken zwischen Liebe und Wut charakteristisch. Unbekümmertes, manchmal auch aggressives Selbstvertrauen wechselt mit Anhänglichkeit und dem Rückfall in kleinkindliche Verhaltensweisen. Vorschulkinder lernen zunehmend, vor dem Handeln zu denken, kooperativ mit Gleichaltrigen zusammen zu spielen, Freundschaften zu knüpfen und kontinuierliche Beziehungen zu den Eltern und Geschwistern zu pflegen. Das normale Vorschulkind zeigt zunehmend Eigeninitiative, ohne dabei Schuldgefühle zu empfinden.

Schulalter. Das normale Schulkind ist stolz und selbstbewußt. Es lernt, durch seinen Fleiß auf Erfolge hinzuarbeiten, und erwirbt zunehmend sachkundige, körperliche und soziale Kompetenz. Es löst sich aus der völligen Abhängigkeit von den Eltern und stützt sich zunehmend auf andere erwachsene Bezugspersonen wie Lehrerinnen und Lehrer sowie Gleichaltrige. Das gesunde Kind hat Freude daran, neue Erfahrungen zu machen, schließt leicht Freundschaften, wetteifert mit anderen, ohne aggressiv zu sein, und handelt nicht impulsiv, aber dennoch frei und eigenständig. Es befolgt Regeln und respektiert die Rechte anderer. Wenn es einmal traurig wird, kann es Freundschaften und familiäre Beziehungen dazu nutzen, wieder neuen Auftrieb zu bekommen.

Natürlich wird Ihr Kind, je stärker es an der Außenwelt teilhat, auch Niederlagen und Enttäuschungen erleben. Manche Kinder sind in der Schulzeit mit Lernschwierigkeiten und sozialem Ausschluß konfrontiert. Schulkinder reagieren auf solche Probleme eher mit Depressionen als jüngere Kinder, die in ähnlichen Situationen zu Verhaltensauffälligkeiten neigen.

Pubertät. Jugendliche stehen vor der enormen Aufgabe einer psychischen Anpassung an die biologischen Veränderungen durch die Pubertät. Nach den Forschungsergebnissen von Harvey Golombek von der Universität Toronto lassen sich hinsichtlich der Bewältigung dieser Aufgabe drei Gruppen von Jugendlichen unterscheiden

Die erste Gruppe, der etwa 35 Prozent der Betroffenen zuzurechnen sind, folgt einem «stabilen und klaren Kurs». Diese Jugendlichen sind zuversichtlich, den Herausforderungen des Lebens gewachsen zu sein. Sie haben eine grundsätzlich positive Einstellung, sind im allgemeinen zufrieden und ausgeglichen und pflegen liebevolle Beziehungen zu ihren Eltern und Geschwistern sowie zu gleichaltrigen Freundinnen und Freunden. Sie sind selten ängstlich, depressiv oder verhaltensauffällig und vollziehen die Ablösung von den Eltern ohne nennenswerte emotionale Erschütterungen. Wie eine Mutter es formulierte: «Ich habe ständig darauf gewartet, daß Jill sich in einen ‹rebellischen Teenager› verwandelt, aber diese Phase hat bei ihr einfach nie stattgefunden.»

Die zweite Gruppe, der etwa 40 Prozent der Betroffenen angehören, folgt einem «schwankenden Kurs». Bei ihnen wechseln sich Zeiten relativer Ausgeglichenheit mit ängstlichen oder deprimierten Gefühlen ab, vor allem, wenn spezifische Streßfaktoren wirksam werden. Emotional zeitweise stabil, wirken sie in anderen Phasen traurig und verzweifelt. Ihr Optimismus und ihre liebevolle Zuwendung gegenüber anderen schwanken ebenso wie ihr Selbstvertrauen. Ein Vater beklagte sich: «Ich kann nie von einem Tag zum anderen sagen, wie Joel sich fühlen und verhalten wird. Er ist genauso unberechenbar wie der Frühling in Chicago.» Die Mitglieder dieser Gruppe erleben also deutlich mehr

Angst, Depression und Aggression als die der eher stabilen Gruppe, und auch für die Eltern der betreffenden Jugendlichen ist die Belastung größer. Die verbleibenden 25 Prozent aller Jugendlichen folgen nach Golombek einem «stabil gestörten Kurs». Sie haben während der Pubertät offenkundige und dauerhafte Persönlichkeitsprobleme. Sie werden von anderen als «schwierig» empfunden und sind selbst verwirrt über die eigene Identität. Bei der Bewältigung von schulischen und sozialen Anforderungen kommt es häufig zu Schwierigkeiten. Chronisch ängstliche und/oder depressive Stimmungen sind nicht selten. Ein großer Teil der Jugendlichen, die schließlich therapeutisch behandelt werden, stammt aus dieser Gruppe.

Die Pubertät selbst besteht aus mehreren Phasen. Bei manchen führt der Beginn der Pubertät – das Einsetzen der umwälzenden körperlichen, hormonellen und emotionalen Veränderungen – zu einer zeitlich begrenzten Phase der Unausgeglichenheit. In dieser Zeit hinterfragen viele Jugendliche die Werte, Ideale und Überzeugungen, die sie bisher widerspruchslos akzeptiert haben, und fühlen sich verständlicherweise «verwirrt». Vorübergehende depressive Verstimmungen sind in diesem Alter durchaus normal; Störungen von Appetit, Schlaf und konzentriertem Denken fallen jedoch nicht in den normalen Bereich und sprechen eher für eine ernsthafte Depression.

Wenn sie die Pubertät erst einmal hinter sich gelassen haben, wirken die meisten jungen Menschen zufriedener und entspannter. Ein Jugendlicher, der noch mitten in der Umwälzungsphase steckt, hat jedoch ein labiles Selbstbild und bedarf der häufigen Bestätigung durch die gerade in diesem Alter enorm wichtige Gruppe der Gleichaltrigen. «Sharon hängt ständig am Telefon», beschwerte sich eine frustrierte Mutter. «Manchmal habe ich das Gefühl, ihr ist eine neue Nabelschnur gewachsen.» In dieser Zeit können Jugendliche in einem Moment überlegen und arrogant, im nächsten jedoch schwach und unsicher wirken.

Die größte Aufgabe Ihres pubertierenden Kindes besteht darin, Ihnen seine psychische Unabhängigkeit zu erklären. Sagt oder tut ein Elternteil etwas, das unausgesprochene Abhängigkeitsängste weckt, kann es zu heftigen Trotzreaktionen kommen. Wie eine Mutter es formulierte: «Jack kommt mir vor wie ein Wasserkessel auf dem Feuer – ständig in Gefahr überzukochen.»

Ältere Jugendliche konzentrieren sich darauf, die eigene Identität zu definieren und erste intime Beziehungen anzuknüpfen. Enden solche Beziehungen, kann dies zu tiefen Kränkungen und zum berühmten ersten Liebeskummer führen. Erscheinen ihnen die Anforderungen des

Erwachsenwerdens überwältigend hoch, können junge Erwachsene ohne sicheres Selbstwertgefühl von Ängsten und Depressionen überschwemmt werden, die ja häufig wichtige Übergangssituationen im Leben charakterisieren.

Kriterien für die Diagnose einer klinischen Depression

Vorübergehende depressive Verstimmungen können also im Leben Ihres Kindes ganz normale Begleiterscheinungen sein. Besonders wahrscheinlich sind sie, wenn Streßfaktoren vorliegen, Veränderungen anstehen oder schwerwiegende Verluste wie der Tod eines geliebten Menschen oder die Trennung von einer wichtigen Bezugsperson zu verarbeiten sind. Doch woran können Sie erkennen, ob Ihr Kind wegen einer klinischen Depression behandelt werden muß? Anhand von drei Kriterien lassen sich normale depressive Verstimmungen von einer klinischen Depression unterscheiden: Ausmaß (Wie stark sind die depressiven Gefühle?), Tiefe (Wie stark dringen diese Gefühle in verschiedene Lebensbereiche ein?) und Dauer (Wie lange halten diese Gefühle an?). Eine echte Depression ist keine vorübergehende Verstimmung, sondern hält mindestens zwei Wochen an und prägt deutlich den größten Teil jedes Tages.

Obgleich eine Depression auch mit biologischen Veränderungen einhergehen kann, läßt sie sich nicht durch Bluttests oder ähnliche objektive Verfahren bestimmen. Eine Therapeutin bzw. ein Therapeut diagnostiziert sie durch Beobachtung und eingehende Gespräche mit Ihrem Kind und holt dazu auch die Meinung anderer Personen ein, die mit den Symptomen, den Stimmungen und dem Verhalten Ihres Kindes vertraut sind. Wenn Sie die Anzeichen einer Depression kennen, können Sie besser einschätzen, wann Sie professionelle Hilfe in Anspruch nehmen sollten, um Ihrem Kind wirksam helfen zu können.

Bei der Diagnose einer klinischen Depression richten sich Therapeutinnen und Therapeuten z. B. nach den im Diagnostischen und Statistischen Manual Psychischer Störungen (dritte revidierte Fassung, abgekürzt DSM-III-R) festgelegten Kriterien, die im folgenden aufgeführt sind. Mindestens fünf dieser Kriterien müssen zwei Wochen oder länger anhalten, um die Diagnose einer klinischen Depression zu rechtfertigen.

Diagnostische Kriterien für eine klinische Depression

1. Depressive Verstimmung (oder reizbare Verstimmung bei Kindern und Adoleszenten) die meiste Zeit des Tages, beinahe jeden Tag, vom Betroffen selbst angegeben oder von anderen beobachtet;
2. Deutlich vermindertes Interesse oder Freude an allen oder fast allen Aktivitäten, die meiste Zeit des Tages, beinahe jeden Tag (entweder nach subjektivem Ermessen oder für andere meistens als apathisches Verhalten beobachtbar);
3. Deutlicher Gewichtsverlust oder Gewichtszunahme ohne Diät (z. B. mehr als 5 % des Körpergewichts in einem Monat) oder verminderter oder gesteigerter Appetit beinahe jeden Tag (bei Kindern ist das Ausbleiben der zu erwartenden Gewichtszunahme zu beobachten);
4. Schlaflosigkeit oder vermehrter Schlaf beinahe jeden Tag;
5. Psychomotorische Unruhe oder Hemmung beinahe jeden Tag (beobachtbar von anderen, nicht nur das subjektive Gefühle der Ruhelosigkeit oder Verlangsamung);
6. Müdigkeit oder Energieverlust beinahe jeden Tag;
7. Gefühl der Wertlosigkeit oder exzessive oder unangemessene Schuldgefühle (die wahnhaft sein können) beinahe jeden Tag (nicht nur Selbstanklage oder Schuldgefühle wegen des Krankseins);
8. Verminderte Fähigkeit zu denken oder sich zu konzentrieren oder Entscheidungsunfähigkeit beinahe jeden Tag (vom Betroffenen selbst angegeben oder von anderen beobachtet);
9. Wiederkehrende Gedanken an den Tod (nicht nur Angst vor dem Tod), wiederkehrende Suizidideen ohne einen genauen Plan oder ein Suizidversuch oder ein genauer Plan für einen Suizidversuch.

Dysthymie

Diese Form der Depression ist weniger stark, hält aber länger an als die eigentliche Depression. Um die Diagnose einer Dysthymie zu rechtfertigen, müssen Kinder oder Jugendliche mindestens ein Jahr lang depressiv verstimmt, introvertiert und reizbar sein. Die aufgeführten Kriterien – Appetitstörungen, Schlafstörungen, Erschöpfung und geringe Selbstachtung – sind auch beim dysthymischen Kind in chronischer, wenn auch milderer Form vorhanden.

Auf welche Anzeichen Sie bei Ihrem Kind achten sollten

Starke Niedergeschlagenheit

Ein depressives Kind wirkt oft bedrückt und niedergeschlagen, auch wenn dies bei manchen Kindern und Jugendlichen durch Reizbarkeit oder andere Verhaltensauffälligkeiten überdeckt sein kann. Ja, eine niedergeschlagene Stimmung ist die *conditio sine qua non* einer schweren Depression.

Depressive Kinder bezeichnen sich selbst häufig als gelangweilt, doch ihre Langeweile ist unabhängig von dem, was sie gerade tun. Es ist eine Langeweile, die sich nicht vertreiben läßt.

Andere depressive Kinder klagen darüber, sich einsam zu fühlen. Die 14jährige Rachel sagte mir: «Manchmal, wenn ich zwischen den Stunden in der Schule über den Flur gehe, und um mich herum sind die vielen anderen Schüler und das Geschrei und der Lärm, fühle ich mich allein und völlig verloren.»

In meiner klinischen Arbeit habe ich vor allem bei pubertierenden Kindern beobachtet, daß sie sich einerseits einsam fühlen, andererseits aber auch alles darauf anlegen, sich von den Gleichaltrigen zu isolieren. Depressive Kinder können unfähig sein, die Anregung durch das Zusammensein mit anderen zu ertragen, und doch läßt sie das Alleinsein wiederum unsicher und ängstlich fühlen. Der bekannte britische Psychoanalytiker D.W. Winnicott vertrat die Ansicht, daß die Fähigkeit zum Alleinsein aus der Erfahrung des als harmonisch erlebten «Alleinseins mit der Mutter» erwächst. Winnicott verstand darunter eine Situation, in der das Kind still den eigenen Gedanken und Beschäftigungen nachgeht, während es sich gleichzeitig der beruhigenden Gegenwart eines Elternteils gewiß ist. Nach Winnicott verinnerlicht ein Kind, das diese abgesicherte Art des Alleinseins erfährt, allmählich eine Verbindung angenehmer Gefühle mit dem Zustand des Alleinseins, auch wenn niemand mehr in der Nähe ist.

Manche depressiven Kinder scheinen die Fähigkeit zum Alleinsein jedoch verloren zu haben. Sie werden unruhig, wenn sich niemand in ihrer Nähe aufhält, auch wenn sie sich in Gesellschaft anderer ebenso niedergeschlagen fühlen. In Schulpausen verbringen depressive Kinder mehr Zeit abseits oder verstricken sich eher in Handgreiflichkeiten als Kinder, die nicht depressiv sind.

Depressive Kinder weinen eher über Dinge, die sie unter anderen Umständen nicht so schnell beunruhigt hätten. Eine Mutter berichtete: «Als ich Mike sagte, er solle sein Bett machen, brach er plötzlich in Tränen aus.» Depressive Kinder lassen sich leichter aus der Fassung bringen oder erscheinen verletzlicher und unausgeglichener.

Viele depressive Kinder hören auch auf zu lächeln. Das Lächeln gehört zu den frühesten sozialen Verhaltensweisen des Säuglings und ist ein wichtiges Mittel der zwischenmenschlichen Bindung. Auch im späteren Leben signalisiert Lächeln Freude, Offenheit und Glück. Verschwindet des Lächeln aus dem Verhaltensrepertoire eines Kindes, ist dies ein deutliches Warnzeichen dafür, daß etwas nicht in Ordnung ist. Depressive Kinder verlieren jedoch nicht bloß die Fähigkeit zu lächeln. Es ist auch unmöglich, sie aufzuheitern, auch wenn sich ihre Freunde, Eltern oder Geschwister in dieser Hinsicht noch so große Mühe geben. Der 10jährige Joey war seit mehreren Monaten depressiv. Seine 13jährige Schwester erzählte mir: «Früher habe ich ihn immer zum Lachen bringen können. Wir haben herumgealbert und uns gegenseitig aufgezogen. Aber jetzt bringt ihn gar nichts mehr zum Lachen ... Selbst ich kann ihn nicht mehr aufheitern.»

Manche Kinder empfinden ihre Depression nicht so sehr als Traurigkeit, sondern als eine innere Leere, die durch eine völlige Antriebslosigkeit entstehen kann. Der 11jährige Toby sagte: «Ich fühle mich so, als wäre ich innerlich ganz leer.»

Toby konnte sich gut ausdrücken und war es gewohnt, über seine Gefühle zu sprechen. Viele Kinder in diesem Alter sagen jedoch nicht, wie sie sich fühlen, vor allem, wenn niemand sie ausdrücklich danach fragt. Wie Felice behaupten sie einfach: «Es geht mir gut», und leiten dann auf ein anderes Thema über. Nur wenn Sie vorsichtig weiterfragen oder eine günstige Gelegenheit abwarten, in der Ihr Kind gesprächsbereit ist, können Sie eine aufschlußreichere Erklärung bekommen. Oft bleiben Sie jedoch auf Vermutungen über die wahren Gefühle Ihres Kindes angewiesen.

Depressionen können auch von einer sensorischen Abstumpfung begleitet sein. Dies kann dazu führen, daß Ihr Kind sich innerlich völlig taub fühlt, nach außen hin aber gelassen erscheint. Die 13jährige Debbie verriet mir im verschwörerischen Flüsterton: «Ich bin die ganze Zeit über unglücklich, aber ich glaube nicht, daß jemand das merkt. Dabei versuche ich nicht einmal, es zu verbergen, aber es zeigt sich einfach nicht ... Ich kann es nicht zeigen. Ich glaube nicht, daß jemand weiß, wie unglücklich ich bin.»

Wut

Es gibt eine Theorie, die Depressionen als nach innen gerichtete Wut erklärt. Doch Wut kann sich auch gegen andere richten. Depressive Kinder können besonders reizbar wirken. Junge Kinder neigen zu Wutanfällen, ältere Kinder werden streitsüchtig. Die Wut eines depressiven Kindes kann überschäumen, gerade weil es sich innerlich so traurig fühlt.

Interesselosigkeit

Vor allem, wenn Ihr Kind seine Gefühle nur schwer äußern kann, sollten Sie darauf achten, ob es Interesse an Aktivitäten verliert, die ihm bisher stets Spaß gemacht haben. Lehrerinnen und Lehrer sowie andere Bezugspersonen können durch ihre Beobachtungen ebenfalls wichtige Anhaltspunkte geben. Depressive jüngere Kinder verlieren häufig das Interesse am Spielen. Selbst neues Spielzeug macht sie nicht neugierig, und auch das Spielen mit Gleichaltrigen scheint ihnen keinen Spaß mehr zu machen. Manche können nicht einmal von Anfang bis Ende zuhören, wenn ihre Mutter oder ihr Vater ihnen eine Geschichte vorliest. Die 7jährige Sally sagte: «Ich will mit niemandem sprechen und auch mit niemandem zusammensein ... Ich will keinen Spaß haben. Ich kann einfach nicht lustig sein.»

Der soziale Rückzug ist kennzeichnend für depressive Jugendliche. Da die Beziehungen zu Gleichaltrigen für die meisten Teenager so wichtig sind, liegt meist etwas im argen, wenn sie nicht mehr mit ihren Freundinnen und Freunden zusammensein wollen.

Ehe sie unter Depressionen litt, war Marie stets der Mittelpunkt ihrer Clique gewesen. Alle Verabredungen und die meisten Telefongespräche waren von ihr ausgegangen. Ja, Maries Eltern hatten sich schon Sorgen gemacht, weil ihre Tochter vor lauter Unternehmungen mit ihren Freundinnen und Freunden kaum noch Zeit für ihre Schularbeiten fand.

Dann wendete sich das Blatt. Später wußte niemand mehr zu sagen, was eigentlich als erstes geschah – ob Marie depressiv wurde und dann ihre Freundschaften aufgab, oder ob sie die Gunst ihrer Clique verlor und anschließend Depressionen entwickelte. Jedenfalls kamen plötzlich keine Anrufe mehr, und es gab auch keine Pläne mehr fürs Wochenende.

Als ich sie kennenlernte, hatte Marie jedes Interesse an ihren früheren Freundinnen und Freunden verloren, die sie als oberflächlich beschrieb. Ihre frühere Clique schien ebenso wenig Interesse an ihr zu haben. Das Mädchen wurde in der Schule geschnitten und bekam sogar ein paar Schmähanrufe.

Doch als der mühsam aufgerichtete Schein der Gleichgültigkeit zusammenbrach, kam Maries ganze Traurigkeit zum Vorschein, und sie weinte bitterlich darüber, wie grausam sie sich zurückgewiesen fühlte. Sie äußerte sich wütend über ihre Freundinnen und Freunde, die sie so bereitwillig fallengelassen hatten, gab sich aber selbst mehr Schuld als den anderen. Marie sagte mir, sie komme sich vor wie eine Hochstaplerin – ein Mädchen, das nur so getan habe, als wäre es unkompliziert, selbstbewußt und bei allen beliebt. Jetzt war sie einsam, und Marie schloß daraus, daß sie letztendlich doch die Behandlung bekam, die sie schon immer verdient hatte.

Appetitverlust

Bei manchen depressiven Kindern und Jugendlichen läßt sich eine deutliche Veränderung des Appetits beobachten. Manche nehmen plötzlich zu, andere ab, und auch das Wachstum kann verändert sein. Darüber hinaus können Eßstörungen wie Anorexia nervosa oder Bulimie mit einer Depression zusammenhängen (siehe Kapitel 5).

Natürlich sind die Eßgewohnheiten von Kindern ohnehin tendenziell unbeständig, und viele gedeihen prächtig, obwohl die Portionen und Kombinationen von Lebensmitteln, die sie verzehren, bei ihren Eltern eher Kopfschütteln auslösen. Doch sollten Sie wachsam sein, sobald Sie eine deutliche Veränderung bei den Eßgewohnheiten Ihres Kindes beobachten, so z. B. mangelnden Appetit am Morgen bei einem Kind, das bisher stets gern gefrühstückt hat.

Bens Mutter hatte den Verdacht, daß mit ihrem 10jährigen Sohn etwas nicht stimmte, als der bis dahin so begeisterte Esser lustlos auf seinem Teller herumstocherte und die Hälfte jeder Mahlzeit liegenließ. Bens Appetit spiegelte seine desinteressierte Haltung zum Leben wider. Erst durch eine Kombination aus Therapie und antidepressiver Medikation fand er sowohl zu seiner Lebensfreude als auch zu seinem Appetit zurück.

Schlafstörungen

Vielleicht hat Ihr Kind Schwierigkeiten mit dem Einschlafen, wacht nachts mehrmals auf oder kann am frühen Morgen nicht mehr schlafen. Andere Kinder dagegen schlafen mehr als früher.

Veränderungen des Schlafverhaltens können mit Depressionen in Verbindung stehen. So begann z. B. der 9jährige Tommy, mitten in der Nacht aufzuwachen und ins Schlafzimmer seiner Eltern zu gehen. Seine Eltern hatten das Gefühl, daß etwas nicht stimmte, glaubten aber, es hinge mit der Gewöhnung an die Berufstätigkeit seiner Mutter zusammen. Als Tommy nachts nicht mehr in ihr Zimmer kam, gingen sie davon aus, daß er sich an die neue Situation gewöhnt hatte. In vielen Fällen können die Schlafschwierigkeiten von Kindern ihren Eltern verborgen bleiben. Erst im therapeutischen Gespräch fand ich heraus, daß Tommys Schlafprobleme noch wochenlang weitergegangen waren. Tommy hatte nicht deshalb auf den Gang ins Schlafzimmer seiner Eltern verzichtet, weil er sich besser fühlte, sondern weil er sich Sorgen machte, daß sein Kanarienvogel Angst bekommen könnte, wenn er ihn alleine ließ. Nacht für Nacht lag Tommy in seinem Zimmer wach, ohne daß seine Eltern etwas davon ahnten.

Wenn Ihr Kind übernächtigt wirkt oder sich beklagt, in der Schule oder beim Spielen rasch müde zu werden, sollten Sie mit ihm über seinen Nachtschlaf sprechen. Finden Sie durch vorsichtiges Fragen heraus, wie lange es braucht, um abends einzuschlafen, und worüber es nachdenkt, wenn es wach im Bett liegt. Fragen sie, ob es sich Sorgen macht und worauf sich diese Sorgen beziehen. Auch nach Alpträumen sollten Sie fragen und sich den Inhalt dieser Träume beschreiben lassen.

Wenn Ihr Kind auf Ihre Fragen nicht antworten will, sollten Sie seine Schlafgewohnheiten selbst beobachten. Gehen Sie eine Stunde, nachdem Ihr Kind ins Bett gegangen ist, in sein Zimmer, und sehen Sie nach, ob es schläft oder noch wachliegt, und gehen Sie später in der Nacht noch ein zweites Mal zu ihm. Wenn Ihr Kind mitten in der Nacht in Ihr Schlafzimmer kommt, um wegen eines schlechten Traums Trost zu suchen, sollten Sie es nach dem Traum befragen.

Aktuelle Forschungsergebnisse deuten darauf hin, daß auch depressive Kinder, die normal zu schlafen scheinen und bestätigen, die Nacht durchgeschlafen zu haben, gestörte Schlafmuster aufweisen, da die Abfolge der einzelnen Traum- und Tiefschlafphasen durcheinander gerät. Dies läßt sich z. B. dadurch erklären, daß ein depressives Kind Schwierigkeiten mit dem Einschlafen hat und daher vor der ersten Traumphase eine kürzere Tiefschlafphase erlebt. Gestörte Schlafmuster beeinträchtigen die Erholsamkeit des Schlafes. Es kann also durchaus sein, daß ein depressives Kind sich nicht ausreichend regenerieren kann, auch wenn es die ganze Nacht durchschläft.

Mangelnde Energie

Vor allem, wenn sie nachts nicht gut schlafen, mangelt es depressiven Kindern tagsüber an Energie. Dies wird vor allem im Vergleich mit anderen Kindern oder mit ihrem früheren Energiepegel deutlich.

Hat Ihr Kind Schwierigkeiten, mit anderen Kindern mitzuhalten? Will es beim Spielen häufiger aussetzen, weil es sich erschöpft fühlt oder ihm nicht zum Spielen zumute ist? Hat es deutlich weniger Energie als früher? Sind seine Spielphasen kürzer, oder will es früher nach Hause gehen? All dies sind Hinweise auf einen Verlust an Energie, der eine Depression, aber auch andere medizinische Probleme signalisieren kann. In Kapitel 3 werden medizinische Probleme besprochen, die eine Depression vortäuschen oder begleiten können.

Antriebslosigkeit

Bei depressiven Kindern zeigt sich häufig eine allgemeine Verlangsamung des Denkens, Sprechens und Bewegens. Sie wirken lustlos und träge. Wenn ihr vormals aktives Kind tatenlos herumsitzt, sich nur widerstrebend zu etwas aufrafft, sich schleppend vorwärtsbewegt und einsilbig oder mit monotoner Stimme spricht, sollten Sie eine Depression als Ursache in Erwägung ziehen.

Manche depressiven Kinder wirken aber auch lebhaft und ruhelos und haben jede Menge überschüssige «nervöse Energie», die sich nicht auf angemessene Weise entladen läßt. Ist Ihr Kind alt genug, um diesen Zustand zu beschreiben, sagt es Ihnen vielleicht, es fühle sich «angespannt», «rappelig», «innerlich nervös» oder «wie unter Strom».

Der 11jährige Ron zog die Aufmerksamkeit seiner Lehrerinnen und Lehrer auf sich, weil er in den Schulstunden ständig mit den Fingern auf den Tisch trommelte und auf seinem Stuhl hin- und herrutschte. In den Pausen wanderte Ron ruhelos auf dem Pausenhof oder im Klassenzimmer herum «wie ein Löwe im Käfig». Weil Hyperaktivität häufig mit Aufmerksamkeitsstörungen verbunden ist, vermuteten Rons Lehrer eine solche Störung. Doch Ron war bis dahin stets ein ruhiges, zurückhaltendes Kind gewesen, und Aufmerksamkeitsstörungen treten typischerweise in einem jüngeren Lebensalter auf. Rons innere Aufregung erwies sich schließlich als Anzeichen einer Depression.

Körperliche Symptome

Depressionen sind häufig von Symptomen wie Kopf- und Bauchschmerzen ohne erkennbare körperliche Ursachen begleitet, vor allem bei jüngeren Kindern. Solche Beschwerden kommen und gehen, und viele Eltern kennen Klagen über vage Schmerzen, die sich irgendwann von selbst wieder legen. Wenn Ihr Kind sich jedoch häufig beklagt und trotz umfassender ärztlicher Untersuchungen keine körperliche Erkrankung gefunden werden kann, sollten Sie auch eine Depression als Ursache in Erwägung ziehen.

Die 11jährige Melissa wurde von ihren Eltern zu mir gebracht, weil sie im letzten Halbjahr in der Schule 20 Tage versäumt hatte. Melissa hatte über eine ganze Reihe von Beschwerden und Unpäßlichkeiten geklagt, die vielleicht ein eintägiges Fehlen rechtfertigen mochten, sich bei ihr jedoch mehrere Wochen hintereinander jeweils über drei bis vier Tage erstreckt hatten.

Vor allem montags klagte Melissa über vage körperliche Beschwerden, die meist schon am Sonntagabend einsetzten, wenn sie das erste Mal an die Rückkehr in die Schule dachte. Am Montagmorgen sagte Melissa dann, sie habe Bauch- oder Kopfschmerzen und wolle nicht zur Schule gehen. Ihre Eltern waren hin- und hergerissen. An manchen Tagen blieben sie hart und bestanden darauf, daß Melissa auf jeden Fall zur Schule ging, an anderen Tagen gaben sie nach und ließen sie zu Hause bleiben. Vor allem Melissas Mutter hatte große Skrupel, ihre Tochter zum Schulgang zu zwingen, «wenn sie sich tatsächlich nicht so gut fühlt».

Gleichzeitig hatten Melissas Leistungen in der Schule stark nachgelassen, und im Klassenverband entwickelte sie sich zur Außenseiterin, weil sie bei ihren Mitschülerinnen und -schülern als kränklich galt.

Als ich mit Melissa sprach, stellte ich fest, daß sie nicht nur besorgt war, was ihre Schulleistungen und ihre Stellung im Klassenverband betraf, sondern auch unter ernsthaften Depressionen litt. Sie hatte seit Monaten Schwierigkeiten, sich auf ihre Schularbeiten zu konzentrieren, sich zu erinnern, was die Lehrerinnen und Lehrer gesagt hatten, und ihrem eigenen hohen Anspruch gerecht zu werden. Sie berichtete von Schlafschwierigkeiten sowie mangelndem Interesse an gewohnten Hobbys und sozialen Aktivitäten. «Am liebsten würde ich nur noch zu Hause bleiben und mich in meinem Bett verkriechen.»

Wie Felices Mutter wurden Melissas Eltern aufmerksam, als ihr Kind schulische Probleme bekam, doch auch ihre zunehmende soziale Isolation hätten sie bemerken können. Melissa hatte aufgehört, Freundinnen und Freunde anzurufen und Verabredungen fürs Wochenende zu treffen. Und obgleich sie früher einen Großteil ihrer Freizeit in ihrem geliebten Pferdestall verbracht hatte, zog sie sich nun Tag für Tag gleich nach der Schule in ihr Zimmer zurück.

Selbstzweifel und Schuldgefühle

Die Selbstzweifel und Schuldgefühle depressiver Kinder stehen in keinem Verhältnis zu realen Handlungen oder Vorkommnissen. Geringe

Selbstachtung, ein weiteres zentrales Merkmal einer Depression, tritt im Rahmen eines normalen Trauerprozesses oder üblicher Kindheitsprobleme nur selten auf. Geringe Selbstachtung kann bei Kindern zu Aussagen führen wie: «Ich kann nichts richtig machen.» «Niemand will mein Freund sein.» «Ohne mich wäre meine Familie besser dran.» Oder: «Immer muß ich den anderen alles vermiesen.» Solche Aussagen allein beweisen noch nicht, daß Ihr Kind depressiv ist. Sie sollten sie daher im Zusammenhang mit anderen Beobachtungen sehen. Es kann schon vorkommen, daß Kinder gelegentlich sagen: «Ich bin ein schlechtes Kind», und sich schuldig fühlen oder schämen, weil sie etwas falsch gemacht haben. Doch ein gesundes Kind verspürt nicht Tag für Tag Schuldgefühle und zeigt auch keine anderen Anzeichen von Depression.

Macht Ihr Kind Äußerungen, die auf massive Selbstzweifel oder Schuldgefühle schließen lassen, versuchen Sie, aufmerksam zuzuhören, ohne Ihr Kind zu korrigieren oder ihm seine Gefühle ausreden zu wollen. Finden Sie heraus, warum es sich schuldig fühlt und ob es dafür eine rationale Erklärung gibt. Wenn Ihnen die Schuldgefühle Ihres Kindes irrational oder unangemessen erscheinen, sollten Sie auf andere Anzeichen einer Depression achten.

Gelegentlich können äußere Ereignisse wie eine schlechte Note oder eine andere Enttäuschung dazu führen, daß Ihr Kind seine Kompetenz in Frage stellt. Ein gesundes Kind hat jedoch normalerweise genug Selbstvertrauen, um diese Enttäuschung nach einer angemessenen Zeit abzuschütteln und mit frischem Mut weiterzumachen. Depressive Kinder oder Jugendliche interpretieren negative Ereignisse, und mögen sie auch noch so unbedeutend sein, als Beweis für ihre eigene Inkompetenz und Wertlosigkeit.

Neigt Ihr Kind zum Perfektionismus? Perfektionistische Kinder stellen an sich selbst äußerst hohe Ansprüche und empfinden selbst kleine Fehler als Katastrophe. David Shaffer von der Columbia Universität hat bei einer Untergruppe von Jugendlichen, die bereits einen Selbstmordversuch hinter sich haben, ähnliche Tendenzen festgestellt. Mit Rückschlägen und Enttäuschungen konfrontiert, wie sie alle Jugendlichen hin und wieder erleben, reagierten die Mitglieder dieser Gruppe mit stark angeschlagener Selbstachtung, extremen Selbstzweifeln und Suizidgedanken (siehe Kapitel 7).

Selbstvorwürfe sind bei depressiven Kindern keine Seltenheit. Die 16jährige Linda erklärte mir: «Meine Freunde verstehen nicht, was mit mir los ist, aber das kann ich von ihnen auch nicht erwarten. Ich habe das Gefühl, zu gar nichts nütze zu sein. Ich mache nichts Wichtiges, nichts, was irgend jemand wirklich braucht. Meine Mitschüler machen

es mir schwer, aber ich fürchte, ich habe es verdient. Ich schaffe es ja nicht einmal, für mich selbst einzutreten.»
Auch in der Beziehung zu ihren Eltern haben depressive Kinder häufig Schuldgefühle. Typisch sind Aussagen wie: «Ich habe meinen Eltern Schreckliches angetan.» «Ich bin eine ständige Enttäuschung für meine Eltern.» Oder: «Ich glaube, ich liebe meine Eltern nicht so, wie ich es eigentlich sollte.»
Natürlich drücken Kinder – und besonders Jugendliche – häufig Wut über ihre Eltern aus. Gesunde Kinder und ihre Eltern wissen, daß es auch in grundsätzlich liebevollen Beziehungen gelegentlich zu Aggressionen kommt und Konflikte ausgetragen werden müssen. Depressive Kinder fühlen sich jedoch schuldig für ihre Wut und haben Angst, mit ihren negativen Gefühle könnten sie ihren Eltern schaden.
Aber auch das, was sie in bestimmten Situationen getan oder sich vielleicht auch nur gedacht oder vorgestellt haben, kann bei depressiven Kindern Schuldgefühle auslösen. Versuchen Sie, durch vorsichtiges, einfühlsames Nachfragen ein Gespräch darüber in Gang zu bringen, und achten Sie stets darauf, die Gültigkeit der Gefühle Ihres Kindes nicht in Frage zu stellen.

Mangelnde Konzentration

Depressive Kinder haben häufig Schwierigkeiten, rational zu denken und sich über längere Zeit zu konzentrieren. Sie haben Probleme, dem Unterricht in der Schule zu folgen, sich auf ein Gespräch zu konzentrieren oder gar eine Sendung im Fernsehen von Anfang bis Ende anzuschauen. Sie blättern geistesabwesend eine Zeitschrift durch, ohne sich anschließend an das, was sie gesehen haben, erinnern zu können.
Weil der Unterricht an die Konzentrationsfähigkeit hohe Anforderungen stellt, sinken die Schulleistungen depressiver Kinder. Dies kann sie so enttäuschen und beschämen, daß sie nicht mehr zur Schule gehen wollen. Eine entsprechende Untersuchung ergab, daß etwa 45 Prozent aller Fälle von Schulverweigerung mit Depressionen verbunden sind (siehe Kapitel 4).

Todesgedanken

Immer wiederkehrende Gedanken an Tod oder Selbstmord unterscheiden eine klinische Depression deutlich von einer vorübergehenden depressiven Verstimmung oder einer normalen Trauerreaktion. Vielleicht hören Sie von Ihrem Kind Aussagen wie: «Das Leben ist

doch sowieso sinnlos.» «Ich wünschte, ich wäre tot.» «Manchmal komme ich mir innerlich sowieso schon tot vor.» Oder: «Ich glaube, ohne mich wäre meine Familie besser dran.»
Sie könnten versucht sein, solche Aussagen zu ignorieren, weil sie so pathetisch klingen und Ihnen eine echte Todessehnsucht Ihres Kindes völlig unmöglich erscheint. Tatsächlich ist ein Selbstmord bei Kindern unter zwölf Jahren selten. Trotzdem denken depressive Kinder häufig darüber nach, sich das Leben zu nehmen. Solche Aussagen sind daher deutliche Warnsignale und sollten aufmerksam registriert werden. Hören Sie Ihrem Kind zu und versuchen Sie herauszufinden, was zu dem Gefühl beigetragen haben könnte, daß ihm der Tod erträglicher erscheint als das Leben (siehe Kapitel 7).

Hoffnungslosigkeit

Nicht alle depressiven Kinder hegen Gefühle der Hoffnungslosigkeit. Mit anderen Worten: Ihr Kind kann depressiv sein, ohne unbedingt die Befürchtung zu äußern, daß es keine Hoffnung auf eine Besserung gibt. Andererseits haben viele depressive Kinder bereits die geringste Hoffnung auf eine positive Veränderung verloren.
Die Überzeugung, daß die Dinge niemals besser werden können, ist sowohl für das depressive Kind als auch für seine Familie sehr schwer zu ertragen. Ja, viele Fachleute glauben, daß die Hoffnungslosigkeit einen besonders bedeutsamen Indikator für ein hohes Selbstmordrisiko darstellt.

Angst

Depressionen werden häufig von Angstsymptomen begleitet, so daß sich unter Umständen nur schwer bestimmen läßt, welches das primäre Problem eines Kindes ist. Kleinere Kinder klammern sich, wenn sie ängstlich sind, an ihre Eltern und folgen ihnen wie ein Schatten überall hin. Oder sie sind in Gedanken ständig mit Räubern und Banditen beschäftigt und fürchten, daß ihnen oder ihren Eltern ein Unheil geschehen könnte.
Ältere depressive Kinder und Jugendliche machen sich Sorgen über Handlungen und Geschehnisse aus der Vergangenheit. Sie stellen die eigene Kompetenz in Frage, machen sich Sorgen über ihre Schulleistungen und haben Zukunftsängste. Viele ängstliche Kinder und Jugendliche suchen ständig nach Bestätigung und können sich nur schlecht entspannen. Eine kompetente Therapeutin bzw. ein kompe-

tenter Therapeut kann Ihnen helfen zu bestimmen, ob die Angst Ihres Kindes eine Begleiterscheinung seiner Depressionen ist oder ein eigenständiges Problem darstellt.

Gestörte zwischenmenschliche Beziehungen

Bei depressiven Kindern können die Beziehungen zu Eltern, Geschwistern, Gleichaltrigen sowie Lehrerinnen und Lehrern gestört sein. Ja, Lehrerinnen und Lehrer wenden sich mit Beschwerden häufiger an die Eltern depressiver Kinder als an Eltern von Kindern, die nicht depressiv sind. Depressive Kinder haben Schwierigkeiten, neue Freundschaften anzuknüpfen und bestehende Beziehungen zu pflegen, verabreden sich weniger mit Gleichaltrigen und werden häufiger gehänselt als andere Kinder.

Die eigenen Schulleistungen zu verbessern, fällt Kindern nach einer therapeutischen Behandlung meist leichter, als die entstandenen zwischenmenschlichen Probleme zu lösen. Die Behandlung depressiver Kinder sollte sich daher auch auf die eine Depression so häufig begleitenden Beziehungsprobleme konzentrieren. Die gezielte Stärkung sozialer Fertigkeiten fördert nicht nur die Heilung der Depression, sondern trägt auch zum allgemeinen psychischen Wohlbefinden der Kinder bei.

Träume und Phantasien

Kinder aller Altersstufen haben Phantasien, auch wenn sie noch zu jung sind, um ihre Gedanken und Gefühle klar in Worte fassen zu können. In der therapeutischen Arbeit sehe ich Hinweise auf kindliche Depressionen oft in lustlosem Spiel oder düsteren Zeichnungen, die primitive oder entstellte menschliche Gestalten zeigen.

Auch in Träumen können Depressionen deutlich werden. Natürlich brauchen Sie als Eltern sich nicht verpflichtet zu fühlen, die Träume Ihres Kindes zu analysieren. Doch wenn Ihr Kind über einen Alptraum klagt, sollten Sie nachfragen, was für ein Traum das gewesen ist. Wenn die gleichen Alpträume immer wiederkehren oder Ihr Kind ständig aus dem Schlaf schreckt, sollten Sie auf andere depressive Warnsignale achten.

Kleinere Kinder drücken Phantasien in Bildern oder Spielen aus. Nehmen Sie am Spiel- oder Malprozeß teil, um ein Gespräch über die Inhalte in Gang bringen zu können. Daß Ihr Kind sich mit bestimmten Themen beschäftigt, beweist noch nicht, daß es zu Depressionen neigt.

Doch stellte Donald McKnew in entsprechenden Untersuchungen fest, daß leicht depressive Kinder Erfahrungen wie enttäuscht, schlecht behandelt, ausgeschlossen, beschuldigt oder kritisiert zu werden, in ihren Bildern und Spielen immer wieder bearbeiten. Auch das Erlebnis, ausgelacht, zurückgewiesen oder körperlich verletzt zu werden, fließt in ihre Darstellungen ein. Stark depressive Kinder beschäftigen sich mit Selbstmord, Tod oder Verstümmelung sowie dem Verlust eines geliebten Menschen.

Depressive Jugendliche produzieren – vor allem, wenn sie kreativ sind – Bilder, Collagen, Gedichte oder Prosatexte, die ihre Erfahrungen und Gefühle widerspiegeln. Sie berichten auch von Tagträumen, in denen sie sich vorstellen, verletzt oder getötet zu werden.

Halluzinationen und Wahnvorstellungen

Manche depressiven Kinder und Jugendliche hören Stimmen, die ihnen sagen, daß sie schlecht oder wertlos sind, oder ihnen gar befehlen, sich das Leben zu nehmen. Vor allem jüngere Kinder berichten auf entsprechende Fragen hin oft bereitwillig von den Stimmen, die sie hören, oder von den Wahnvorstellungen, die sie für Wirklichkeit halten. So war die 9jährige Patti z. B. davon überzeugt, daß ihre tote Großmutter Nacht für Nacht in einer Truhe am Fußende ihres Bettes zum Leben erwachte. Kein Wunder, daß Patti Angst hatte, allein in ihrem Zimmer einzuschlafen, und häufig mitten in der Nacht aus dem Schlaf schreckte!

Ältere Kinder und Jugendliche, die sich vor sozialer Ächtung fürchten, setzen häufig alles daran, ihre Symptome zu verbergen. Eine Mutter war äußerst besorgt, als sie hörte, wie ihr Sohn im Hinterhof hitzige Selbstgespräche führte. Ihr Sohn leugnete standhaft, mit sich selbst gesprochen zu haben. Letztlich mußte er jedoch wegen einer schweren Depression stationär behandelt werden.

Auch wahnhaftes Denken – irrige Überzeugungen, die auf falschen Interpretationen der Wirklichkeit beruhen – kann im Zusammenhang mit einer Depression bei Kindern und Jugendlichen auftreten. Häufig bezieht es sich auf als unverzeihlich erlebtes moralisches Versagen, sexuelle Fehltritte, eingebildete Mängel oder Ängste vor schweren Strafen.

Unterschiedliche Ausprägungen bei Kindern und Jugendlichen

Depressionen können in den verschiedenen Altersstufen unterschiedliche Ausprägungen haben. Kleine Kinder wirken meist traurig und weinen viel, können aber auch leicht in Wut geraten und brauchen lange, um ihre Wut wieder zu überwinden. Depressive Vorschulkinder klagen häufig darüber, mit anderen Kindern nicht zurechtzukommen. Da sie nicht in der Lage sind, ihre Stimmung näher zu beschreiben, sagen sie, sie fühlten sich «müde» oder könnten mit ihren Freundinnen und Freunden nicht mithalten.

Ältere Kinder oder Jugendliche können eher über die eigenen Gefühle reflektieren und diese auch beschreiben, wenn ihnen danach zumute ist, so daß wir weniger auf Beobachtungen und Vermutungen angewiesen sind.

Bei kleineren Kindern kann die Depression «sichtbarer» sein als bei Jugendlichen, und sie wird häufiger auch von körperlichen Beschwerden, Verhaltensauffälligkeiten, Phobien, Halluzinationen und Trennungsängsten begleitet. Jugendliche dagegen neigen eher zu Gefühlen der Hoffnungslosigkeit, übermäßigem Schlafen, Veränderungen des Körpergewichts sowie Mißbrauch von Alkohol und illegalen Drogen. Depressive Kinder denken ebenso häufig an Selbstmord wie depressive Jugendliche, doch sind ihre Versuche seltener tatsächlich lebensbedrohlich.

Doch trotz aller offensichtlichen Unterschiede bei der emotionalen Ausdrucksfähigkeit, haben viele depressive Kinder und Jugendliche die gleichen Symptome – eine Tatsache, die auch durch entsprechende Forschungsarbeiten bestätigt werden konnte. Die unterschiedlichen Ausprägungen und Erscheinungsbilder der Depression ergeben sich vor allem durch die größere Unabhängigkeit und Eigenständigkeit der Jugendlichen.

Die bipolare Störung

Bei der bipolaren Störung, auch «manisch-depressive Störung» genannt, wechseln sich Phasen depressiver Niedergeschlagenheit mit Phasen überschäumender Hochstimmung ab. Grundlose, überströmende Heiterkeit, Selbstüberschätzung und unbeirrbarer Optimismus, unbezähmbarer Rede- und Bewegungsdrang sowie ein stark verringerter Schlafbedarf sind typische Kennzeichen der Manie.

Bei Kindern ist die manisch-depressive Störung selten. Nur gelegentlich ist eine erste Erkrankungsphase vor dem 20. Lebensjahr zu beobachten. In 50 bis 90 Prozent aller Fälle kommt es bei den betreffenden Patientinnen und Patienten zu wiederholten Krankheitsepisoden von unterschiedlicher Dauer. Eine durchschnittliche manische Phase erstreckt sich etwa über drei, eine durchschnittliche depressive Phase über vier bis sechs Monate.

Manische Symptome bei Kindern oder Jugendlichen

- Drastische Stimmungsschwankungen, unnatürliche Hochstimmung oder Albernheit, starke Reizbarkeit
- Selbstüberschätzung bis hin zum Größenwahn; Überzeugung, aus eigener Kraft die Welt retten zu können
- Plötzliche, unnatürliche Energieschübe; stark vermindertes Schlaf- bedürfnis, ohne Müdigkeit zu verspüren; unbezähmbarer Bewegungsdrang
- Ungewöhnliche Redseligkeit; hektische Redeweise; zusammenhangloses Springen von einem Thema zum anderen
- Mangelnde Konzentration; Fahrigkeit; starke Ablenkbarkeit
- Riskantes Verhalten wie rücksichtsloses Fahren; leichtsinnige Gefährdung der eigenen Sicherheit

Der 16jährige John besuchte eine Schule für besonders begabte Schülerinnen und Schüler. Er hatte in allen Fächern gute Noten, interessierte sich jedoch vor allem für das Schreiben und hatte für seine literarischen Versuche bereits einige Preise gewonnen.

Im Winterhalbjahr seines vorletzten Schuljahrs wählte John trotz seines bereits übervollen Stundenplans noch zwei weitere Kurse hinzu und bestand darauf, allen Arbeitsgemeinschaften beizutreten, die für seinen Jahrgang angeboten wurden, weil er meinte, das würde sich in seiner College-Bewerbung besonders gut machen. Der Junge folgte einem ausgeklügelten Wochenplan, der neben all diesen Aktivitäten zwei bis drei Stunden pro Tag für Hausaufgaben sowie ein anspruchsvolles sportliches Trainingsprogramm umschloß.

Anfangs gelang es John, seine guten Noten zu halten. Ende Oktober bekam er jedoch die ersten Arbeiten mit schlechten Beurteilungen zurück. Johns überraschte Lehrerinnen und Lehrer schrieben Kommentare wie «unlogische Argumentation» und «dieser Aufsatz geht leider an der gestellten Aufgabe vorbei». Wenig später begann John, sich im Unterricht auffällig zu verhalten, redete unzusammenhängend über Themen, die mit dem Lehrstoff nicht in Verbindung standen, oder wetterte wild gegen Klassenkameraden, die sich seiner Meinung nicht anschließen wollten.

Auch Johns Freunde begannen, sich Sorgen zu machen. Johns bester Freund konnte nicht verstehen, warum John spätabends bei ihm anrief und ihn und seine Familie aus dem Bett klingelte, um dann über irgendwelchen «Unsinn» zu reden. Eines Samstagabends brachten einige

Freunde John früher nach Hause, weil er sich «ganz merkwürdig verhalten und ständig Streit angefangen» hatte. Obgleich John bis dahin stets standhaft gegen Drogen eingetreten war, mutmaßten seine Freunde, daß er doch etwas genommen hatte. Schließlich nagelte John Decken und Duschvorhänge vor seine Fenster, «um der Tyrannei des ständigen Wechsels von Helligkeit und Dunkelheit zu entgehen», und schlief gar nicht mehr. Nachdem er drei Nächte lang hintereinander aufgeblieben war und unverständliche Texte niedergeschrieben hatte, brachten Johns völlig überforderte Eltern ihren in einem akuten Erregungszustand befindlichen Sohn in die Notfallaufnahme.

Als ich John das erste Mal traf, lief er rastlos auf und ab und erging sich in einem endlosen pseudophilosophischen Redestrom. Statt direkt auf meine Fragen zu antworten, versuchte John, mir zu erklären, wie man die Farben als Alphabet nutzen könne, um damit eine ganz neue Sprache zu erschaffen. Als ich John sagte, er müsse zur Beobachtung und Behandlung im Krankenhaus bleiben, wurde er plötzlich feindselig und verlangte, sofort entlassen zu werden, um mit seiner wichtigen Aufgabe fortfahren zu können.

Fast eine Woche lang erwies sich der Umgang mit John als äußerst schwierig. Er setzte zweimal den Boden des Waschraums unter Wasser, versuchte, durch die Decke zu entkommen, und hielt nachts die anderen Patienten wach. Die Medikamente, die seine Psychose dämpfen, seine Erregung lösen und seine Schlafbereitschaft fördern sollten, sprachen mehrere Tage lang nicht an.

Währenddessen befanden sich Johns Eltern in einer Art Schockzustand. Wie Johns Freunde glaubten sie, er müsse Drogen genommen haben. Alle entsprechenden Tests waren jedoch negativ, während eine gründliche Rekonstruktion der Vorgeschichte dafür sprach, daß John an einer bipolaren oder manisch-depressiven Störung litt.

Behandlung der bipolaren Störung

Menschen mit einer bipolarer Störung bekommen meist antipsychotische Medikamente, um die akute manische Phase zu unterbrechen. Wenn bei Ihrem Kind eine bipolare Störung diagnostiziert wird, bekommt es möglicherweise das Medikament Lithium, das Rückfälle vermeiden hilft (siehe Kapitel 9).

Doch wie jede andere psychische Erkrankung auch, sollte die bipolare Störung mit einem vielschichtigen Ansatz behandelt werden. So sollten Sie und Ihr Kind über das Wesen und den Verlauf der Krankheit ausführlich aufgeklärt werden. Eine Einzeltherapie kann Ihrem Kind dabei helfen, persönliche Veränderungen vorzunehmen, um zusätzliche Belastungen zu vermeiden und die Wahrscheinlichkeit von Rückfällen zu mindern. Durch eine Familientherapie kann die Kommunikation innerhalb Ihrer Familie verbessert werden. Sie können lernen, Ihr Kind wirksam zu unterstützen und mit Ihren eigenen Reaktionen auf die Krankheit Ihres Kindes besser umzugehen (siehe Kapitel 9).

Wenn Ihr Kind depressiv ist

Wenn mehrere der eben beschriebenen Symptome bei Ihrem Kind auftreten, wenn sie so stark sind, daß sie Ihrem Kind oder Ihnen selbst auffallen, und wenn sie darüber hinaus länger als ein paar Tag anhalten, kann es tatsächlich sein, daß Ihr Kind unter Depressionen leidet. In diesem Fall sollten Sie sich an eine kompetente Therapeutin bzw. einen kompetenten Therapeuten wenden, damit eine professionelle Diagnostik und Behandlung für Ihr Kind eingeleitet werden kann.

Während dieses Prozesses sollten Sie Ihr Kind jedoch nicht nur unter dem Aspekt seiner Symptome und Probleme betrachten. Schon während der sensiblen Beobachtung Ihres Kindes werden Sie erkannt haben, daß es nicht nur Schwächen, sondern auch viele Stärken besitzt. Im folgenden Kapitel wollen wir uns darauf konzentrieren, was Sie tun können, um Ihrem depressiven Kind zu helfen und seine Stärken zu fördern. Mit Ihrer Hilfe kann es in seinem persönlichen Wachstum fortschreiten und neue Fertigkeiten sowie neues Selbstvertrauen gewinnen.

3. Warum ist Ihr Kind depressiv?

Wenn Ihr Kind eine so ernsthafte Erkrankung wie eine Depression durchmacht, werden Sie sicherlich wissen wollen, wie es dazu kommen konnte. Möglicherweise haben Sie selbst schon Spekulationen angestellt, z. B.: «Ob es an unserer Scheidung lag?» «Vielleicht hätte ich doch nicht umziehen sollen.» Oder: «Er ist genauso wie mein Großonkel Harry.» Das Problem ist, daß sich eine Depression selten so eindeutig auf eine Ursache zurückführen läßt.

Im Laufe dieses Kapitels werden Sie eine ganze Reihe interessanter Theorien kennenlernen, von denen manche die Erkrankung Ihres Kindes möglicherweise verständlicher machen. Außerdem werden Sie hilfreiche Vorschläge dafür finden, wie Sie Ihr Kind vor Rückfällen schützen können. Doch aller Wahrscheinlichkeit nach werden Sie nie erfahren, was genau die Depression Ihres Kindes verursacht hat. Trotz aller Fortschritte beim Verständnis dieser Krankheit hat die wissenschaftliche Forschung bisher keine eindeutige und vollständige Erklärung finden können.

Ein empfindliches Gleichgewicht

Versuchen Sie, die Depression Ihres Kindes so zu betrachten, wie Sie jede andere Krankheit betrachten würden. Krankheiten haben nur dann eine Chance, wenn das normale Gleichgewicht einer Person gestört ist. Der Begriff «Gleichgewicht» deutet bereits auf eine Kombination innerer und äußerer Faktoren hin. Wenn Sie sich z. B. erkältet haben, kann es sein, daß der Virus sich nur deshalb festsetzen konnte, weil Sie durch Schlafmangel müde und erschöpft waren. Wären Sie besser ausgeruht gewesen, wäre der Virus auf keine so günstigen Bedingungen gestoßen. Und umgekehrt: Wären Sie dem Virus nicht ausgesetzt gewesen, hätte Ihre Erschöpfung keine weiteren Folgen gehabt. Um herauszufinden, warum Sie genau zu diesem Zeitpunkt krank geworden sind, müssen Sie also sowohl die innere Anfälligkeit als auch den äußeren Streßfaktor oder Auslöser in Ihre Überlegungen einbeziehen.

Das gleiche Prinzip gilt auch für die «Ursachenforschung» bei einer Depression. Ein Kind, das klinisch depressiv wird, bringt mit großer Wahrscheinlichkeit von sich aus eine Kombination genetischer, psychischer und umweltbezogener Risikofaktoren mit, die es für die im Leben reichlich vorhandenen Streßfaktoren besonders anfällig macht.

Auf der anderen Seite tragen die genetischen, psychischen und umweltbezogenen Stärken Ihres Kindes normalerweise dazu bei, ein gewisses Gegengewicht herzustellen und es gesund zu erhalten. Zu einer depressiven Erkrankung kommt es, wenn ein Ereignis eintritt, das dieses empfindliche Gleichgewicht stört. Dieses Ereignis kann körperlicher Natur sein (z. B. das Einsetzen der Pubertät oder eine schwere Krankheit), auf der psychischen Ebene wirken (z. B. der reale oder subjektiv wahrgenommene Verlust eines Freundes oder Verwandten) oder von der Umwelt Ihres Kindes ausgehen (z. B. eine schlechte Note in der Schule). Je anfälliger das Kind, desto geringer der Streßfaktor, der ausreicht, um das Gleichgewicht aus dem Lot zu bringen. Und umgekehrt: Je mehr Schutzmechanismen das Kind besitzt, desto kleiner ist die Wahrscheinlichkeit, daß es auf Streß mit Depressionen reagiert.

Im täglichen Leben haben Sie wahrscheinlich längst bemerkt, daß manche Menschen eher zu Erkältungen neigen als andere. Vielleicht gehören Sie sogar selbst zu den für Erkältungen besonders anfälligen Menschen. In dem Fall wissen Sie, daß Sie besondere Vorsichtsmaßregeln beachten müssen, um gesund zu bleiben. Auf ähnliche Weise können Sie dazu beitragen, die Stärken Ihres zu Depressionen neigenden Kindes zu fördern, die seinem gesunden Gleichgewicht zuträglich sind. So wie Sie versuchen, einer Erkältung dadurch vorzubeugen, daß Sie z. B. viel Vitamin C zu sich nehmen und regelmäßig in die Sauna gehen, können Sie auf verschiedene Weisen das innere Gleichgewicht Ihres Kindes stärken.

Wenn Sie also von den Risiken und Streßfaktoren lesen, die zur depressiven Erkrankung von Kindern beitragen können, denken Sie auch daran, daß es sich bei der Krankheit Ihres Kindes nicht um einen unumkehrbaren Schicksalsspruch, sondern um eine vorübergehende Störung handelt. Bedenken Sie auch, daß die Wiederherstellung einer ausgeglichenen Balance zwischen streßreichen Lebensereignissen und schützenden Faktoren dazu beitragen kann, die Gesundheit Ihres Kindes in Zukunft zu erhalten.

Eine berühmte Forschungsstudie bestätigte die wichtige Rolle, die ein gesundes Gleichgewicht dieser beiden Pole für das Wohlergehen von Kindern spielen kann. 1954 begann das Team von Emmy Werner mit einer eingehenden Langzeitstudie über die Familien all der Kinder, die 1955 auf der zu Hawaii gehörenden Insel Kauai geboren wurden. Alle 698 Kinder wurden nach der Geburt sowie nach dem ersten, zweiten, zehnten und achtzehnten Lebensjahr ausführlich untersucht. Die meisten Kinder auf Kauai wuchsen in armen Verhältnissen auf, und viele waren zahlreichen Streßfaktoren ausgesetzt. Dennoch entwickelten sich einige der am meisten gestreßten Kinder erstaunlich gut, wie Emmy Werner und Ruth Smith in ihrem Buch *Vulnerable but Invincible* (McGraw-Hill, 1982) berichteten.

Werner und Smith beschrieben die Faktoren, die einige der Kinder auf Kauai für Probleme besonders anfällig machten. Anschließend führten sie die konstitutionellen Stärken und äußeren Faktoren auf, die es einigen Kindern ermöglichten, sich trotz problematischer Ausgangsbedingungen positiv zu entwickeln.

Dem größten Risiko unterlagen Kinder, die in Elternhäusern aufwuchsen, die durch Armut, mangelnde Bildung und psychische Krankheit der Eltern geprägt waren. Komplikationen bei der Geburt, Entwicklungsprobleme und genetische Abnormalitäten waren weitere Risikofaktoren. Dazu kamen oft streßreiche Lebensereignisse wie die Trennung von einer wichtigen Bezugsperson im ersten Lebensjahr, die Geburt eines jüngeren Geschwisters in den ersten beiden Lebensjahren, schwere oder wiederholte Krankheiten während der Kindheit, schwere Erkrankung eines Elternteils, ein behindertes Geschwisterkind, ständige Streitigkeiten in der Familie, Abwesenheit des Vaters, Arbeitslosigkeit oder sporadische Berufstätigkeit der Eltern, Wohnort- oder Schulwechsel, Scheidung der Eltern, Wiederheirat eines Elternteils und Eintritt eines Stiefelternteils in den Haushalt, Wegzug oder Tod eines älteren Geschwisterkindes oder einer anderen wichtigen Bezugsperson sowie die Unterbringung in einer Pflegefamilie.

Konstitutionelle Stärken und positive äußere Faktoren wirkten ungünstigen Konstellationen entgegen. Ja, in manchen Fällen vermochten sie, die Gesundheit der Kinder selbst in den problematischsten Familien zu schützen. Zu den persönlichen Merkmalen, die sich für die Kinder positiv auswirkten, gehörten: ein intaktes Zentralnervensystem; ein hohes Maß an Aktivität und Eigeninitiative; eine positive Lebenseinstellung; ein Mangel an schädlichen Gewohnheiten; Autonomie und Befähigung zur Selbsthilfe; kommunikative Kompetenz; Konzentrationsfähigkeit und angemessene Kontrolle eigener Impulse; besondere Interessen und Hobbys; positives Selbstkonzept; die Überzeugung, daß man selbst den Lauf der Ereignisse beeinflussen kann («internal Locus of control»); sowie der Wunsch, die eigene Lage nach Möglichkeit zu verbessern.

Folgende familiäre und gesellschaftliche Faktoren wirkten sich auf die psychische Gesundheit positiv aus: erstgeborene Kinder; vier oder weniger Geschwister; mehr als zwei Jahre Altersunterschied zum nächsten Geschwisterkind; konzentrierte Aufmerksamkeit der Eltern im ersten Lebensjahr; eine positive Eltern-Kind-Beziehung in der frühen Kindheit; zusätzliche Bezugspersonen neben der Mutter; Betreuung durch Geschwister und Großeltern; guter Kontakt zu Verwandten,

Nachbarn, Lehrern und Geistlichen; ein strukturierter, geregelter Haushalt; Ausrichtung an übergeordneten Werten; enge Freundschaften mit Gleichaltrigen; Zugang zu Einrichtungen der Gesundheitsvorsorge, Bildung und sozialen Diensten.

Im weiteren Verlauf dieses Kapitels wollen wir uns die wichtigsten Risiko- und Streßfaktoren genauer anschauen. Anschließend werden wir verschiedene Theorien vorstellen, die interessante Beiträge zu den Ursachen von Depressionen bei Kindern und Jugendlichen leisten, auch wenn keine von ihnen dieses Phänomen vollständig zu erklären vermag. Dabei werden wir auch immer wieder auf die Stärken und positiven Faktoren zu sprechen kommen, die dazu beitragen können, Ihrem Kind ein gesundes Gleichgewicht zurückzugeben.

Genetische Risikofaktoren

Auch wenn Ihr Kind seine Depression nicht geerbt hat wie etwa Ihr dunkles Haar oder Ihre Sommersprossen, ist erwiesen, daß Depressionen in manchen Familien gehäuft vorkommen. Den vielleicht eindeutigsten Hinweis darauf geben Zwillingsstudien. Solche Studien sind immer dann besonders aufschlußreich, wenn es um die Frage geht, ob ein bestimmtes Merkmal genetisch bedingt sein kann. Da die Erbanlagen bei eineiigen Zwillingen identisch sind, besteht bei ihnen eine sehr viel größere Wahrscheinlichkeit, daß sie die gleichen genetisch beeinflußten Krankheiten entwickeln, als dies bei zweieiigen Zwillingen der Fall ist, die ja im Grunde nicht enger miteinander verwandt sind als zwei ganz normale Geschwister.

In entsprechenden Untersuchungen stellte sich heraus, daß zwei Drittel aller eineiigen Zwillingsschwestern oder -brüder von manisch-depressiven Patientinnen und Patienten unter der gleichen Störung litten, während bei zweieiigen Zwillingen in dieser Hinsicht nur eine Übereinstimmung von 14 Prozent bestand.

Auch die Umwelt spielt eine wichtige Rolle. Wachsen eineiige Zwillinge gemeinsam auf, besteht im Erkrankungsfall eine höhere Wahrscheinlichkeit, daß beide depressive Symptome entwickeln (76 Prozent), als bei eineiigen Zwillingen, die in unterschiedlichen Haushalten groß werden (67 Prozent). Dennoch scheint der Einfluß der Gene ausschlaggebend zu sein. Auch bei getrennt aufwachsenden eineiigen Zwillingen ist die Wahrscheinlichkeit, daß beide an einer Depression erkranken, deutlich höher als bei zweieiigen Zwillingen, die gemeinsam aufwachsen (19 Prozent).

Um den Anteil der erblich oder durch Umweltfaktoren bedingten

Einflüsse besser einschätzen zu können, wurden auch Kinder untersucht, die nach der Geburt von ihren leiblichen Eltern getrennt und von Adoptiveltern aufgezogen wurden. Wenn die genetischen Einflüsse vorherrschend wären, so argumentierten die Forscherinnen und Forscher, müßten die adoptierten Kinder mit größerer Wahrscheinlichkeit die gleichen Krankheiten entwickeln wie ihre leiblichen Eltern. Wären die umweltbedingten Faktoren wichtiger, müßten die Kinder in dieser Hinsicht eher mit ihren Adoptiveltern übereinstimmen.

Depressionen – und dabei besonders bipolare Störungen – scheinen nach diesen Forschungsergebnissen deutlich genetisch beeinflußt zu sein. Bei einer Gruppe adoptierter Personen, die unter manisch-depressiven Störungen litten, ließ sich die Krankheit bei 31 Prozent der leiblichen Eltern, aber nur bei zwei Prozent der Adoptiveltern nachweisen.

In der Wissenschaft spricht man in diesem Zusammenhang von einer «genetischen Vorbelastung». Am größten scheint diese Vorbelastung bei den wenigen Kindern zu sein, die schon vor dem Einsetzen der Pubertät Symptome einer manisch-depressiven Störung zeigen. Im Durchschnitt leiden 30 Prozent der Verwandten dieser Kinder unter der gleichen Störung. Treten die Symptome zum ersten Mal nach dem Einsetzen der Pubertät auf, gilt die gleiche Diagnose nur für einen von zehn Verwandten.

Zahlreiche Forschungsstudien haben gezeigt, daß bei Kindern, die ein depressives Elternteil haben, die Chance 1:4 steht, daß sie ebenfalls zu irgendeinem Zeitpunkt ihres Lebens unter Depressionen leiden. Sind beide Elternteile depressiv, steht die Chance 50:50.

In solchen Studien können die Auswirkungen der genetischen Vorbelastung nicht von umweltbedingten Streßfaktoren getrennt werden. Die betreffenden Kinder erben von ihrem depressiven Elternteil nicht nur die genetische Veranlagung, sondern werden auch dadurch beeinflußt, daß sie in einer durch die depressive Erkrankung des Elternteils geprägten Umgebung aufwachsen.

Umweltbedingte Risikofaktoren

Kinder mit depressivem Elternteil

Akut oder chronisch depressive Mütter oder Väter sind in ihrer Fähigkeit, sich mit ganzer Kraft für ihre Kinder zu engagieren, oft erheblich eingeschränkt. Sie sind möglicherweise nicht in der Lage, mit kleinen Kindern zu spielen oder sie angemessen zu versorgen. Werden die Kinder älter, fällt es depressiven Eltern häufig schwer, sich mit den schulischen Aktivitäten, den Freundschaften und Interessen ihrer Kinder intensiv auseinanderzusetzen. Und wenn die Kinder in die Pubertät kommen, fehlt ihnen unter Umständen die Energie, angemessene Grenzen zu setzen und positive Aktivitäten zu fördern. Ja, depressive Eltern geben an, für ihre Kinder weniger Zuneigung zu verspüren, als dies bei anderen Eltern der Fall ist.

Wie reagiert das Kind eines depressiven Elternteils? Die betreffenden Kinder berichten meist, sie hätten sich für die Krankheit ihrer Mutter oder ihres Vaters schuldig oder verantwortlich gefühlt. Manche sahen sich gezwungen, den depressiven Elternteil zu versorgen, zu schützen oder zu trösten, indem sie selbst versuchten, perfekt zu sein, und die eigenen Probleme nicht wahrnahmen oder verbargen.

Die Kindheit der feministischen Autorin Gloria Steinem z. B. war davon geprägt, daß sie eine Mutter zu versorgen hatte, die unter schweren depressiven Episoden litt. In Ihrem Buch *Was heißt schon emanzipiert* erinnert sich Steinem:

> Da ich ja immer wußte, daß meine Eltern ihr Bestes gegeben hatten, erlaubte ich mir nicht, wütend zu sein, und begrub meine Enttäuschung darüber, was mir entging ... Ich weiß noch, wie traurig es mich machte, daß ich mein Leben ganz allein steuern, nach der Schule arbeiten gehen und mir Sorgen um meine Mutter machen mußte, die der Wirklichkeit manchmal so entrückt war, daß sie gar nicht mehr sagen konnte, wer ich war und wo sie sich befand. Und dann hatte ich natürlich auch noch die schwierige Aufgabe, all diese schändlichen Familiengeheimnisse vor meinen Freundinnen und Freunden geheimzuhalten ...

Ein anderes Kind wäre vielleicht fordernder geworden, hätte versucht, seine Mutter zu einer Reaktion zu zwingen, auch wenn dies höchstwahrscheinlich eine unerwünschte Reaktion gewesen wäre.

Natürlich lernen Kinder in erster Linie dadurch, daß sie ihre Eltern nachahmen. Auch einen depressiven Lebensstil können sie erlernen.

Doch jedes Kind reagiert anders. Während sich das eine Kind von seinen Freunden und Verwandten zurückzieht und zum Einzelgänger wird, rebelliert das andere und distanziert sich wütend von den Problemen der Eltern. Jede dieser Reaktionen kann ein dafür anfälliges Kind letztlich mit Schuldgefühlen überschwemmen, weil es sich von dem hilflosen Elternteil abgewendet hat.

Säuglinge und kleine Kinder, deren Eltern unter Depressionen leiden, scheinen größere Schwierigkeiten damit zu haben, Bindungen zu ihren Eltern und anderen Erwachsenen zu entwickeln. Entsprechende Forschungsarbeiten haben ergeben, daß die Beziehungen dieser Kin-

der durch Konflikte, Instabilität und Unzufriedenheit geprägt sind.
Auch im Umgang mit negativen Emotionen wie Traurigkeit oder Wut
zeigen diese Kinder schon früh ein problematisches Verhalten, und es
fällt ihnen schwer, einen emotional ausgeglichenen Kurs zu halten.
Natürlich haben nicht alle depressiven Eltern auch depressive Kinder, und nicht alle depressiven Kinder haben depressive Eltern. Doch
unterliegen Kinder mit depressiven Eltern in verschiedener Hinsicht
einem höheren Risiko: Erstens sind sie durch ihre genetische Vorbelastung anfälliger für Depressionen. Zweitens sind ihre Eltern aufgrund
der eigenen Probleme emotional häufig nicht in der Lage, ihnen ein
optimales Maß an Liebe und Unterstützung zu geben. Und schließlich
besteht die Möglichkeit, daß sie bei ihren Eltern depressives Verhalten
beobachten und imitieren.
    In einer neueren Studie über die pubertierenden Kinder psychisch
kranker Eltern stellte sich heraus, daß die gesunden und widerstands-
fähigen Kinder mehrere wichtige Eigenschaften gemeinsam hatten: gesundes und positives Selbstverständnis; adäquates Problemlöseverhalten; Engagement in Beziehungen; Handlungsorientiertheit; sowie die
Fähigkeit, von ihren Eltern unabhängig zu denken und zu handeln. Außerdem hatten die meisten von ihnen zumindest einen gesunden Elternteil.

Andere Risikofaktoren

Darüber hinaus gibt es andere Risikofaktoren, die in den Lebensge-
schichten depressiver Kinder auffällig oft auftauchen. So tragen z. B.
bei vielen Kindern körperliche Verletzungen, schwere Krankheiten sowie chronische Schmerzen oder Entstellungen zur Entstehung von Depressionen bei.
    Bei anderen Kindern spielen emotionale Streßfaktoren eine große
Rolle. In vielen Fällen berichten depressive Kinder von der Trennung
von einer wichtigen Bezugsperson, vor allem in den ersten Lebensjahren. Andere geben an, von ihren Eltern oder anderen wichtigen Bezugspersonen grundsätzlich abgelehnt worden zu sein. Jahrelange Kritik oder Demütigung kann dem Kind das Gefühl geben, daß es zu
nichts taugt und unnütz ist. Ein zu starkes Beschützen kann die gleiche
Botschaft vermitteln, weil es dem Kind die Fähigkeit abspricht, unabhängig handeln und Eigenverantwortung übernehmen zu können.
    Auffällig viele depressive Kinder hatten frühe Verluste zu verkraf-
ten. Dabei muß es sich nicht immer um einen Verlust durch Tod handeln. Eine geliebte Person kann auch dadurch plötzlich unerreichbar

sein, daß sie krank, geschieden, verreist oder verzogen ist oder sich anderen zugewendet hat. Der Verlust wird vor allem dann als traumatisch empfunden, wenn das Kind vorher von der geliebten Person abhängig war und kein angemessener Ersatz zur Verfügung stand.

Gesellschaftliche Faktoren

Um den starken Anstieg depressiver Störungen bei Kindern und Jugendlichen in den letzten Jahren zu erklären, sind die verschiedensten kulturellen Katalysatoren herangezogen worden: Verstädterung und die Entstehung großer Vorstadtsiedlungen; das Auseinanderfallen der Großfamilien; steigende geographische Mobilität; veränderte Familienstrukturen; die große Anzahl alleinerziehender und berufstätiger Mütter; sowie die Zunahme von Schichtarbeit.

Die Kernfamilie hat in den letzten Jahrzehnten umwälzende Veränderungen erfahren. 1970 lebten in den USA 12 Prozent aller Kinder bei einem alleinerziehenden Elternteil; 1991 waren es schon 25 Prozent.

Die veränderten Familienstrukturen, wirtschaftlichen Erfordernisse und Bildungschancen für Frauen haben dazu geführt, daß viele Frauen berufstätig geworden sind und ihre Kinder von anderen Personen betreut werden. 1960 arbeiteten in den USA 20 Prozent aller Mütter von Kindern unter sechs Jahren außerhalb des Hauses. 1991 hatte sich diese Zahl auf 58 Prozent fast verdreifacht. Die große Mehrheit der berufstätigen Mütter hat darüber hinaus heutzutage Vollzeitarbeitsplätze.

Die wirtschaftlichen Probleme der frühen neunziger Jahre vergrößerten die Kluft zwischen Arm und Reich, während immer mehr Scheidungen bestehende Familienbande zerrissen und die geographische Mobilität die Unterstützung durch die erweiterte Familie (z. B. Großeltern, Onkel, Tanten) unmöglich machte. In meiner eigenen Praxis stellte ich fest, daß immer mehr Eltern mit «niemand» antworteten, wenn ich sie fragte, an wen sie sich mit der Bitte um Rat und Unterstützung wenden könnten.

Manche Wissenschaftlerinnen und Wissenschaftler gehen in ihren Annahmen sogar so weit, daß Depressionen im Kindes- und Jugendalter allein durch äußere Streßfaktoren, Veränderungen oder Traumata ausgelöst werden können. Tatsächlich haben depressive Kinder und Jugendliche auffällig häufig Umzüge, Arbeits- und Geldprobleme der Eltern, Ehezwistigkeiten und Schulschwierigkeiten erlebt.

Doch äußere Streßfaktoren können das Phänomen niemals vollständig erklären, denn wie die Kauai-Studie zeigt, gibt es viele Kinder, die außergewöhnlichen Risikofaktoren ausgesetzt sind und trotzdem nicht depressiv werden. Und eine bemerkenswerte Anzahl von Kindern und Jugendlichen wird klinisch depressiv, ohne daß irgendwelche offenkundigen äußeren Risikofaktoren vorliegen. Außerdem können selbst ganz normale, im Lebenslauf jedes Kindes vorhersehbare Ereignisse – wie z. B. der erste Schultag – streßreich sein. So mag es nicht überraschen, daß die rapide Zunahme von Streßfaktoren zu Beginn der Pubertät mit einem entsprechenden Anstieg depressiver Erkrankungen zusammenfällt. Da Streß bei der Entstehung von Depressionen also zwar nicht die alleinige, aber doch eine große Rolle spielt, sollten Sie sich mögliche Streßfaktoren in Ihrer Familie bewußtmachen und versuchen, sie so weit wie möglich einzudämmen. Achten Sie auf grundlegende Dinge wie regelmäßige körperliche Bewegung und gute Ernährung, die den Streß reduzieren können. Natürlich werden Ihre Kinder nicht automatisch depressiv, wenn es zu streßreichen Ereignissen kommt, doch sollten Sie besonders wachsam sein, wenn einschneidende Veränderungen wie ein Schulwechsel oder ein Umzug notwendig werden.

Verschiedene Theorien zur Entstehung von Depressionen

Obgleich bisher noch keine Theorie formuliert wurde, die das Phänomen kindlicher Depressionen vollständig zu erklären vermag, kann es durchaus hilfreich sein, die eigenen Probleme im Licht verschiedener Theorien zu sehen. Da Depressionen meist zu einer Verengung des Denkens und begrenzten Wahrnehmung von Alternativen führen, kann die Betrachtung der Krankheit Ihres Kindes aus verschiedenen Blickwinkeln außerdem an sich schon als therapeutische Übung fungieren.

Psychoanalyse

Sigmund Freud war der erste, der eine umfassende Theorie der Depression formulierte. Der Vater der Psychoanalyse ging davon aus, daß Depressionen von dem echten oder vorgestellten Verlust einer geliebten Person herrühren. Die trauernde Person vermeidet, auf die verlorene Person wütend zu sein, und richtet die Wut gegen sich selbst, wodurch eine tiefe Traurigkeit entsteht. Nach Freuds Theorie können Depressionen durch den Tod eines Elternteils, den Verlust der Gesundheit durch eine schwere Krankheit, die Trennung von geliebten Verwandten oder Freunden infolge eines Umzugs sowie durch den vorgestellten oder angenommenen Verlust einer wichtigen Beziehung ausgelöst werden.

Andere Autorinnen und Autoren erweiterten Freuds Theorie oder wandten sich speziellen Gruppen von Patientinnen und Patienten zu. So untersuchten Rene Spitz und John Bowlby z. B. depressive Säuglinge. Im Rahmen ihres Objekt-Verlust-Modells stellten Spitz und Bowlby die These auf, daß der Depression stets eine Trennung und zerstörte Bindung vorausgehen müsse.

Edith Jacobson vertrat die Ansicht, daß eine Depression aus der Diskrepanz zwischen Selbsteinschätzung und Selbstideal entstehe. Die depressive Person fühle sich unfähig, zu seinem idealen Selbst zu werden. Andere Analytikerinnen und Analytiker hielten die Depression – ähnlich wie die Angst – für eine grundlegende negative Emotion, die entsteht, wenn ein bis dahin als angenehm empfundener Zustand verlorengeht.

Die psychoanalytischen Erklärungsversuche sind nicht nur historisch interessant, sondern spielen auch heute noch eine zentrale Rolle in den aktuellen Depressionstheorien. Selbst wer fest daran glaubt, daß bei der Entstehung von Depressionen biologische Vorgänge ausschlaggebend sind, kommt in seiner klinischen Arbeit nicht um die Tatsache herum, daß die Themen Verlust und bedrohte Selbstachtung in den Geschichten depressiver Kinder ganz besonders häufig vorkommen.

Der psychoanalytischen Theorie ist es auch zu verdanken, daß wir interne Risiken und Streßfaktoren stärker berücksichtigen. In der Psychoanalyse können Phantasien genauso wichtig sein wie tatsächliche Ereignisse, es kommt nur darauf an, wie sie von der betreffenden Person wahrgenommen werden. Wir können uns also nicht einfach nur das Leben eines Kindes von außen anschauen und all das aufzählen, was *wir* für Streßfaktoren halten, um dann zu entscheiden, ob das Kind es «verdient» hat, depressiv zu sein.

Diesen Punkt zu verstehen, fällt Eltern häufig schwer. Sie sind z. B. vielleicht der Meinung, daß es doch letztendlich nicht so wichtig sei, ob irgendein Junge in der Schule ihre Tochter nun mag oder nicht, und können sich nicht vorstellen, warum dies das Selbstbild ihrer Tochter ins Wanken bringen kann. In ihren Augen ist ihre Tochter schließlich so wunderbar wie immer. Das Mädchen selbst erlebt das Verhalten des Jungen dagegen als niederschmetternde Zurückweisung, schließt daraus, daß es von niemandem geliebt wird und sich von diesem Schmerz niemals erholen wird.

Mit anderen Worten: Manche der zur Depression Ihres Kindes beitragenden Faktoren können für Sie völlig unverständlich bleiben. In der Innenwelt Ihres Kindes können Ängste, Phantasien und Überzeugungen verborgen sein, die sein inneres Gleichgewicht nachhaltig stören. In vielen Fällen bleiben sie solange unentdeckt, bis eine sensible Therapeutin oder ein sensibler Therapeut Ihrem Kind dabei hilft, seine eigene Sichtweise der Welt offenzulegen und zu bearbeiten.

Kognitive Theorie

Während die Psychoanalyse davon ausgeht, daß depressive Gefühle zu negativem und verzerrtem Denken führen, behaupten kognitive Theoretiker wie Aaron Beck und David Burns genau das Gegenteil: Verzerrtes Denken – insbesondere negative Einstellungen zu sich selbst, zur eigenen Zukunft und zur Welt – führt zu Depressionen. Nach dieser Theorie folgen depressive Kinder negativen Denkmustern, was dazu führt, daß sie sich für unzulänglich oder gar wertlos halten. Die Außenwelt stellt für diese Kinder eine Quelle ständiger Frustrationen dar; sie wird als feindliche Umgebung wahrgenommen, die ihnen jegliche Bestätigung versagt und gleichzeitig unmöglich zu erfüllende Anforderungen stellt. Unter dieser Voraussetzung scheint die Zukunft nichts anderes zu bieten als erneutes Versagen, Leid und weitere Hoffnungslosigkeit. Ziel der kognitiven Therapie ist es, die negativen Denkmuster der betreffenden Kindern zu korrigieren und dadurch ihre depressiven Gefühle zu mindern.

Lerntheorie

Die Lerntheorie geht davon aus, daß Verhaltensweisen, die keine «positive Verstärkung» (Lob, positive Beachtung, Belohnung) erfahren, abgelegt werden, während sich Handlungen, die zu einer positiven Verstärkung führen, festigen und konsolidieren. Eine positive Verstärkung kann in sehr einfachen Signalen bestehen, z. B. indem Sie zurücklächeln, wenn Ihr Kleinkind Sie anlächelt, oder begeistert auf seine ersten Brabbellaute reagieren.

Im Rahmen der Lerntheorie werden Kinder depressiv, wenn sie von ihrer Umwelt und ihren wichtigen Bezugspersonen zu wenig positive Verstärkung bekommen. Das kann auch dadurch geschehen, daß die Person, die ihnen bis dahin positive Verstärkung gegeben hat, durch Tod, Scheidung oder eigene Depressionen nicht mehr verfügbar ist.

Vielleicht fehlt dem Kind selbst aber auch die grundlegende Fähigkeit, positive Verstärkung hervorzurufen. In mehreren Studien wurden depressive Kinder von Gleichaltrigen als weniger beliebt eingestuft, was nahelegt, daß diese Kinder tatsächlich weniger positive Rückmeldungen von anderen bekommen.

Nach Peter Lewinsohn, einem Vertreter der sozialen Lerntheorie, provoziert die Umgebung des betreffenden Kindes die Depressionen, indem sie ein geringes Maß an positiver Verstärkung für normale Verhaltensweisen und ein hohes Maß an positiver Verstärkung für depressive Verhaltensweisen bietet. Tatsächlich bekommen Kinder, die depressive Verhaltensweisen wie körperliche Beschwerden oder Selbstmorddrohungen an den Tag legen, hierdurch häufig mehr Aufmerksamkeit als für normales Verhalten und halten deshalb an ihren Depressionen fest.

Lernprozesse finden natürlich nicht nur zu Hause statt. Je älter das Kind, desto wichtiger werden die Einflüsse der Außenwelt. In der Kauai-Studie erwies sich die Fähigkeit eines Kindes, Freundschaften anzuknüpfen und zu pflegen, als einer der besten Schutzmechanismen gegen die Depression. Von allen depressiven Kindern haben diejenigen, die sozial am stärksten isoliert und bei ihren Gleichaltrigen am wenigsten beliebt sind, die schlechtesten Prognosen.

Diese Tatsache kann auch erklären, warum der Verlust einer besten Freundin oder eines besten Freundes für ein Kind so tragisch sein kann. Eine enge Freundschaft bedeutet Anerkennung, Unterstützung und Trost. Kinder entwickeln häufig klinische Depressionen, nachdem sie durch Umzug oder Streit ihre beste Freundin oder ihren besten Freund verloren haben. Der Verlust fügt ihrem inneren Gleichgewicht einen schweren Schaden zu.

Wenn Sie über die Bedeutung von positiver und negativer Verstärkung für die Selbstachtung Ihres Kindes nachdenken, sollten Sie sich einen Moment lang seine täglichen Aktivitäten vor Augen führen. Es kann durchaus sein, daß Ihr Kind 20 von 24 Stunden damit verbringt, zur Schule zu gehen, fernzusehen und zu schlafen. Ist Ihr Kind keine gute Schülerin bzw. kein guter Schüler, wird es wahrscheinlich durch die Schule nicht viel positive Verstärkung erfahren. Und in den Stunden, die viele Kinder mittlerweile täglich vor dem Fernseher verbringen, bekommt es garantiert keine positive Verstärkung. Wie wir alle brauchen Kinder diese positive Verstärkung jedoch, um für das, was sie gut machen, Wertschätzung zu erfahren. Dies geht aber nur, wenn sie tatsächlich etwas *machen*.

Denken Sie auch über die Auswirkungen Ihres eigenen Verhaltens auf die Einstellungen, Handlungen und Gefühle Ihres Kinds nach. Achten Sie darauf, ungesunde oder depressive Verhaltensweisen wie das Fehlen in der Schule wegen Bauchschmerzen oder den Rückzug von Freundinnen und Freunden nicht positiv zu verstärken. Verstärken Sie dafür nach Kräften die gesunden Verhaltensweisen Ihres Kindes: kooperatives Spielen mit Gleichaltrigen, kreatives Arbeiten und Basteln, sportliche Aktivitäten usw. Eine an der Lerntheorie orientierte Therapie bemüht sich darum, den betreffenden Kindern bei der Entwicklung der sozialen Fertigkeiten zu helfen, die sie brauchen, um mehr positive Verstärkung von anderen zu bekommen. Unabhängig von ihrer jeweiligen Orientierung nutzen jedoch auch die meisten anderen Therapeutinnen und Therapeuten einige Elemente der Lerntheorie für ihre therapeutische Arbeit mit depressiven Kindern (siehe Kapitel 9).

Darüber hinaus verdanken wir der Lerntheorie einige wichtige Einsichten über Depressionen im Kindes- und Jugendalter, die mit den Konzepten der «erlernten Hilflosigkeit» und dem «Locus of control» in Zusammenhang stehen.

Erlernte Hilflosigkeit. Die Vorstellung, daß Depressionen aus «erlernter Hilflosigkeit» entstehen, geht auf einen in den sechziger Jahren durchgeführten Tierversuch zurück, in dem normale Hunde zunächst versuchten, einem durch Stromschläge verursachten Schmerzreiz zu entkommen. Als die Versuchstiere erkannten, daß sie den Schlägen nicht entrinnen konnten, gaben sie schließlich auf. Und nicht nur das: Als die gleichen Tiere später in eine Situation gebracht wurden, in der sie den Stromschlägen hätten entkommen können, machten sie nicht einmal mehr den Versuch, diese Chance zu nutzen.

Das Motivationsdefizit verstärkte das kognitive Defizit: Die Hunde waren nicht in der Lage, neue Reaktionsweisen zu erlernen, die es ihnen ermöglicht hätten, den Stromschlägen zu entgehen. Statt dessen wirkten sie depressiv und hoffnungslos. Sie legten sich hin und ließen die Stromschläge passiv über sich ergehen. Sie hatten gelernt, hilflos zu sein.

In späteren Studien stellte sich heraus, daß auch Menschen darauf «trainiert» werden können, sich in unangenehmen Situationen hilflos zu verhalten. So verloren die freiwilligen Teilnehmerinnen und Teilnehmer eines Experiments, bei dem sie unangenehmen Reizen wie schlechten Gerüchen, lauten Geräuschen oder harscher Kritik ausgesetzt waren, die Motivation und Fähigkeit, Probleme zu lösen. Sie entwickelten die Erwartung zu versagen, und während sie sich zunehmend inkompetent fühlten, sank ihre Selbstachtung.

Durch die wiederholte, unabwendbare Erfahrung von Mißbrauch oder Vernachlässigung können auch Kinder Hilflosigkeit erlernen. Ein Kind, das ständig körperlichem Schmerz, Einschüchterung oder

Gleichgültigkeit ausgesetzt ist, entwickelt die Erwartung, schlecht behandelt zu werden. Früher oder später geht es davon aus, daß schlechte Dinge mit größerer Wahrscheinlichkeit geschehen als gute. Und wenn nichts, was das Kind tun kann – bitten, entschuldigen, ausweichen, kämpfen –, die nächste schmerzhafte Erfahrung verhindern kann, lernt das Kind, daß seine Handlungen nutzlos sind. Je stärker ein Kind erwartet, daß etwas Schreckliches passiert, und je stärker es davon überzeugt ist, daß es nichts dagegen machen kann, desto depressiver wird es nach der Theorie der erlernten Hilflosigkeit letztendlich sein.

Später wurde die Theorie der erlernten Hilflosigkeit noch um das Konzept des «Attributionsstils» erweitert. Unter Attribution versteht man die Ursachenzuschreibung von unkontrollierbaren Ereignissen. Sie kann intern oder extern, stabil oder variabel, global oder spezifisch sein.

Schreibt jemand z. B. negative Ereignisse inneren Charaktereigenschaften zu («Mutter ist erkrankt und gestorben, weil ich sie nicht gut genug versorgt habe»), anstatt externe Faktoren dafür verantwortlich zu machen («Mutter ist erkrankt und gestorben, weil sie alt und schwach war und eine Lungenentzündung bekommen hat»), wird das Gefühl der Hilflosigkeit mit größerer Wahrscheinlichkeit von Depressionen begleitet sein.

Das gleiche gilt, wenn jemand negative Ereignisse stabilen, also über längere Zeit vorherrschenden und unveränderlichen Faktoren zuschreibt («Ich war schon immer unfähig, meinen Angehörigen zu helfen, wenn sie mich brauchten, und ich werde mich wohl nie bessern»), anstatt variable, also veränderbare Faktoren anzuführen («Ich stand zu der Zeit beruflich unter großem Druck und konnte mich um meine Mutter nicht so ausgiebig kümmern, wie ich es gerne gewollt hätte»).

Auch wenn jemand glaubt, seine Fehler seien eher global («Ich bin zu selbstsüchtig, um anderen zu helfen») als spezifisch («Ich war damals stark mit mir selbst beschäftigt, aber es gab andere Zeiten, in denen ich ihr ein guter Sohn war»), sind Depressionen wahrscheinlicher.

Eine Forschungsgruppe an der Universität Pennsylvania hat nachgewiesen, daß bei Kindern ein größeres Risiko besteht, an Depressionen zu erkranken, wenn sie *schlechte* Ereignisse internen, stabilen und globalen Ursachen zuschrieben («Mein Freund Johnny wollte nicht mit mir spielen, weil ich ein totaler Langweiler bin»), anstatt externe, variable und spezifische Gründe dafür verantwortlich zu machen («Mein Freund Johnny wollte nicht mit mir spielen, weil er einen schlechten Tag hatte, aber dieses Tief wird er früher oder später schon überwinden, und bestimmt zeigt er mehr Interesse, wenn ich ihm vorschlage, Basketball zu spielen, anstatt schwimmen zu gehen»).

Die Kinder der Risikogruppe neigten außerdem dazu, *gute* Ereignisse auf externe, variable und spezifische Gründe zurückzuführen («Sie hat mich bloß angerufen, weil sie jemanden braucht, der ihr bei den Hausaufgaben hilft»). Ihre Eltern (vorwiegend die Mütter) hatten ebensolche Attributionsstile. Dies legt nahe, daß Attributionsstile ebenso wie das Gefühl der Hilflosigkeit erlernt werden können und daher auch therapeutischer Veränderung zugänglich sind.

Der Begriff «Erlernte Hilflosigkeit» ist eine passende Beschreibung der Einstellung vieler depressiver Kinder und kann in der Erziehung wie in der Therapie eine wichtige Rolle spielen. Als Eltern sollten Sie sich bemühen, Ihren Kindern das Gefühl einer von innen kommenden Kompetenz zu vermitteln. Diese Überzeugung kann helfen, Ihr Kind gegen Depressionen zu immunisieren, wenn es zu streßreichen Lebensereignissen kommt. Falls Ihr Kind dazu neigt, den Grund für Mißerfolge nur bei sich selbst zu suchen und Erfolge als reine Glückssache anzusehen, sollten Sie ihm die wahren Vorgänge rund um die fraglichen Ereignisse klarmachen und ihm zeigen, wie es selbständig werden und zielgerichtet aktiv werden kann.

Locus of control. Darüber hinaus hat die Lerntheorie das Konzept vom «Locus of control» entwickelt. Dieser Begriff bezieht sich auf das Ausmaß, in dem eine Person ihre Umwelt zu kontrollieren glaubt. Eine Person mit einem *externen* Locus of control hat das Gefühl, in ihrem Leben von äußeren Faktoren – Glück, Zufall, den Handlungen anderer – bestimmt zu werden. Eine Person mit einem *internen* Locus of control dagegen glaubt, durch ihre eigenen Handlungen den Verlauf der Ereignisse um sich herum positiv beeinflussen zu können.

«Attributionsstil» und «Locus of control» sind verwandte, aber nicht identische Konzepte. Bei der Attribution werden Ereignissen bestimmte Bedeutungen beigemessen. Das depressive Muster besteht darin, positive Ereignisse mit externen Ursachen und negative Ereignisse mit persönlichen, internen, dauerhaften und globalen Ursachen zu verknüpfen. Der Locus of control dagegen bezieht sich auf die Einschätzung der Wirksamkeit eigener Handlungen (vgl. dazu Flammer 1990). Eine depressive Person hat das Gefühl, von übermächtigen Kräften außerhalb ihres Einflußbereichs kontrolliert zu werden (externer Locus of control), während normale Personen davon ausgehen, die meisten Dinge in ihrem Leben selbst steuern zu können (interner Locus of control).

Zahlreiche Forschungsergebnisse haben gezeigt, daß schulisches Selbstvertrauen, soziale Reife, Unabhängigkeit, Selbstmotivation und Erfolg eines Kindes damit verbunden sind, ob es einen internen Locus of control erlebt. Dabei kann nicht überraschen, daß Kinder mit chronischen Krankheiten wie Diabetes oder chronischer Nierenerkrankung häufig einen externen Locus of control erleben. In welchem Ausmaß es ihnen gelingt, dennoch ein Gefühl des internen Locus of control zu entwickeln, bestimmt oft darüber, wie gut sich ihre Krankheit behandeln läßt.

Biologische Theorien

Dramatische Fortschritte im Verständnis der biologischen Vorgänge bei Depressionen haben zur Entwicklung wirksamerer neuer Medikamente geführt und Sie könnten sich fragen, ob bei Ihrem Kind vielleicht ein «biochemisches Ungleichgewicht» für die Depressionen verantwortlich sein könnte. Biologische Theorien erscheinen sicherlich handfester und wissenschaftlicher als psychoanalytische und lerntheoretisch orientierte Ansätze mit solch abstrakten Konzepten wie «Objektverlust» oder «Locus of control». Ja, durch eine biologische Erklärung scheint die Depression ins Reich «normaler» medizinischer Probleme gerückt – eine Krankheit, mit der man einfach zum Arzt geht, um sich eine Pille verschreiben zu lassen. Die Aussicht, daß es auf ein verwirrendes und besorgniserregendes Problem wie die Depression eine so einfache Antwort geben könnte, wirkt auf viele beruhigend und verlockend.

Trotz aller Entdeckungen der letzten Jahre kann jedoch keine einzige medizinische Theorie das Phänomen der Depression vollständig erklären, und es gibt auch keine einfache medikamentöse Behandlung. Selbstverständlich gibt es verschiedene Medikamente, die bei der Behandlung von Depressionen sehr hilfreich sein können (siehe Kapitel 9), doch bieten diese nie eine umfassende Lösung. Die weniger greifbaren psychischen Aspekte des Problems bedürfen nach wie vor unserer psychotherapeutischen Aufmerksamkeit.

Bedenken Sie außerdem, daß Forschungsergebnisse über depressive Erwachsene nicht unbedingt auf depressive Kinder übertragbar sind. Schon weil sich das System der Neurotransmitter mit zunehmender Reifung des Zentralnervensystems verändert, wäre es unzulässig, Kinder einfach als Miniaturausgaben von Erwachsenen anzusehen. Vor dem Hintergrund all dieser Vorbehalte ist es aber durchaus möglich, daß die Depression Ihres Kindes eine biologische Komponente hat.

Krankheiten, die Depressionen verursachen oder depressive Symptome hervorrufen können. Bestimmte körperliche Erkrankungen können zu

Depressionen führen oder depressionsähnliche Symptome hervorrufen, so daß depressive Kinder stets gründlich medizinisch untersucht werden sollten, um eine körperliche Störung auszuschließen. Die wirksame Behandlung einer solchen Störung kann auch die depressiven Symptome beseitigen.

Im folgenden sind einige Krankheiten aufgeführt, die bei Kindern und Jugendlichen Depressionen hervorrufen oder mit depressiven Symptomen einhergehen können. Manche davon sind äußerst selten, andere treten häufiger auf, und auch die Häufigkeit depressiver Symptome im Zusammenhang mit diesen Erkrankungen ist sehr unterschiedlich.

Bei der Lektüre der folgenden Liste sollten Sie keine Angst bekommen, daß Ihr Kind an einer exotischen oder tödlichen Krankheit leidet. Höchstwahrscheinlich ist das nicht der Fall. Dennoch sollten Sie eine ärztliche Untersuchung veranlassen, um diese Krankheiten zuverlässig ausschließen zu können.

Krankheit	Untersuchungsverfahren
Anämie	komplettes Blutbild m. Differentialblutbild
Infektionen	komplettes Blutbild m. Differentialblutbild
Endokrine Störungen	Blutuntersuchung auf Elektrolyte, Blutzucker, Harnstickstoff, Kreatinine und Leberenzyme
Schilddrüsenerkrankungen	Schilddrüsenfunktionstests
Anfälle	Elektroenzephalogramm
Hirntumore	Computertomographie

Biochemisches Ungleichgewicht. Zahlreiche neuere Forschungsarbeiten lassen darauf schließen, daß es depressiven Menschen an ausreichenden Vorräten von bestimmten Neurotransmittern wie Noradrenalin und Serotonin mangelt. Diese natürlichen Überträgerstoffe, die an den Nervenenden freigesetzt werden, sind u. a. auch für die Regulation unserer Stimmungen zuständig.

Genau wie depressive Erwachsene scheiden auch depressive Kinder mit dem Urin bedeutend weniger MHPG (dem wichtigsten Abbauprodukt des Noradrenalin) aus als gesunde Kinder. Bei depressiven Erwachsenen hat diese Entdeckung zum Einsatz antidepressiver Medikamente geführt, welche die Menge der im Gehirn verfügbaren Neurotransmitter erhöhen und dadurch die Symptome lindern können.

Darüber hinaus sind bei depressiven Kindern und Erwachsenen auch schon Funktionsstörungen von Hypophyse (Hirnanhangdrüse) und Hypothalamus (Teil des Zwischenhirns) nachgewiesen worden, so

z. B. Unregelmäßigkeiten bei der Ausschüttung von Wachstumshormonen durch die Hirnanhangdrüse. Außerdem scheint die Nebenniere von depressiven Kindern und Erwachsenen mehr Kortisol auszuschütten. Dieses Hormon ist in kleinen Mengen für die Streßbewältigung des Körpers bedeutsam. Die Tatsache, daß viele depressive Patientinnen und Patienten ein Übermaß an Kortisol produzieren, bildet die Grundlage für einen verbreiteten biologischen Depressionstest, den *Dexamethason Suppression Test (DST)*, der folgendermaßen funktioniert. Es wird eine entsprechende Dosis des Steroids Dexamethason verabreicht, auf die der Körper normalerweise so reagiert, daß er seine eigene Kortisolproduktion für 12 bis 24 Stunden stoppt, während sie bei depressiven Patientinnen und Patienten unvermindert anhält. Die übermäßige Produktion von Kortisol kann durch Bluttests ermittelt werden. Ein positives DST-Ergebnis deutet auf schwere Depressionen hin.

Etwa 70 Prozent aller präpubertären Kinder mit schweren Depressionen haben ebenfalls positive DST-Ergebnisse. Bei Jugendlichen, die bereits in der Pubertät sind, hat sich der Test jedoch nicht als zuverlässig erwiesen. Nur etwa die Hälfte aller schwer depressiven Jugendlichen weist positive Testergebnisse auf, was höchstwahrscheinlich auf die großen hormonellen Veränderungen in dieser Lebensphase zurückzuführen ist.

Biorhythmische Störungen. Die meisten von uns kennen die üblichen täglichen Zyklen wie den Schlaf-Wach-Rhythmus und die Unterschiede zwischen der morgendlichen und abendlichen Körpertemperatur. Doch unterliegen wir auch Zyklen, die sich über mehrere Tage oder gar Wochen erstrecken. Am deutlichsten zeigt sich dies beim Menstruationszyklus der Frauen.

Auch über psychobiologische Stimmungsschwankungen im Tagesverlauf in verschiedenen Lebensphasen gibt es sehr interessante Forschungsarbeiten. So berichten z. B. ältere Menschen, sich morgens grundsätzlich besser zu fühlen als abends, während jüngere Menschen morgens meist weniger Energie haben als im späteren Tagesverlauf. Durch entsprechende Studien wurde auch belegt, was Eltern von Teenagern kaum überraschen mag: Jugendliche unterliegen viel größeren und rascheren Stimmungsschwankungen als Erwachsene.

Zwei Arten von Depressionen, die im Amerikanischen unter den Kurzbezeichnungen «SAD» und «PMS» bekannt sind, können durch Störungen grundlegender Biorhythmen des menschlichen Körpers ausgelöst werden. Beide treten in erster Linie bei Erwachsenen auf, sind jedoch auch schon bei acht- oder neunjährigen Kindern beobachtet worden.

SAD. Schätzungsweise 10 Millionen Amerikanerinnen und Amerikaner leiden unter «SAD» («Seasonal Affective Disorder») – einer depressiven Störung, die in einem jahreszeitlichen Muster wiederkehrt und meist dann einsetzt, wenn die Tage im Winter kürzer werden, und sich von selbst wieder legt, wenn im Frühling das Sonnenlicht zurückkehrt. Eine einfache Behandlung mit sehr hellem Licht kann die Symptome meist innerhalb weniger Tage lindern.

So war es z. B. auch bei der 16jährigen Lisa Jahr für Jahr im November zu Schulproblemen, Schläfrigkeit, Traurigkeit, Reizbarkeit und Konzentrationsproblemen gekommen. Eine sechsstündige, über drei Tage verteilte Lichttherapie reichte aus, um sie spürbar aufzuheitern. Ihre depressiven Symptome verschwanden vollständig – ja, die Verwandlung war so verblüffend, daß besorgte Freunde meinten, sie habe Drogen genommen. Wie Tausende von anderen Menschen mit den gleichen Symptomen setzt Lisa nun alljährlich die Lichttherapie ein, um den SAD-Symptomen entgegenzuwirken.

PMS. Die zyklischen Schwankungen bei den weiblichen Sexualhormonen führen bei schätzungsweise 80 Prozent aller Frauen zumindest gelegentlich zu Symptomen des Prämenstruellen Syndroms (PMS), darunter Depression, Reizbarkeit, Anspannung, Kopfschmerz, Erschöpfung, Brustschwellungen, Gewichtszunahme, vermehrter Durst oder Appetit, Verlangen nach süßem oder salzigem Essen, Akne, Asthma oder Verstopfung. Bei manchen Frauen kann PMS sogar zu schweren psychopathologischen Erscheinungen führen.

Da PMS schon vor der Pubertät auftreten kann, sollten Sie aufmerken, wenn Ihre bis dahin eher ausgeglichene Tochter periodisch einmal im Monat auftretende Stimmungsschwankungen zeigt. PMS kann durch Ernährungsumstellungen, Vitamingaben, Körperübungen, Streßminderung und gelegentlich auch durch eine Progesterontherapie behandelt werden, doch ist es wichtig, sich an Spezialistinnen bzw. Spezialisten zu wenden, die mit dem Problem Erfahrung haben.

Wie wir gesehen haben, gehen Depressionen in den meisten Fällen auf verschiedene Faktoren zurück. Im Grunde genommen spiegelt sich in ihnen ein Ungleichgewicht zwischen Risiko- und Schutzfaktoren. Wenn Sie sich diese Tatsache bewußt gemacht und die konkreten Auslöser ermittelt haben, können Sie gezielt dazu beitragen, die Risikofaktoren im Leben Ihres Kindes so gering wie möglich zu halten und gleichzeitig die Faktoren zu fördern, denen schützende Funktionen innewohnen. In den folgenden Kapiteln werden wir noch ausführlicher darauf eingehen, was die Eltern, die anderen Familienmitglieder und die hingezogenen Fachleute tun können, um einem depressiven Kind möglichst wirksam zu helfen.

Falls Ihr Kind depressiv ist, sollten Sie auf einer gründlichen Untersuchung aller möglichen körperlichen und psychischen Ursachen bestehen. Allerdings sollten Sie sich darauf gefaßt machen, daß Sie auf die Frage «Warum ist mein Kind depressiv?» möglicherweise nie eine befriedigende Antwort bekommen. In diesem Fall sollten Sie sich an den Rat eines engagierten Vaters halten: «Wir können nicht jedes Problem vollständig klären oder lösen, aber ganz bestimmt können wir jedes Problem bewältigen.»

Teil II: Verschiedene Erscheinungsformen von Depressionen bei Kindern und Jugendlichen

4. Depression und Schulversagen

Mrs. O'Connor rief mich an, weil sie sich über Peggy, eine 8jährige Schülerin, die sie seit fast zwei Jahren unterrichtete, große Sorgen machte. «Sie scheint das Interesse an der Schule zu verlieren. Ja, manchmal habe ich das Gefühl, sie würde sich förmlich auflösen. Sie kommt ohne Hausaufgaben in den Unterricht, starrt ausdruckslos vor sich hin und sagt dann mit monotoner Stimme, sie habe ‹einfach alles vergessen›. Vor jeder schwierigen Aufgabe kapituliert sie, und auch bei einfachen Aufgaben, die ein bißchen länger dauern, hält sie nicht durch. Was meinen Sie, ob Peggy depressiv sein könnte?»

Als mir Peggy schließlich gegenübersaß, erklärte sie mir: «Ich gehe nicht gerne zur Schule, weil ich nicht so klug bin. In der Schule fühle ich mich immer mies, außer in den Pausen. Die Pausen finde ich gut, weil ich da nicht lesen muß.»

Mrs. O'Connor hatte recht. Peggy war depressiv, und früher oder später mußte sich dies in der Schule zeigen. Denn für Peggy ebenso wie für unzählige andere depressive Kinder wird die Schule zu einem Ort der Demütigung und des Schmerzes. Depressionen können nämlich nicht nur dazu führen, daß sich die betreffenden Kinder unfähig, unzulänglich und dumm vorkommen. Depressionen können die Denk- und Lernfähigkeit auch tatsächlich beeinträchtigen. Obgleich sie in Mrs. O'Connor eine äußerst nette und fürsorgliche Lehrerin hatte, fühlte Peggy sich den Anforderungen des Unterrichts nicht mehr gewachsen.

Um in der Schule mitzukommen, müssen Kinder fast automatisch eine Vielzahl von Denkoperationen ausführen, die an erster Stelle ungeteilte Aufmerksamkeit erfordern. Sie müssen sich stark konzentrieren, um Informationen aus ihren Büchern oder dem Unterrichtsgeschehen aufzunehmen. Anschließend müssen sie diese Informationen verarbeiten und den bereits vorhandenen und im Gehirn gespeicherten Kenntnissen zuordnen. Sie müssen die verschiedenen Informationen vergleichen und gegenüberstellen, Widersprüche erkennen und hinterfragen, mentale Korrekturen durchführen und die neuen Informationen im Gedächtnis speichern. Um eine bestimmte Idee zu formulieren oder eine Frage zu beantworten, müssen Informationen wieder aus dem Gedächtnisspeicher abgerufen und in Worte gefaßt werden. Dies schließt die Fähigkeit ein, Ideen in Worte zu fassen.

Jede dieser kognitiven Funktionen kann durch eine Depression beeinträchtigt sein. Konzentration und Aufmerksamkeit leiden dabei am meisten. Depressive Kinder sind von der eigenen inneren Traurigkeit eingenommen und haben wenig Aufmerksamkeit für das Unterrichtsgeschehen übrig. Die Traurigkeit verlangsamt und stört die Informationsverarbeitung, so daß es depressiven Kindern schwerer fällt, neue Konzepte zu begreifen und Problemlösungen zu entwickeln, was sich besonders nachteilig auf die Mathematikleistungen auswirken kann.

Darüber hinaus sind depressive Kinder wegen möglicher Schlafstörungen oft erschöpft, was das Denken zusätzlich beeinträchtigt. Da Depressionen auch die Gedächtnisfunktionen in Mitleidenschaft ziehen, können depressive Kinder unfähig sein, neue Informationen zu speichern oder bereits vorhandene Kenntnisse abzurufen.

Warnsignale im Klassenzimmer

Wie in Peggys Fall Mrs. O'Connor, kann auch bei Ihrem Kind eine Lehrerin bzw. ein Lehrer die erste Person sein, die auf die Depression Ihres Kindes aufmerksam wird. Zeigt Ihr Kind in der Schule die folgenden Symptome, sollten Sie untersuchen lassen, ob eine Depression vorliegt.

Stimmungsschwankungen

Anders als Angststörungen, psychotische Störungen oder organische Erkrankungen, sind Depressionen als Stimmungstörungen anzusehen. Unter «Stimmung» verstehen wir eine Gefühlslage, die über Tage hinweg anhält und das psychische Leben und Erleben des betreffenden

Menschen prägt. Für depressive Kinder ist eine ausgeprägt niedergeschlagene Stimmung typisch, obgleich eine Depression sich auch in Langeweile, Wut oder Reizbarkeit ausdrücken kann. So klagte z. B. Marcia darüber, sich in der Schule nur noch zu langweilen, und zwar selbst im Geschichtsunterricht, den sie bis dahin mit großem Eifer verfolgt hatte. Zudem wirkte sie ohne ersichtlichen Grund griesgrämig und mißgestimmt. Immer häufiger ging die 12jährige wütend auf ihre Freunde los, was diese verständlicherweise so abstieß, daß sie sich bald von ihr distanzierten.

Mangelnde Freude

Der 10jährige Tim, früher stets im Mittelpunkt seiner Klasse, schien jeden Sinn für Spaß und Humor verloren zu haben. Er spielte in den Pausen nicht mehr mit seinen Klassenkameraden und schlug sogar Einladungen zum Spielen nach dem Unterricht aus. Irgendwann gaben seine alten Freunde auf und fragten nicht mehr, ob er mit ihnen spielen wolle.

Apathie und Lustlosigkeit bei einem Kind, das früher für jeden Spaß zu haben war, sind meist starke Warnsignale für eine Depression. Sie äußern sich in Gleichgültigkeit (ein Jugendlicher erklärte mir, er ginge nur noch aus reiner Gewohnheit Freitagabends mit seinen Freunden aus) bis hin zur schmerzlich empfundenen Unfähigkeit, überhaupt noch Spaß und Freude zu empfinden.

Geringe Selbstachtung

Depressive Kinder sehen sich selbst in einem negativen Licht. Als ich sie bat, sich selbst zu beschreiben, sagte Peggy, sie sei «dumm». Andere depressive Kinder bezeichnen sich möglicherweise als faul, ungeschickt oder häßlich. Peggy hatte das Gefühl, ihre Eltern und Lehrer zu enttäuschen. Immer wieder sagte sie: «Ich kann einfach nichts richtig machen.»

Geringe Selbstachtung bzw. ein geringes Selbstwertgefühl kann zu einer sich selbst erfüllenden Prophezeiung werden. Je schlechter ein Kind von sich denkt, desto depressiver wird es. Es zeigt immer weniger Initiative und gibt immer leichter auf. Mangelnde Ausdauer und Beharrlichkeit führen zu häufigerem Versagen, womit das eigene negative Selbstbild bestätigt wird.

Schuldgefühle

Manche depressiven Kinder sind sich ihrer Schuldgefühle bewußt und sprechen offen darüber, ein schlechtes Gewissen zu haben. Andere benehmen sich absichtlich in der Schule schlecht, um bestraft zu werden, oder sie bestrafen sich selbst, indem sie ein Lieblingsspielzeug zerstören oder auffällig viele «Unfälle» fabrizieren.

Der 13jährige Nat erklärte mir, er habe viele schlechte Dinge getan, habe böse Gedanken gehabt, sei gemein zu seinen Mitschülern gewesen, und wenn etwas schiefginge, sei es immer seine Schuld. Depressive Kinder haben vielfach auch indirekte Schuldgefühle, weil sie z. B. einem Freund in der Pause allzu sehr zugesetzt, die Zeit ihrer Lehrerinnen und Lehrer vergeudet oder ihre Mannschaftskameraden hängengelassen haben.

Pathologische Schuldgefühle sind bei depressiven Kindern ebenso häufig anzutreffen wie bei depressiven Erwachsenen. Die Kinder können wegen kleiner Vergehen ein unverhältnismäßig schlechtes Gewissen haben oder glauben, sie hätten schwere Sünden begangen.

Sozialer Rückzug

Weil Depressionen das Interesse der betreffenden Kinder an anderen Menschen dämpfen, gehen sie häufig mit einem deutlichen sozialen Rückzug einher.

Depressive Kinder haben Probleme, neue Freundschaften anzuknüpfen und alte Freundschaften zu pflegen. Viele klagen darüber, von Gleichaltrigen ausgeschlossen zu werden. Tatsächlich konnten entsprechende Forschungsarbeiten belegen, daß depressive Kinder häufiger gehänselt werden. Einige weisen ihre Freunde offen zurück, während andere es darauf anlegen, zurückgewiesen zu werden und damit das Gefühl der eigenen Wertlosigkeit bestätigt zu sehen.

Pam z. B. schlug alle Einladungen ihrer Freundinnen aus und ging schließlich nach der Schule gar nicht mehr aus dem Haus. Manchmal war die 14jährige absichtlich grob zu ihren Klassenkameraden. Anders als bei einigen anderen emotionalen Störungen, durch die Kinder niemals in der Lage waren, stabile Beziehungen aufzubauen, ist bei depressiven Kindern auffällig, daß sie in der Vergangenheit meist normale Freundschaften hatten.

Mangelnde Energie

Depressive Kinder sitzen meist zusammengesunken auf ihrem Stuhl und bewegen sich nur wenig. Fragen beantworten sie mit wenigen Worten und monotoner Stimme. Manche bitten darum, vom Sportunterricht befreit zu werden oder klagen über Bauchschmerzen, Kopfschmerzen oder andere Beschwerden, für die sich keine medizinische Erklärung finden läßt.

So brach der 6jährige Adam in der Pause Spiele vorzeitig ab, weil er sich erschöpft fühlte, oder er sagte von vornherein, er sei zu müde zum Spielen. Er wirkte träge und sprach und bewegte sich auffallend langsam. Abends hatte er Einschlafschwierigkeiten, was bei ihm tagsüber verständlicherweise rasch zu Müdigkeit führte.

Konzentrationsprobleme

Die 16jährige Lynn konnte sich in der Schule nicht konzentrieren. Sie klagte darüber, alles Gelernte sofort wieder zu vergessen. Sie erledigte die Hausaufgaben nur unvollständig und konnte Aufgaben, die ihr früher leichtfielen, nicht bewältigen. Diese Verschlechterung ihrer Schulleistungen hatte ganz plötzlich eingesetzt.

Gedanken an den Tod

Seit Wochen war der 11jährige Tony mit dem Tod seiner Großmutter gedanklich so beschäftigt, daß er in jedem Aufsatz darüber schrieb. Depressive Kinder können in ihren Bildern oder Texten auch suizidale Gedanken zum Ausdruck bringen.

Die 15jährige Conny erzählte ihrer Lieblingslehrerin, sie habe Träume, in denen sie selbst nicht vorkomme. «Ich träume von der Zukunft und sehe alle anderen Familienmitglieder, wie ich sie mir in ein paar Jahren vorstelle, nur ich bin nie dabei. Ich bin immer abwesend, und es scheint mich auch niemand zu vermissen.»

Verhaltensänderungen

Depressionen können zu plötzlichen Verhaltensänderungen führen. Ein bis dahin eher ruhiges Kind wirkt vielleicht innerlich erregt und kann im Unterricht kaum mehr als ein paar Minuten stillsitzen. Es wechselt rasch von einer Aktivität zur anderen, ohne von irgend etwas gefesselt zu sein, stets auf der rastlosen Suche nach Befriedigung.

Vor allem bei Jungen können sich Depressionen auch in aggressivem Verhalten niederschlagen. So wurde der 9jährige Jay im Unterricht auf einmal so streitlustig, daß sein Klassenlehrer mich um Hilfe bat. Jay beschimpfte seine Lehrerinnen und Lehrer und griff seine Klassenkameraden tätlich an. Es wurden bereits ernsthafte Disziplinarstrafen gegen ihn erwogen, ehe seine Depression endlich erkannt und behandelt wurde.

Depressionen können das Verhalten eines Kindes aber auch hemmen. So kann aus einem ehemals aktiven plötzlich ein auffällig stilles Kind werden, das nur noch passiv beobachtet und sich gegenüber Gleichaltrigen unterwürfig verhält. Die 12jährige Amy z. B. saß an ihrem Tisch, als wäre sie erstarrt. «Selbst im Schlaf bewege ich mich nicht mehr», sagte sie mir. «Ich wache morgens stocksteif auf und liege genauso da, wie ich am Abend zuvor eingeschlafen bin.»

Hoffnungslosigkeit

Mit 15 Jahren sagte James in mehreren Schulaufsätzen seinen frühen Tod voraus. Die Überzeugung, daß die Dinge niemals besser werden, kann das unheilvollste Merkmal einer Depression sein. Hoffnungslosigkeit zerstört jede Motivation zur Veränderung oder gar zum Überleben.

Stimmen hören

Manche depressiven Kinder berichten davon, Stimmen zu hören, sei es in ihrem Kopf oder auch außerhalb, wenn gerade niemand in der Nähe ist. Die 10jährige Brittany erzählte ihrer Lehrerin, sie habe sogar einen ganzen Chor von Stimmen gehört, der ihr zugerufen habe: «Du taugst nichts, du bist eine Versagerin, und es gibt niemanden, der dich mag.»

Akustische Halluzinationen sind ein Symptom mehrerer psychischer Störungen, darunter Schizophrenie, Drogenvergiftung oder Depressionen. Einige Forschungsergebnisse legen nahe, daß depressive Kinder besonders zu solchen Halluzinationen neigen.

Angst

Depressionen sind häufig von Ängsten begleitet. Diese können von vagen Zukunftssorgen bis zu lähmenden, wahnhaften Ängsten reichen. Mit sieben Jahren weigerte sich Luke, in der Pause auf den Schulhof zu gehen, weil er fürchtete, ein Flugzeug könnte abstürzen, auf ihn fallen und ihn töten. In den Spielen, Bildern und Texten depressiver Kinder kommen Themen wie Verlust, Verlassenwerden, Strafe oder Verletzungen häufiger vor. So schrieb die 14jährige Chloe z. B. eine Geschichte, die davon handelte, daß ihre Eltern sie in einem kleinen Boot aussetzten, in dem sie weinend aufs dunkle Meer hinaustrieb.

Warnsignale zu Hause

Manche depressiven Kinder erzählen ihren Eltern, es falle ihnen schwer, in der Schule aufzupassen oder sich auf ihre Aufgaben zu konzentrieren. Andere sagen, sie hätten kein Interesse an der Schule, es sei dort zu anstrengend, zu langweilig oder einfach «doof». Wie Peggy haben viele Schwierigkeiten, ihre Hausaufgaben zu erledigen.

Klagt Ihr Kind, es habe alles vergessen, was es in der Schule gelernt hat, oder hat es Probleme, neuen Stoff zu bewältigen? Wenn seine depressive Stimmung zu einem Schlaf- oder Appetitmangel führt, muß es zwangsläufig irgendwann zu Denk- und Lernschwierigkeiten kommen.

Depressive Kinder neigen außerdem zu vernichtender Selbstkritik. Typische Aussagen sind: «Ich kann nichts richtig machen.» Oder: «Ich bin die schlechteste Spielerin der gesamten Mannschaft oder der schlechteste Schüler in der ganzen Klasse.» Oder es kommen Gefühle der Einsamkeit zum Ausdruck: «Ich wünschte, ich hätte mehr Freunde, aber mit mir will ja keiner spielen.»

Achten Sie auch auf globale negative Äußerungen über die Schule wie: «Ich gehe nicht gern zur Schule.» «Ich bin in der Schule immer müde.» «Die Schule ist mir zu anstrengend.» Oder: «In der Schule mag mich keiner».

Manche depressive Kinder weigern sich, weiter zur Schule zu gehen. Nachdem seine Familie umgezogen war und er mitten im 6. Schuljahr die Schule wechseln mußte, begann Max, immer häufiger über Bauchschmerzen zu klagen. Es ließ sich keine körperliche Ursache für die Bauchschmerzen finden, die so stark waren, daß Max jede Woche mehrere Tage lang in der Schule fehlte. Bald bestand die Gefahr, daß der Junge das Schuljahr wiederholen mußte.

Entsprechende Forschungsergebnisse zeigen, daß Kindern, die sich weigern, zur Schule zu gehen, mit großer Wahrscheinlichkeit depressiv sind. Wie bei der berühmten Frage nach dem Huhn und dem Ei läßt sich oft unmöglich sagen, was zuerst da war: die Depression oder das längere Fehlen in der Schule. Ohne therapeutische Intervention kommt es jedenfalls rasch zu einem Teufelskreis. Wenn ein Kind wie Max wegen seines häufigen Fehlens im Unterricht nicht mehr mitkommt, entwickelt es bald eine noch größere Abneigung gegen die Schule, und das stürzt es in noch größere Depressionen.

Wie die Schule Ihrem Kind helfen kann

Unsere Gesellschaft wird immer mobiler, und damit gehen den Kindern immer häufiger grundlegende stabile Strukturen verloren. Früher waren sie Teil einer Nachbarschaft, in der jeder jeden kannte. Diese traditionellen Strukturen konnten Kindern auf vielfältige Weise emotionalen Rückhalt bieten. War die Mutter nicht zu Hause, wenn sie von der Schule nach Hause kamen, konnten sie von der Mutter nebenan etwas zu essen bekommen und dort mit ihren Freundinnen und Freunden spielen. Heute ziehen junge Familien sehr viel häufiger um, und manche schlagen niemals echte Wurzeln. Darüber hinaus gibt es immer mehr Kinder, die mit einem alleinerziehenden Elternteil, zwei berufstätigen Eltern oder in sogenannten Stief- oder Patchwork-Familien aufwachsen. Für Kinder, denen die traditionellen Quellen emotionaler Stabilität – Nachbarschaftsgefüge und Familie – fehlen, kann die Schule eine Insel der Beständigkeit in einem Meer der Veränderung bedeuten. Schon aus diesem Grund ist es sehr wichtig, die Schule in den Therapieplan des Kindes einzubeziehen.

Jimmys Fall ist dafür ein gutes Beispiel. Mit seinen 12 Jahren hatte Jimmy bereits in vier Häusern in drei verschiedenen Gegenden gewohnt. Seine Mutter hatte sich dreimal scheiden lassen und anschließend wieder geheiratet. Zu Jimmys «Familie» gehörten ein Vater, zwei Stiefväter, zwei Brüder, zwei Schwestern, drei Stiefbrüder, vier Stiefschwestern sowie eine Nichte und zwei Neffen.

Jimmys Mutter war bewußt, daß die Schule für Jimmy eine wichtige Quelle der Stabilität darstellte; deshalb war sie beim letzten Umzug absichtlich im selben Schulbezirk geblieben. Doch als Jimmy die 6. Klasse besuchte, wechselte einer seiner Lieblingslehrer mitten im Schuljahr an eine andere Schule. Jimmy entwickelte ernsthafte Depressionen.

Als Jimmys Tutorin mich um eine Konsultation bat, beschloß ich, die Schule in Jimmys Therapieplan einzubeziehen. Ja, in mancher Hinsicht war das Personal der Schule tatsächlich so etwas wie Jimmys Familie. Natürlich konnte niemand Jimmys Lieblingslehrer zurückholen.

Doch da die Schulleitung einsah, wie wichtig die Schule in Jimmys Leben war, förderte sie seine Beziehung zu zwei anderen Bezugspersonen in der Schule, der Schulkrankenschwester und der Vertrauenslehrerin. Anders als die anderen Lehrerinnen und Lehrer, die Jahr für Jahr wechselnde Gruppen unterrichteten, konnten diese beiden als verläßliche Ansprechpartnerinnen bis zu seinem Schulabschluß für Jimmy da sein. Die Schulkrankenschwester kam von nun an morgens ein wenig früher zur Schule, damit Jimmy vor dem Unterricht noch bei ihr vorbeischauen und sie begrüßen konnte. Sie erkundigte sich stets nach seinem Wohlergehen und leistete Trost und Hilfe bei den unvermeidlichen Kümmernissen im Schulalltag. Auch die Vertrauenslehrerin bemühte sich, für Jimmy zuverlässig erreichbar zu sein. Wenn Jimmy mit seinen Problemen zu ihr kam, hörte sie ihm zu, tröstete ihn und gab praktische Ratschläge. Auf diese Weise halfen die beiden Jimmy dabei, sich aus seiner Depression herauszuarbeiten. Jimmys Mutter wiederum stand in engem Kontakt mit der Schule und unterstützte Jimmys Beziehung zu der Schulkrankenschwester und der Tutorin.

Was Lehrerinnen und Lehrer tun können

Die größte Hilfestellung, die Lehrerinnen und Lehrer einem depressiven Kind geben können, besteht darin, einfach Tag für Tag für es da zu sein. Häufig genügt schon spezielle Aufmerksamkeit während des Unterrichts, manchmal kann es aber auch sinnvoll sein, einen täglichen Kontakt zu vereinbaren.

Denken Sie an die in Kapitel 3 vorgestellte Theorie, daß Depressionen eine Art erlernte Hilflosigkeit darstellen. Pädagogisch geschulte Lehrerinnen und Lehrer können depressiven Kindern dabei helfen, die Hilflosigkeit wieder zu «verlernen» und statt dessen alternative Verhaltensmuster zu entwickeln.

So können sie z. B. die Erkenntnis fördern, daß negative Ereignisse häufig externe Ursachen haben, und die Kinder ermutigen, auf realistische Weise nach solchen Ursachen zu forschen. Sie können vermitteln, daß Situationen sich ständig verändern, daß Probleme sich lösen lassen, ja, daß sogar persönliche Eigenschaften und hemmende Einflüsse sich mit etwas Mühe überwinden lassen. Schließlich können sie den Kindern dabei helfen zu lernen, daß sie zwar in manchen Situationen nicht perfekt sein mögen, in anderen dafür aber durchaus glänzen können.

Im folgenden wollen wir einige Beispiele dafür geben, wie Lehrerinnen und Lehrer, aber auch sensible Eltern und andere wichtige Bezugspersonen depressiven Kindern helfen können.

Erfolge maximieren

Peggy hatte das Gefühl, sie sei dumm, weil sie beim Lesen so viele Fehler machte. Daher blickte sie jedem Schultag mit Bangen entgegen, sah sich bereits wieder über Worte stolpern und mit Sätzen kämpfen. Mrs. O'Connor erkannte die Auswirkungen von Peggys Leseschwierigkeiten auf ihre Stimmung und ihre Selbstachtung. Also nahm sie sich die Zeit, Peggy angenehme Leseerfahrungen zu verschaffen, wobei sie mit einfachen Büchern über Tanzen und Ballett anfing – ein Thema, das Peggy ganz besonders interessierte. Mrs. O'Connor half Peggy außerhalb der Schule bei Leseübungen, bis das Mädchen schließlich in der Lage war, aufzustehen und vor der Klasse zu lesen.

Als die anderen Schülerinnen und Schüler Peggy auf ihr Wissen über das Ballett ansprachen, ihr Fragen stellten und ihren Antworten zuhörten, begann sich Peggy allmählich wieder mehr zuzutrauen. Bald ging sie sogar das Wagnis ein, unbekannte Stoffe laut vorzutragen. Und sie begann, sowohl die Schule als auch das Leben wieder zu genießen.

Mißerfolge minimieren

Häufig kommt es auch darauf an, einem Kind zu helfen, sich seiner negativen Gedanken bewußt zu werden. Der 9jährige Jeremy sagte immer wieder: «Ich kann nichts. Niemand mag mich. Ich mache nie etwas richtig.» Seine Klassenlehrerin half Jeremy zu erkennen, daß diese Gedanken ihn auch davon abhielten, Dinge zu tun, die er eigentlich recht gut beherrschte. Daß er seine negativen Gedanken erkennen und benennen konnte, half Jeremy, eine gewisse Kontrolle über sie zu erlangen.

Wenig Zweck hat es, einem depressiven Kind seine Gefühle einfach abzusprechen. Wenn ein Kind z. B. darüber klagt, daß es sich nicht konzentrieren kann, hilft es nicht, wenn Sie einfach behaupten, daß es sich ganz bestimmt genauso gut konzentrieren kann wie alle anderen, denn dadurch hat das Kind den Eindruck, schon wieder auf Widerspruch zu stoßen, wo es sich ohnehin schon niedergeschlagen und mutlos fühlt. Es ist wichtig, die Gefühle depressiver Kinder anzuerkennen und ernst zu nehmen, und dies sollte stets am Anfang aller Reaktionen stehen,

z. B.: «Das Gefühl, daß du dich nicht konzentrieren kannst, muß für dich sehr frustrierend sein.» Danach können Sie versuchen, mit positiven Vorschlägen aufzuwarten, die auf Ihren eigenen Beobachtungen beruhen. So könnten Sie z. B. sagen: «Ich weiß, es ist schwer, und ich weiß, du stehst unter Druck. Aber ich weiß auch, daß du durchaus etwas leisten kannst. Laß uns doch mal sehen, was du schaffst, wenn wir uns ganz in Ruhe zusammensetzen und ich dir ein bißchen helfe. Nehmen wir doch dein Buch und schauen mal, wieviel von dieser Seite du hinkriegen kannst.» Eine als überwältigend empfundene Aufgabe in handhabbare Portionen aufzuteilen, vermindert den Druck und läßt kleine Erfolgserlebnisse zu.

Positives betonen

Depressive Kinder müssen manchmal daran erinnert werden, daß sie nicht nur negative, sondern häufig auch positive Rückmeldung bekommen. Der 9jährige Bill war auf alles Negative fixiert. Wenn ihn sein Lehrer lobte, nahm er es einfach nicht wahr. Es schien, als sei er ständig auf der Suche nach Beweisen, die seine negative Selbstsicht bestätigen konnten. Bills Lehrer sorgte dafür, daß der Junge auch das positive Feedback registrierte und seine eigenen Leistungen anerkannte.

Einen neuen Standpunkt einnehmen

Wichtig ist auch, depressiven Kindern dabei zu helfen, nach alternativen Problemlösungen zu suchen. Melissa, die das erste Jahr der Highschool besuchte, war wütend, weil ihre Mutter nicht wollte, daß sie sich um die Aufnahme ins Fußballteam bewarb. In der Schule darauf angesprochen, brach das enttäuschte Mädchen sofort in Tränen aus und schrie: «Ich kann nichts machen, meine Eltern erlauben es mir nicht, und wahrscheinlich würde ich es sowieso nicht schaffen, weil ich nicht gut genug bin.»
Melissa brauchte Hilfe dabei, ihre Gefühle zu benennen: Angst, Frustration, Depression und Wut auf ihre Eltern. Zweitens mußte sie lernen, ihre Ziele zu benennen: in die Fußballmannschaft aufgenommen zu werden, Sport zu treiben, ihre sportlichen Fähigkeiten zu verbessern, neue Freunde zu finden. Drittens mußte Melissa erkennen, welche Hindernisse sie davon abhielten, ihre Ziele zu erreichen.
Melissas Einstellung zu ihren Eltern war eines der größten Hindernisse. Viele depressive Kinder können nicht klar ausdrücken, was sie

wollen. Sie verstellen sich den Weg zu ihren Zielen dadurch, daß sie ihre Bedürfnisse nicht in Worte fassen oder sich zweideutig oder provokativ ausdrücken.

Nach einem ausführlichen Gespräch vereinbarte Melissa mit ihrer Lehrerin, ihren Eltern zu sagen: «Ich möchte mich um die Aufnahme in die Fußballmannschaft bewerben, weil ich glaube, daß das für mich eine gute Übung wäre. Außerdem verspreche ich mir davon, neue Freunde zu finden.» Natürlich mußte sie auch lernen, die Bedenken ihrer Eltern anzuhören, seien sie nun mit den Kosten, den ungünstigen Trainingszeiten oder den befürchteten Auswirkungen auf Melissas Schulnoten verbunden. Nachdem sie die Bedenken angehört hatte, dachte Melissa gemeinsam mit ihren Eltern über mögliche Lösungen nach – z. B. ob sie sich beim Fahren mit anderen Eltern abwechseln könnten, ob Melissa sich verpflichten könnte, vor dem Training eine Stunde Hausaufgaben zu machen, oder ob ihre Eltern ihr helfen könnten, den Umgang mit dem Ball zu üben. Ganz nebenbei half diese Art der Problemlösung Melissa dabei, das Verhältnis zu ihren Eltern zu verbessern.

Konkret werden

Die Neigung zu verallgemeinernden Aussagen kann die Depressionen fördern. Deshalb ist es hilfreich, im Einzelfall nachzuhaken und konkrete Aussagen zu verlangen. Als Justin ins 5. Schuljahr kam, sagte er immer wieder mit verzweifelter Stimme: «Ich kann die Schule nicht mehr ertragen!» Sein Klassenlehrer fragte behutsam nach den konkreten Gründen für diese Aussage. Auf diese Weise kam Justin zu der Erkenntnis: «Ich werde immer schrecklich nervös, wenn wir eine Mathearbeit schreiben.» Es handelte sich also um ein spezifisches Problem, das mit entsprechenden Maßnahmen angegangen werden konnte. Gemeinsam mit seinem Lehrer lernte Justin, sich zu entspannen, seine Ängste in Worte zu fassen und seine Lernfähigkeit zu verbessern.

Sich Erfolge gedanklich vorstellen

Sehr hilfreich ist darüber hinaus, einem Kind dabei zu helfen, eine Aufgabe gedanklich in verschiedene Schritte zu zerlegen und sich anschließend vorzustellen, wie es einen Schritt nach dem anderen erledigt und erfolgreich abschließt. Im 8. Schuljahr sollte Jennifer zum ersten Mal ein Referat schreiben. Es ging um das Thema «China». Jennifer wußte nicht, wie sie die Aufgabe bewältigen sollte. Ihre Sozialkundelehrerin ging mit ihr die notwendigen Schritte durch und half ihr dabei, sich vorzustellen, wie gut sie sich fühlen würde, wenn sie all diese Schritte bewältigt haben würde.

Kreatives Rollenspiel

In Rollenspielen lassen sich neue soziale Fertigkeiten und angemessene Verhaltensweisen entwickeln. So wechselten sich in Mr. Soloways 4. Klasse die Schülerinnen und Schüler darin ab, in gespielten Szenen den Umgang mit Streß und die Bewältigung von Konfliktsituationen zu üben.

Schritt für Schritt vorangehen

Versagensängste lassen sich wirksam bekämpfen, indem zunächst überwältigend erscheinende Aufgaben in Einzelschritte zerlegt werden. So kapitulierte z. B. Sarah vor ihren Schulaufgaben, aus Angst, Fehler zu machen. Ihrem Klassenlehrer gelang es, ihr klarzumachen, daß es immer noch sinnvoller ist, eine Aufgabe teilweise zu lösen, als sie gar nicht zu erledigen. Er verhalf Sarah zu der Einsicht, daß jeder Fehler, den sie macht, nichts weiter ist als ein Hinweis darauf, was sie noch zu lernen hat.

Schuldzuweisungen vermeiden

Versuchen Sie, die Koppelung negativer Erfahrungen mit persönlichen Schuldzuweisungen zu durchbrechen. Als es ausgerechnet an dem Tag, als die 5. Klasse einen Ausflug in den Zoo unternehmen wollte, in Strömen regnete, verhielt sich Mike, als sei dies eine persönlich auf ihn gemünzte Strafe. Ohne Mikes Gefühle herabzusetzen, sagte ihm seine Lehrerin: «Wir haben einfach Pech mit dem Wetter, so etwas kommt vor.» Durch zusätzliche therapeutische Unterstützung lernte Mike zunehmend zu akzeptieren, daß solche Ereignisse nichts mit persönlicher Schuld zu tun haben.

Depression und Lernbehinderung

Die Begriffe «Lernstörung» und «Lernbehinderung» sind schwer einzugrenzen und in der Pädagogik und Sonderpädagogik in der Vergangenheit immer wieder unterschiedlich definiert worden. Für unsere Zwecke wollen wir unter «Lernstörungen» all die Schwierigkeiten verstehen, die das Zuhören, Sprechen, Erinnern, Lesen, Schreiben, Schlußfolgern, Rechnen oder Problemlösen bei Kindern mit ansonsten normaler Intelligenz betreffen. Bei lerngestörten Kindern liegen keine Sinnesbehinderungen (z. B. von Hörvermögen oder Sehkraft) und auch keine geistigen Behinderungen vor.

Anders als bei lernbehinderten Kindern, die mit bestimmten Lernaufgaben schon immer Probleme hatten, kommt es bei depressiven Kindern zu einer plötzlichen Veränderung in den Schulleistungen, und meist fällt diese Veränderung zeitlich mit dem Einsetzen der Depression zusammen. Außerdem kann bei depressiven Kindern, anders als bei ihren lernbehinderten Altersgenossinnen und -genossen, die Leistung von Tag zu Tag oder gar von Stunde zu Stunde – je nach ihrer jeweiligen Stimmungslage – beträchtlich schwanken.

Ihr depressives Kind kann aber auch lernbehindert sein. Falls Sie vermuten, daß die Depression Ihres Kindes von einer Lernbehinderung herrührt, könnten Sie durchaus richtig liegen. Viele Kinder mit Lernbehinderungen leiden unter Depressionen. Ja, eine Studie über die Schülerinnen und Schüler einer Sonderschule für Lernbehinderte in den USA ergab sogar, daß die große Mehrheit dieser Kinder auch unter Depressionen litten.

Joanne z. B. hat die Schule immer gehaßt. Im 3. Schuljahr wurde sie als «lernbehindert» eingestuft und betrachtete sich selbst seitdem als «dumm». Es fällt nicht schwer nachzuvollziehen, warum diese Art von Behinderung so oft von geringer Selbstachtung begleitet ist. Lernbehinderte Kinder haben selbst mit grundlegenden Aufgaben zu kämpfen und machen, selbst wenn sie sich noch so eifrig bemühen, immer wieder die Erfahrung, daß sie in der Schule versagen und den gleichaltrigen Kindern in ihrer Klasse unterlegen sind. Häufig sind auch die sozialen Fertigkeiten beschränkt, weil soziale Verhaltenscodes oder auch sprachliche Feinheiten nicht richtig entschlüsselt werden können. Hatte Ihr Kind schon vor Beginn der Depression schulische Probleme, sollten Sie es auf eine mögliche Lernbehinderung hin untersuchen lassen. Melden Sie sich bei der öffentlichen schulpsychologischen Beratungsstelle oder Erziehungsberatungsstelle Ihrer Stadt bzw. Ihres Landkreises und vereinbaren Sie einen Beratungstermin. Dort wird man Ihnen sagen, welche Test-

Anzeichen von Lernstörungen oder -behinderungen

- Schwierigkeiten beim Verstehen und Befolgen von Anweisungen
- Schwierigkeiten beim Erinnern von Unterrichtsinhalten
- Versagen bei grundlegenden Rechen-, Lese- und Schreibaufgaben
- Vertauschen von links und rechts, von Zahlen (27 und 72), Buchstaben (z. B. b und d) und Wörtern
- Koordinationsschwierigkeiten, sowohl grobmotorisch (z.B: spingen, laufen) als auch feinmotorisch (schreiben, mit Schere schneiden, Schnürsenkel binden)
- Häufiges Vergessen oder Verlegen von Materialien oder Schularbeiten
- Schwierigkeiten beim Verstehen von Zeitkonzepten

verfahren sowie Therapie- und Fördermöglichkeiten angebracht sind und in welchem Umfang diese von öffentlichen Stellen oder Ihrer Krankenkasse finanziert oder bezuschußt werden. Auch beim Kinder- und Jugendpsychiatrischen Dienst können solche Untersuchungen durchgeführt werden. Die Tests können mehrere Stunden dauern und erfassen die Leistungen Ihres Kindes in den folgenden Bereichen: altersgemäßes Wissen; Denkstil; Aufmerksamkeits- und Konzentrationsvermögen; Lernfähigkeit durch Ansehen und Zuhören; Kurz- und Langzeitgedächtnis; Fähigkeit, neue Informationen zu integrieren, zu speichern und wieder abzurufen; grob- und feinmotorische Koordination. Außerdem werden körperliche und psychische Aspekte erfaßt, die zur Lernbehinderung Ihres Kindes beitragen könnten.

Nach Auswertung der Tests kann in einem ausführlichen Beratungsgespräch geklärt werden, welche weiteren Schritte empfehlenswert sind.

Wie Sie Ihrem lerngestörten oder -behinderten Kind helfen können

Depressive lerngestörte oder -behinderte Kinder brauchen beträchtliche Hilfe, um ihre Behinderung als das zu akzeptieren, was sie ist – eine spezifische Schwierigkeit in der Reifung bestimmter Hirnfunktionen. Damit Ihr Kind in der Schule mithalten kann, sind besondere, manchmal auch aufwendige pädagogische Bemühungen notwendig.

Damit die betreffenden Kinder ihre Lernschwierigkeiten bewältigen, sich an die Erfordernisse der Schule anpassen und alternative Lernmethoden entwickeln können, müssen sich alle Beteiligten über die Art der Problematik einig sein. Eltern und Lehrkräfte müssen ihre Bemühungen koordinieren, um den Kindern dabei helfen zu können, ihre Stärken zu nützen und ihre Schwächen zu kompensieren.

Der 12jährige Bart hatte sowohl eine Verhaltensstörung als auch eine Lernbehinderung. Seine Schule wandte sich an mich, weil Bart seit einiger Zeit aufgehört hatte, überhaupt noch irgend etwas für die Schule zu tun. Im Unterricht saß er nur noch da und starrte ins Leere.

Wir hielten ein Treffen ab, an dem Bart, seine Mutter, seine Klassenlehrerin, der Sozialarbeiter der Schule sowie ein Psychiater teilnahmen. Vor diesem Treffen war es zwischen Barts Mutter und seiner Klassenlehrerin bereits mehrfach zum Konflikt gekommen. Beide warfen sich gegenseitig vor, Barts Schulausbildung zu sabotieren. Der Grund für den Konflikt lag darin, daß beide ein unterschiedliches Verständnis sowohl von Barts Problem als auch von dessen Lösung hatten. Barts Mutter meinte, die Lehrerin sollte ihm erlauben, im Unterricht eine Schreibmaschine zu benutzen, die Lehrerin wiederum fürchtete, die Maschine könnte die anderen Schüler ablenken. Durch den Konflikt wurden die schulischen Probleme des Jungen nur verschlimmert.

Bei dem Treffen sprach Bart recht offen über seine Sicht der Probleme. Er sagte, er könne nur durch Zuhören lernen. Wenn er versuche, sich Notizen zu machen, gerate er völlig durcheinander und müsse nach kürzester Zeit aufgeben. Er erklärte auch, wie mühsam das Schreiben für ihn sei. Diese Probleme gingen auf Barts Schreibstörung zurück.

Wir überlegten gemeinsam, was zu tun sei, und verständigten uns schließlich darauf, daß Bart seine Unterrichtsstunden mit einem Kassettenrekorder aufnehmen sowie seine schriftlichen Hausaufgaben mit dem Computer anfertigen dürfe. Einige Wochen später rief Barts Mutter an, um ihre Freude über die deutliche Verbesserung sowohl in der Stimmung als auch in den schulischen Leistungen ihres Sohnes auszudrücken. Auch Barts Lehrerin bemerkte, wie sehr sich die Einstellung des Jungen veränderte, seitdem er in der Schule auch Erfolgserlebnisse hatte.

Lehrkräfte und Eltern sollten sich gemeinsam darum bemühen, den Kindern in den von der Lernstörung oder -behinderung nicht betroffenen Bereichen (z. B. Kunst, Musik, Tanz, Sport) Gelegenheiten für Erfolgserlebnisse zu verschaffen. Manchmal gelingt es sogar, die Stärken, Interessen und besonderen Begabungen eines Kindes dazu zu nutzen, seine Lernschwierigkeiten zu überwinden. So griff Mrs. O'Connor z. B. Peggys Interesse am Ballett auf, um sie zum Lesenlernen anzuregen.

Helfen Sie Ihrem Kind dabei, große Aufgaben in kleine, leichter zu bewältigende Einheiten zu unterteilen, denn auch das kann zu Erfolgserlebnissen führen. Manche Kinder reagieren auch auf positive Anreize, auf die sie hinarbeiten können. So wurde z. B. in Barts Fall während des Treffens beschlossen, daß Bart als Belohnung für eine bestimmte Anzahl erledigter Hausaufgaben von seiner Mutter einen gemeinsamen Ausflug zur Kegelbahn spendiert bekommen sollte. Für Bart war dies ein großer Anreiz, denn er hatte nicht nur großen Spaß daran, mit seiner Mutter zu kegeln – er gewann auch regelmäßig gegen sie!

Was Sie tun können

Eine depressive Erkrankung Ihres Kindes bedeutet nicht zwangsläufig, daß seine schulische Ausbildung ins Hintertreffen geraten muß. Ermutigen Sie Ihr Kind immer wieder, im Unterricht mitzuhalten, seine Aufgaben zu erledigen und an den außerhalb des Unterrichts stattfindenden Aktivitäten teilzunehmen. Auch wenn die Schularbeiten frustrierend sein mögen, können sie andererseits auch neue Wege zu mehr Selbstachtung und Zuversicht eröffnen.

5. Depression und Verhaltensprobleme

Straffälligkeit und promiskuitive Sexualität

Brian wurde von der örtlichen Polizei zur Behandlung überwiesen. Noch nicht ganz 13 Jahre alt, war er bereits mehrfach mit dem Gesetz in Konflikt geraten. Einmal war er gemeinsam mit anderen Kindern in ein unbenutztes Ferienhaus eingebrochen und hatte das Mobiliar zerstört. Ein anderes Mal hatte die gleiche Gruppe mit Benzin einen Schuppen angesteckt. Brian ignorierte jeden Hausarrest und war in den letzten Monaten zweimal von der Schule suspendiert worden. Seine Eltern wußten sich keinen Rat mehr, und die Polizei sah in Brian nur einen von vielen verhaltensauffälligen Jugendlichen, die unaufhaltsam auf eine kriminelle Karriere zusteuerten.

Schwere Verhaltensprobleme führen verständlicherweise häufig dazu, daß Eltern, Schule, Polizei oder gar ein Gericht auf einer psychiatrischen Behandlung bestehen. Dabei geschieht es nicht selten, daß bereits die erste Untersuchung auf eine zugrundeliegende Depression schließen läßt. Bei Brian lag sowohl eine Depression als auch eine Verhaltensstörung vor.

Kinder mit Verhaltensstörungen verletzen wiederholt die Rechte anderer ebenso wie bestehende Regeln innerhalb der Familie oder der Gesellschaft. Eine entsprechende psychiatrische Diagnose bedeutet, daß das betreffende Kind mindestens sechs Monate lang Verhaltensstörungen an den Tag gelegt hat. Typische Handlungen sind: stehlen, von zu Hause weglaufen, lügen, Feuer legen, Schule schwänzen, Vandalismus, Grausamkeit gegen Tiere oder Menschen, Handgreiflichkeiten oder sexuelle Nötigung.

Anders als die meisten Kinder, bei denen eine reine Verhaltensstörung vorliegt, war Brian jedoch über seine eigene Situation besorgt. Angesichts des angerichteten Schadens hatte er ein schlechtes Gewissen, und die Persönlichkeit, zu der er sich entwickelte, gefiel ihm ganz und gar nicht. Andererseits wußte er nicht, was er dagegen tun sollte. «Wenn ich gerade dabei bin, so einen Blödsinn zu machen, denke ich nicht an die Folgen. Ich bin mit meinen Freunden zusammen, jemand hat eine aufregende Idee, und dann ziehen wir los. Später wird mir klar, wie dumm das alles war, aber dann ist es zu spät.»

Brians Geschichte erinnerte mich an den Ausspruch: «Welcher Junge würde im Innersten seines Herzens nicht lieber ein Tor schießen als ein Auto knacken?» Brians Problem war, daß er in einem Muster aus Einsamkeit und Isolation gefangen war. Es hatte das Gefühl, zu der Gruppe, die ihm am besten gefiel – den Jungen, die im Sport oder in der Schule erfolgreich waren –, keinen Zugang zu haben. Überzeugt davon, daß er ein Versager war, hielt sich Brian an die Gruppe von Gleichaltrigen, von der er glaubte, daß sie ihn auf jeden Fall akzeptieren würde. Nur in den kurzen Momenten, in denen er mit seinen Freunden irgendeine aufregende «Idee» verfolgte, fühlte er sich gut, auch wenn ihn dies anschließend in ernste Schwierigkeiten brachte.

Bei etwa einem Drittel aller depressiven Kinder stellen sich früher oder später Verhaltensauffälligkeiten ein. Ja, die meisten Eltern bemerken zuerst die Verhaltensprobleme und sind ganz erstaunt, wenn sie im Zuge der therapeutischen Behandlung hören, daß ihr Kind in Wirklichkeit depressiv ist. Umgekehrt kommen viele depressive Kinder erst dann in therapeutische Behandlung, nachdem sie mit ihrem Verhalten so viel Aufmerksamkeit auf sich gezogen haben, daß ihre Eltern und Lehrer endlich auf die Alarmzeichen reagieren.

Natürlich kann es auch Verhaltensauffälligkeiten geben, die nicht unbedingt zur Diagnose einer Verhaltensstörung führen müssen. Dazu gehören z. B. Trotzphasen, wie wir sie besonders bei kleineren Kindern beobachten und die durch Wutanfälle, Streitlust, Verweigerung, absichtliche Provokationen und Benutzen obszöner Ausdrücke gekennzeichnet sein können.

Häufig gehen auch solchen Verhaltensproblemen Depressionen voraus, und in den meisten Fällen verschwinden die Verhaltensprobleme, wenn die Depression behandelt wird. Doch mit Kindern zu arbeiten, die sowohl depressiv als auch verhaltensgestört sind, stellt für die betreffenden Therapeutinnen und Therapeuten eine große Herausforderung dar. Weil bei ihnen die Tendenz, ihren depressiven Gefühlen impulsiv nachzugeben, sehr groß ist, muß bei diesen Kindern und Jugendlichen außerdem von einem hohen Selbstmordrisiko ausgegangen werden (siehe Kapitel 7).

Unter welchen Umständen es bei depressiven Kindern zu Verhaltensstörungen kommt, konnte durch die Forschung noch nicht geklärt werden. Eine Studie ergab, daß sehr aggressive Jungen im Vergleich zu weniger aggressiven Altersgenossen stärker dazu neigen, andere als Gegner aufzufassen, es häufig nicht schaffen, effektive Lösungen für Probleme zu finden, und die logischen Folgen ihrer Aggressivität nicht voraussehen können. Kurz: Diesen Jungen scheint die Fähigkeit zu fehlen, sich in die Standpunkte anderer einzufühlen und sie zu respektieren.

Viele straffällige Kinder stammen aus intakten Familien, doch scheint andererseits bei vielen Eltern ein Übermaß an psychischen Krankheiten oder Alkoholismus, Konflikt und Streß vorzuliegen.

Straffällige Kinder berichten oft von ähnlichen Problemen: Zurückweisung durch Gleichaltrige, Mangel an Aufsicht durch Erwachsene, kulturell sanktionierte Aggression und ein allgemeiner Mangel an Respekt gegenüber Eltern und anderen Autoritätspersonen. Bei depressiven Kindern beiderlei Geschlechts besteht die Gefahr, daß sie ihre Symptome durch Drogen zu lindern versuchen (siehe Kapitel 6). Doch während bei Jungen die Wahrscheinlichkeit, sich auf aggressive oder destruktive Weise abzureagieren, größer ist, scheinen depressive Mädchen eher zu sexuell promiskuitivem Verhalten oder Eßstörungen zu neigen.

Die 16jährige Lauren z. B. unternahm einen Selbstmordversuch, nachdem ihr letzter Freund mit ihr Schluß gemacht hatte. An ihrer Highschool hatte Lauren den Ruf, sie sei für Jungen «leicht zu haben». In der Therapie erklärte das attraktive Mädchen, es gebe viele Jungen, die sich zu ihr hingezogen fühlten; um mit einem Jungen Sex zu haben, müßten bei ihr jedoch «eine Menge Voraussetzungen» gegeben sein. Gleichzeitig fragte sie sich, ob die Jungen, die im richtigen Moment die richtigen Worte sagten und sie gut behandelten, sich vielleicht nur «geschickter» anstellten als die anderen.

Trotz ihrer Intelligenz zeigte Lauren in den meisten Fächern nur schwache Leistungen. Früher war sie gut in der Schule, doch seitdem sie sich mehr Mühe geben mußte, um den Stoff zu verstehen, resignierte sie und vernachlässigte ihre Schularbeiten. Für Lauren war es leichter, durch ihr gutes Aussehen Bestätigung zu bekommen, und sie genoß die Aufmerksamkeit, die ihr von den Jungen mit zunehmender Reife zuteil wurde. Da ihrer Selbstachtung jedoch eine solide Grundlage fehlte, war das Mädchen völlig von der Bestätigung durch andere abhängig. Vor allem, wenn ihr Selbstvertrauen ins Wanken geriet, neigte Lauren dazu, sexuelle Kontakte einzugehen, um sich die von ihr dringend benötigte Selbstbestätigung zu holen, auch wenn diese nicht von Dauer war.

Eßstörungen

Vier von fünf Patientinnen und Patienten mit Eßstörungen leiden zu irgendeinem Zeitpunkt ihres Lebens auch unter Depressionen. Viele von ihnen haben außerdem depressive Familienmitglieder.

Eßstörungen treten typischerweise im Jugendlichenalter auf, aber auch kleinere Kinder können schon solche Störungen entwickeln. Ja, in einer Untersuchung über die gedankliche Beschäftigung mit Diäten und dem eigenen Körpergewicht bei amerikanischen Kindern im 3. bis

6. Schuljahr stellte sich heraus, daß 45 Prozent der Kinder sich wünschten, schlanker zu sein, und 39 Prozent bereits aktiv versucht hatten, Gewicht abzunehmen. Fast sieben Prozent unterlagen einem erhöhten Risiko, an einer Eßstörung zu erkranken. Andere Untersuchungen über neun- und 10jährige Mädchen haben bereits in dieser Altersgruppe ungesunde Muster von strengen Diäten mit anschließenden «Freßattacken» festgestellt. Viele der Mädchen machten sich Sorgen, zu dick zu sein.

Nach den Statistiken der *National Association of Anorexia Nervosa and Associated Disorders* sind in den USA etwa acht Millionen Menschen von Eßstörungen betroffen, Frauen und Mädchen siebenmal häufiger als Männer und Jungen. Aber auch bei männlichen Teenagern wurden schon Eßstörungen beobachtet, z. B. wenn sie sich bemühten, die Gewichtsvorgaben zur Ausübung einer bestimmten Sportart zu erfüllen.

Anorexia nervosa

Junge Menschen mit Anorexia nervosa sind unnatürlich abgemagert und in Gedanken ständig mit dem Essen beschäftigt. Sie haben eine panische Angst davor, dicker zu werden, und haben ein gestörtes Körperbild (sie fühlen sich auch dann noch zu dick, wenn sie schon völlig untergewichtig sind). Bei Mädchen kann es außerdem zum Ausbleiben der normalen Regelblutungen kommen. Während der Hungerphasen werden häufig depressive Gefühle erlebt, die allerdings auch andauern können, wenn sich das Körpergewicht wieder normalisiert hat. Insgesamt zeigen sich die gleichen endokrinen Störungen wie bei Depressiven.

Alicia kam ins Krankenhaus, weil bei ihr eine Selbstmordgefahr bestand. Die 17jährige Magersüchtige verkündete: «Wenn das Leben so beschissen ist, will ich nicht mehr weiterleben.»

«Wie würdest Du denn gerne leben?» fragte ich.

Alicia antwortete: «Ich möchte schlank und bei den Jungen beliebt sein, und außerdem möchte ich nicht mehr ständig mit meiner Mutter streiten. Dann wäre ich wirklich glücklich, aber das wird sowieso nie so sein.»

«Warum nicht?»

«Weil meine Mutter mich haßt. Sie haßt meinen bloßen Anblick. Ich bin schon immer viel zu dick gewesen, ganz egal, was ich gegessen habe, und kein Junge hat sich je etwas aus mir gemacht.»

In dieser Nacht hatte Alicia einen Traum: «Ich lief herum und versuchte, ein Kleid für den Abschiedsball in der Schule zu finden, aber keines der vielen Kleider wollte mir passen. Weil ich so dick war, waren sie alle viel zu klein und zu eng. Nirgends konnte ich für mich ein passendes Kleid auftreiben, dabei sollte schon am gleichen Abend der Ball stattfinden. Endlich fand ich ein Kleid, aber dann hatte ich niemanden, mit dem ich auf den Ball gehen konnte. Kein Junge wollte mit mir gehen. Ich fühlte mich häßlich, gekränkt und einsam, und dann bin ich aufgewacht.»

Alicia sagte, sie habe keine Erinnerung mehr an die Zeit vor ihrem 12. Lebensjahr, als ihr Vater zu Hause ausgezogen war und sich von ihrer Mutter hatte scheiden lassen. «Aber ich war ein superglückliches Kind», erklärte sie mir. «Jedenfalls sagt das meine Mutter immer. Ich habe nie geweint und nur gelacht. Heute bezahle ich dafür. Schließlich muß sich im Leben alles einmal ausgleichen. Weil ich damals so glücklich war, muß ich heute unglücklich sein.»

Bulimie

Bei dieser Eßstörung kommt es phasenhaft zu einer übermäßigen Nahrungsaufnahme mit anschließendem, selbst herbeigeführtem Erbrechen. Die betreffenden Patientinnen und Patienten berichten von einem völligen Kontrollverlust während ihrer «Freßattacken», gefolgt von Schuldgefühlen und tiefen Depressionen. Um diese abzubauen, kommt es zum regelmäßigen Erbrechen, dem Mißbrauch von Diuretika und Abführmitteln sowie zu einem zwanghaften, rigorosen Körpertraining, das einer erneuten Gewichtszunahme vorbeugen soll. Bulimikerinnen und Bulimiker sind gedanklich ständig mit ihrer Figur und ihrem Körpergewicht beschäftigt, und viele berichten davon, sich kaum noch auf etwas anderes konzentrieren zu können. Sie leiden meist unter einer geringen Selbstachtung, sind stark von den Meinungen anderer abhängig, haben Schwierigkeiten, negative Gefühle und Probleme zum Ausdruck zu bringen und das eigene Verhalten zu steuern.

Der Schlankheits- und Diätenwahn in unseren Medien – ja, in unserer gesamten Kultur – hat zur immer stärkeren Verbreitung der Bulimie unter Jugendlichen beigetragen. Die betroffenen jungen Menschen kommen häufig aus sozialen Aufsteigerfamilien und haben von ihren Eltern leistungs- und wettbewerbsorientierte sowie perfektionistische Grundhaltungen übernommen. In vielen Fällen sind auch ihre Mütter stark mit ihrem Gewicht und ihrem Aussehen beschäftigt.

Die übermäßige Nahrungsaufnahme hat – ähnlich wie der Drogenkonsum bei vielen depressiven Jugendlichen – die Funktion, Gefühle zu betäuben und akute Streßsituationen zu bewältigen. Die 16jährige Doreen litt seit drei Jahren unter Bulimie. Nach einem Selbstmordversuch kam sie ins Krankenhaus. Bei unserem ersten Gespräch hing sie noch am Infusionstropf. «Ich hasse mich. Ich sollte längst tot sein», weinte Doreen. «Warum?» «Weil ich allen, die ich liebe, bloß Ärger mache. Debbie war meine letzte Chance. Sie war die einzige, die sich noch mit mir abgegeben hat. Jetzt will sie mich ganz bestimmt auch nicht mehr haben.» Debbie war die Schwester von Doreens Stiefmutter. Sie hatte das Mädchen aufgenommen, nachdem Doreens Vater es vor sechs Monaten vor die Tür gesetzt hatte. Zu ihrem Vater wiederum war Doreen gekommen, nachdem ihre Mutter sie drei Jahre zuvor loswerden wollte.

«Debbie hat herausgefunden, daß ich Bulimikerin bin», erklärte Doreen. «Sie hat die Keksdosen und leeren Kartoffelchipstüten unter meinem Bett gefunden – und den großen Löffel im Bad, den ich brauchte, um mich zu übergeben. Sie hat mich gefragt, ob ich wieder damit angefangen hätte, und da blieb mir nichts anderes übrig, als alles zuzugeben.»

Nach einem drei Jahre zurückliegenden Krankenhausaufenthalt hatte Doreen mit Hilfe einer verhaltenstherapeutischen Behandlung ihre Symptome vorübergehend überwinden können. Die zugrundeliegende Depression des Mädchens war allerdings bisher noch nie angemessen behandelt worden.

«Ich mag mich selbst nicht. Ich habe mich noch nie gemocht», erklärte mir Doreen weiter. «Ich habe mein Aussehen immer gehaßt, und ich habe nie das Gefühl gehabt, etwas Gutes verdient zu haben. Ich habe versucht, mit meinen Eltern darüber zu sprechen, aber sie haben mir nicht geglaubt. Sie sagten, ich würde das alles bloß zusammenspinnen, vor allem mein Vater. Er hat mich angeschrien und gesagt, ich würde das alles nur erfinden, um die Aufmerksamkeit auf mich zu ziehen, damit jemand mit mir redet. Ich habe die Bulimie nicht erfunden, aber natürlich wollte ich, daß jemand mit mir spricht.»

Was Sie tun können

Weil sich hinter Verhaltensproblemen wie Straffälligkeit, sexueller Promiskuität und Eßstörungen häufig unerkannte Depressionen verbergen, sollten Sie, falls Sie für Ihr Kind professionelle Hilfe in Anspruch nehmen, die Therapeutin oder den Therapeuten bitten, auch auf Anzeichen einer Depression zu achten.

Antisoziales oder selbstzerstörerisches Verhalten kann zu dauerhaften Störungen führen, deshalb sollten Sie mögliche Verhaltensprobleme Ihres depressiven Kindes ernst nehmen und versuchen, diesen Problemen vorzubeugen bzw. sie abzubauen. Unabhängig von der Frage, ob es bereits zu Verhaltensproblemen gekommen ist oder nicht, lohnt es sich sicherlich zu wissen, wie Sie das Verhalten Ihres Kindes günstig beeinflussen können.

Wie so oft, geht es auch in diesem Punkt wieder darum, Positives zu betonen und Negatives möglichst auszuschalten. Darüber hinaus ist es hilfreich, klar und konsequent zu sein, einen realistischen Standpunkt einzunehmen und im Bedarfsfall auf die Hilfe anderer Eltern oder Fachleute zurückzugreifen.

Positives betonen

Da die meisten Kinder nicht gleichzeitig gehorsam und ungehorsam sein können, sollten Sie Ihrem Kind klar zu verstehen geben, was Sie von ihm verlangen. So ist es z. B. fast unmöglich, Klavier zu üben und gleichzeitig die jüngere Schwester zu ärgern. Ein Kind, das seine kleine Schwester ärgert, könnten Sie daher dazu bringen, statt dessen Klavier zu üben.

Natürlich kann es nach dem Üben wieder auf die Schwester losgehen. Denken Sie sich deshalb etwas anderes aus, was Ihr Kind nach dem Üben tun kann, und loben Sie es anschließend dafür.

Erwarten Sie stets das Beste von sich und Ihren Kindern. Wenn Sie mit Enttäuschung und Versagen rechnen, werden Ihre Kinder mit einiger Wahrscheinlichkeit diesen Erwartungen entsprechen. Setzen Sie dagegen ernsthaftes Bemühen und realistischen Erfolg voraus, wird das Ergebnis entsprechend anders ausfallen. Nehmen Sie sich vor, Ihr Kind so oft wie möglich bei etwas Gutem zu «ertappen», damit Sie es loben und ihm Anerkennung schenken können.

Bauen Sie stets auf die Stärken Ihres Kindes auf. Finden Sie heraus, was Ihr Kind gut macht, setzen Sie auf stetige Verbesserung, nicht auf Perfektion, und geben Sie immer wieder ein positives Feedback. Sorgen Sie gleichzeitig dafür, daß Ihr Kind weiß, daß es unabhängig von seinen Handlungen und Leistungen für Sie wertvoll ist. Für die Entwicklung einer positiven Selbstachtung ist ein gewisses Maß an bedingungsloser Wertschätzung notwendig.

Häufig ist es möglich, auch in problematischen Situationen positive Ansätze zu entdecken. So hatte z. B. Christine in der Schule ein besonders schlechtes Sommerhalbjahr. Wegen mehrerer Aufenthalte in einem psychiatrischen Krankenhaus hatte die 15jährige die meisten ihrer Kurse nur mit Ach und Krach bestanden. Bei der Französisch- prüfung war sie ganz durchgefallen und mußte nun im kommenden Herbst noch einmal den Anfängerkurs wiederholen, während alle ihre Klassenkameradinnen und -kameraden den Fortgeschrittenenkurs besuchen konnten. Doch dann hatte ihre Mutter eine Idee.

Christines Mutter arbeitete als Bibliothekarin halbtags in der Stadtbibliothek und wußte, daß dort in den dreimonatigen Sommerferien einige Schülerinnen und Schüler als Aushilfen gebraucht wurden. Gemeinsam mit Christine ersann sie daher den folgenden Plan: Christine würde 20 Stunden pro Woche in der Bibliothek arbeiten, nachdem sie täglich anderthalb Stunden Französisch gelernt und sich französische Tonbänder und Kassetten angehört hatte. Ihre Mutter würde im Juni und Juli Überstunden machen, und im August würden sie dann gemeinsam genug Geld gespart haben, um eine Reise nach Frankreich unternehmen zu können. Die Sache wurde zu einem aufregenden Mutter-Tochter-Abenteuer, das die beiden so schnell nicht vergessen sollten. Es war genau die richtige Motivation für Christine, die bei ihrer Schule sogar die Erlaubnis erwirkte, im Herbst die Aufnahmeprüfung für den Fortgeschrittenenkurs noch einmal wiederholen zu dürfen.

Nehmen Sie sich jeden Abend die Zeit, Ihr Kind ins Bett zu bringen und noch ein paar Minuten gemeinsam zu kuscheln. Sprechen Sie mit Ihrem Kind über den zurückliegenden Tag und betonen Sie dabei alle guten Erlebnisse. Sie können daraus ein gemeinsames Ritual machen: «Jede/r erzählt eine gute Sache, die ihr/ihm heute passiert ist.» Stärken Sie das positive Selbstbild Ihres Kindes, indem Sie ihm erklären, was Sie an sich selbst mögen, und es anschließend fragen, was ihm an sich gefällt. Blicken Sie dann gemeinsam voraus auf den nächsten Tag und sprechen Sie über geplante Unternehmungen und Vorhaben. Der regelmäßige Austausch über die positiven Elemente jedes einzelnen Tages wird Sie mit Ihrem Kind auf ganz besondere Weise in Kontakt bringen.

Versuchen Sie, starken Erfolgsdruck zu vermeiden, und vermitteln Sie Ihrem Kind die Erkenntnis, daß ehrliches Bemühen wichtiger ist als der letztendliche Gewinn. Unterstreichen Sie die Einzigartigkeit Ihres Kindes, vermeiden Sie Vergleiche mit Geschwistern oder anderen Kindern, bitten Sie Ihr Kind aktiv um seine Meinung und Mithilfe und fördern Sie die Selbständigkeit Ihres Kindes, indem Sie grundsätzlich nichts für ihr Kind tun, was es auch selbst erledigen kann.

Eltern sein ist ein Vollzeitjob und sollte ebenso professionell ausgeführt werden wie jeder andere Beruf. Bleiben Sie ruhig, wahren Sie Ihre Würde, und arbeiten Sie daran, Ihren Zorn sowie andere impulsive, unreife oder destruktive Verhaltensweisen zu beherrschen. Ihre Haltung gegenüber Ihrem Kind sollte sowohl von Autorität als auch von Herzlichkeit geprägt sein.

Da Sie das wichtigste Vorbild Ihres Kindes sind, sollten Sie auch auf Ihr eigenes Verhalten achten. Erklären und praktizieren Sie die Verhaltensweisen, von denen Sie wollen, daß Ihr Kind sie annimmt. Eine der wichtigsten Fähigkeiten, die Sie Ihrem Kind durch Ihre Vorbildfunktion vermitteln können, ist das Problemlösen. Wenn Sie frustriert sind, weil Sie ein bestimmtes Ziel nicht erreicht haben, bleiben Ihnen drei Verhaltensmöglichkeiten: 1. die Situation zu ändern, 2. Ihr Ziel zu ändern oder 3. die Wichtigkeit des Ziels zu relativieren. Sprechen Sie mit Ihrem Kind über den Umgang mit Problemen und Frustrationen. Selbstverständlich ist dabei viel Geduld erforderlich. Verhaltensänderungen kommen nur langsam zustande, und auch Eltern kommen nicht immer gleich auf die beste Lösung. Nehmen Sie sich Zeit zum Nachdenken – über Ihr Kind, seine Bedürfnisse, seine Wünsche und seine Verhaltensweisen. Setzen Sie sich nicht unter Druck, alles sofort beantworten oder lösen zu müssen. Schließlich wollen Sie Ihrem Kind auch vermitteln, wie wichtig Geduld und sorgfältige Überlegung sind. So wie Sie die Bemühungen Ihres Kindes anerkennen, sollten Sie auch Ihre eigenen Bemühungen um eine positive Elternschaft würdigen können.

Versuchen Sie darüber hinaus, bestehende Probleme in realistischen Dimensionen zu sehen. Verhaltensprobleme sind weit verbreitet, aber in den meisten Fällen lassen sie sich auch bewältigen. Setzen Sie das Verhalten Ihres Kindes zu anderen Aspekten Ihres jetzigen Lebens in Relation. Überlegen Sie, welche Bedeutung dieses Verhalten langfristig haben wird, und vergleichen Sie es mit dem, was in Ihrem Leben vorausgegangen ist und noch folgen wird.

Wie Sie höchstwahrscheinlich aus Erfahrung wissen, kann sich jedes Problem in Gedanken so ausweiten, daß es die gesamte Aufmerksamkeit in Anspruch nimmt. Die Probleme Ihres Kindes können sich auf alle anderen Lebensbereiche auswirken – Ihre Arbeit, Ihre Ehe, Ihr geselliges Leben –, so daß Sie am Ende nichts mehr richtig genießen können. Soweit sollten Sie es auf keinen Fall kommen lassen! Über die Probleme Ihres Kindes dürfen Sie nicht vergessen, für sich selbst zu sorgen. Dazu gehört, gesund zu essen, regelmäßig einer körperlichen Betätigung nachzugehen, die Ihnen Spaß macht, die Beziehung zu Ihrer Partnerin bzw. Ihrem Partner zu pflegen sowie ausreichende Erholungspausen einzulegen.

Negatives ausschalten

Schuldgefühle wegen vermeintlicher Erziehungsfehler nützen weder Ihnen noch Ihrem Kind. Versuchen Sie, sich die Fehler der Vergangenheit zu verzeihen. Arbeiten Sie an der Veränderung dessen, was in Ihren Verantwortungsbereich fällt, und hören Sie auf, sich über Dinge Sorgen zu machen, die Sie nicht beeinflussen können. Da Strafen oft wenig effektiv sind, wenn es um das Erzielen von Verhaltensänderungen geht, sollten sie nur sparsam eingesetzt werden. Achten Sie darauf, Ihr Kind niemals zu demütigen und niemals lächerlich zu machen. Wenn es daran erinnert werden muß, daß es etwas falsch macht, sollten Sie ihm dies in kurzen und einfachen Worten erklären. Wenn es sonst in eine peinliche Situation kommen sollte, nehmen Sie es einen Moment zur Seite, um die Sache unter vier Augen zu klären.

Obgleich Sie kleinere Regelverletzungen gelegentlich ignorieren können, sollten Sie sofort aktiv werden, wenn Ihr Kind Verhaltensweisen zeigt, die sich zu größeren Problemen ausweiten können. Den Anfängen zu wehren, erlaubt Ihnen, Schwierigkeiten unter Kontrolle zu bekommen, ehe es dafür zu spät ist. Wie ein erfahrener Sozialarbeiter auf einer Station für straffällige Jugendliche stets sagte, wenn er auf den Gesichtern der Jungen einen bestimmten, unheilverkündenden Ausdruck sah: «Vorsicht, Freundchen! Denk nicht einmal dran!»

Negatives Verhalten, das darauf ausgerichtet ist, Aufmerksamkeit auf sich zu ziehen, können Sie am besten ausschalten, indem Sie es ignorieren. Verweigern Sie jedes Kräftemessen und lassen Sie sich nicht auf Machtspielchen ein. Arbeiten Sie statt dessen an der Verhandlung über mögliche Kompromisse und stellen Sie ein ruhiges Gespräch über das zugrundeliegende Problem in Aussicht.

Der 16jährige Sam behauptete, seine Mutter sei «knauserig», weil sie sich weigerte, ihm ein teures Paar Jeans zu kaufen und anschließend die Hosenbeine abzuschneiden, um daraus Shorts zu machen. Als sie den Laden verließen, rief er: «Mit dir gehe ich nie wieder einkaufen!» Sams Mutter unterdrückte ihren Impuls, darauf mit Wut zu reagieren, und sagte statt dessen: «Es tut mir leid, daß du dieses Gefühl hast, aber da es in den nächsten Tagen sehr heiß wird, würde ich dir wirklich gern heute ein Paar Shorts kaufen. Warum versuchen wir es nicht in einem anderen Geschäft? Kann doch sein, daß wir etwas finden, das dir gefällt und meinen Preisvorstellungen entspricht.» Tatsächlich fanden sie in einem zweiten Laden ein geeignetes Paar Shorts, und als sie nach Hause kamen, redeten sie noch miteinander – für beide ein beachtlicher Erfolg.

Anstatt Ihr Kind mit «Du-Botschaften» anzugreifen – «Wie kannst du nur so ein Dreckschwein sein?!» oder «Du gibst dir überhaupt keine Mühe, pünktlich nach Hause zu kommen!» – sollten Sie «Ich-Botschaften» aussenden, in denen Sie Ihre durch die Handlungsweise Ihres Kindes ausgelösten Gefühle beschreiben. Als Formulierungshilfe kann Ihnen dabei die folgende Satzstruktur dienen: «Wenn du ... (konkretes Verhalten oder Situation), fühle ich ... (Auswirkungen auf Sie und Ihre Gefühle), weil ... (Begründung), und deshalb will ich ... (Ihre Vorstellung von einer angemesseneren Handlungsweise).» So sagte z. B. Sams Mutter: «Wenn du später nach Hause kommst, als wir verabredet haben, mache ich mir Sorgen, weil es um diese Uhrzeit auf den Straßen so gefährlich ist, deshalb will ich, daß du gegen zehn Uhr anrufst, falls du später kommst.»

Wenn Sie wütend, müde, mit anderen Dingen beschäftigt oder in Zeitdruck sind, sollten Sie Diskussionen und Verhandlungen auf jeden Fall vermeiden. Eine alleinerziehende Mutter und ihr unter Depressionen leidender pubertärer Sohn beschrieben mir ihre allabendlichen Kämpfe. Jim erklärte: «Wenn ich mal irgend etwas mache, was ihr nicht gefällt, z. B. Freunde einlade, wenn sie nicht zu Hause ist, gräbt sie sofort das Kriegsbeil aus. Sie schnappt völlig über, schreit und tobt und bringt mich vor meinen Freunden in Verlegenheit.»

Jims Mutter nickte: «Das stimmt. Jim hat recht. Ich schnappe über. Aber das liegt daran, daß ich abends so erschöpft bin. Ich komme nie vor acht von der Arbeit nach Hause und bin dann für den Tag meistens schon bedient. Wenn ich ihn dann mit seinen Freunden im Wohnzimmer rumhocken und Pizza essen sehe, ohne daß er mich auch nur um Erlaubnis gefragt hat, schnappe ich tatsächlich über. Und dann schreie und tobe ich auch.»

«Es gefällt mir selbst nicht, daß ich in solchen Situationen die Beherrschung verliere», fuhr Jims Mutter fort. «Ich fühle mich schlecht dabei, und hinterher bin ich auf mich selbst wütend. Ich will keine schreiende Furie sein. Ich möchte mich eigentlich als Mutter und als Mensch ganz anders verhalten.»

Klar und konsequent sein

In allen Zeitschriftenartikeln und Büchern zum Thema Kindererziehung wird Ihnen immer wieder geraten, vor allem klar und konsequent zu sein. Dieser Ratschlag wird so oft wiederholt, weil er wahr ist – und weil er funktioniert.

Jüngeren und auch problematischen älteren Kindern scheinen durchschaubare Abläufe besonders gut zu tun. Sie brauchen klare Vorgaben,

was zuerst und dann als nächstes kommt. Versuchen Sie daher, sich in
Ihrem Haushalt an einen regelmäßigen Tagesablauf zu halten, so daß
Ihre Kinder wissen, daß es z. B. jeden Tag um sechs Uhr Abendbrot gibt,
danach jeder seinen Beitrag zum Aufräumen in der Küche leisten muß
und anschließend die Schulaufgaben besprochen werden oder gemeinsam etwas gespielt wird.

Kleinere Kinder sollten sich darauf einstellen, sich um halb acht die
Zähne zu putzen, anschließend noch 10 bis 15 Minuten eine Geschichte
vorgelesen zu bekommen und um acht Uhr das Licht auszumachen.
Auch die Fernsehzeit für ältere Kinder sollten Sie nach festen Regeln
begrenzen; vorher sollten alle Schulaufgaben erledigt und besprochen
sein.

Ein gewisses Maß an Frustration ist nötig, um das Wachstum Ihres
Kindes zu fördern. Zeigen Sie daher Vertrauen in Ihr Kind, indem Sie
es nicht übermäßig beschützen. Wann immer es angemessen erscheint,
sollten Sie es auch nach seiner Meinung oder gar seinem Rat befragen.
Übertragen Sie ihm außerdem altersgemäße Verantwortung und sinnvolle Aufgaben, die es selbständig bewältigen kann.

Ihre größte Aufgabe besteht jedoch letztendlich darin, Ihrem Kind
innerhalb der seinem Alter angemessenen Grenzen zunehmend mehr
Freiheit zu gewähren. Auf diese Weise ermutigen Sie Ihr Kind, Entscheidungen zu treffen und die Folgen dieser Entscheidungen zu tragen. Natürlich brauchen auch ältere Kinder feste Regeln, doch sollten
diese mehr und mehr ihre zunehmende Unabhängigkeit berücksichtigen und stets begründet und nachvollziehbar sein, so daß die Jugendlichen nicht das Gefühl haben, dagegen rebellieren zu müssen.

Die 15jährige Jean kam ins Krankenhaus, weil sie damit gedroht hatte, sich das Leben zu nehmen. Sie sagte: «Ich habe seit zwei Jahren Stu-
benarrest, weil ich einmal mit Freunden zu einem Jungen nach Hause
gegangen und dort geschlafen habe. Seitdem darf ich überhaupt nichts
mehr. Meine Eltern halten mich für total mißraten, dabei stimmt das
überhaupt nicht. Ich nehme keine Drogen, ich trinke keinen Alkohol,
und ich schlafe nicht mit Jungen. Welche 15jährige kann das schon von
sich behaupten?»

«Die meiste Zeit bin ich so richtig brav», erzählte Jean weiter, «aber
wenn ich einmal Mist baue, machen meine Eltern gleich ein riesiges
Drama daraus. Wenn ich etwas Gutes mache, z. B. im Haushalt helfe
oder auf meine kleinen Brüder aufpasse, während meine Mutter bei
der Arbeit ist, sagen sie nie etwas. Außerdem bin ich eine gute Schülerin, mache jeden Tag meine Hausaufgaben, spiele in der Fußballmannschaft meiner Schule und helfe beim Training der jüngeren Schüler. Ich
bin in der Theatergruppe und in der Spanisch-AG. Ich übernehme jede

Menge Verantwortung, und meistens klappt das auch sehr gut, aber wenn ich einmal Mist baue, darf ich gar nichts mehr. Ich wünschte, meine Eltern würden endlich aufhören, mir ständig im Nacken zu sitzen, und mich in Ruhe erwachsen werden lassen. Gegen ein paar vernünftige Regeln hätte ich ja gar nichts einzuwenden. Im Gegenteil, sie wären mir ganz recht. Aber ich möchte nicht, daß sie mein gesamtes Leben reglementieren. Von mir aus sollen sie mir ruhig ein paar gute Ratschläge geben, aber ich habe es satt, auf Schritt und Tritt kontrolliert zu werden.»

Vermeiden Sie es, sich Selbstvorwürfe zu machen, wenn Ihnen einmal ein Fehler unterläuft oder Sie auf eine Regelverletzung nicht so reagieren, wie Sie es sich eigentlich vorgenommen hatten. Sie sind ebenso wenig vollkommen wie alle anderen Menschen, und Sie brauchen auch gar nicht nach Perfektion zu streben. Wichtig ist nur, daß Sie immer wieder daran arbeiten, in der Erziehung Ihrer Kinder möglichst klar und konsequent vorzugehen.

Wenn Sie Ihr Kind bestrafen, so sollte die Strafe immer als eine Grenzsetzung verstanden werden, die Ihrem Kind helfen soll, sein Verhalten selbst zu kontrollieren. Pädagogisch sinnvolle Grenzsetzungen müssen frei von persönlichen Rache- oder Vergeltungsgefühlen sein und sollten mit Anerkennung für erwünschtes Verhalten verbunden werden.

Bei Bestrafungen ist Konsequenz ganz besonders wichtig. Tatsächlich hängt die Wirksamkeit einer Grenzsetzung nicht von der Schwere einer Strafe ab, sondern davon, wie konsequent sie angewendet wird. Strafen sollten vorhersehbar sein – etwas, womit Ihr Kind rechnen kann. So könnten Sie z. B. sagen: «Wenn du deinen Bruder noch einmal schlägst, mußt du beim Spielen 15 Minuten aussetzen, und das gilt für das erste Mal ebenso wie für weitere Male. Verlaß dich drauf!.»

Ihre Anforderungen und Ziele sollten einfach und durchschaubar sein. Konzentrieren Sie sich auf höchstens ein oder zwei Verhaltensweisen gleichzeitig. Falls notwendig, können Sie diese wiederum in leichter zu bewältigende Teilbereiche zerlegen, die Sie jeweils positiv verstärken. Natürlich ist die Versuchung groß, in eine wütende Schimpftirade auszubrechen, wenn sich das Zimmer Ihres 10jähriges Kindes in ein mit Comics, Sportzeitschriften, dreckigen T-Shirts und undefinierbaren, von Fruchtfliegen umschwärmten Essensresten übersätes Katastrophengebiet verwandelt hat. Als erstes werden Ihnen sicherlich globale Anweisungen einfallen wie: «Dein Zimmer ist der reinste Saustall. Du räumst jetzt sofort auf und kommst erst wieder hier raus, wenn alles tipptopp sauber ist.»

Wenn Sie wollen, daß Ihr Kind sein Zimmer aufräumt, wird es jedoch besser zurechtkommen, wenn Sie Ihre Anweisungen in kleine Einzelschritte unterteilen: 1. alle dreckigen Kleider in die Wäsche tun, 2. alle sauberen Kleider, falls vorhanden, in Schrank oder Kommode verstauen, 3. alle Bücher, Zeitschriften und losen Hausaufgabenzettel ins Bücherregal einordnen, 4. alle Essensreste, vertrockneten Kekse und Kaugummiklumpen in den Müll bringen, usw.

Formulieren sie klare Regeln und Erwartungen. In einigen Fällen hat sich auch ein schriftlicher «Verhaltenskodex» als nützlich erwiesen. In einer Art Vertrag können Sie festhalten, was Sie von Ihrem Kind erwarten und welche Privilegien es sich von einem verantwortungsvollen Verhalten erhoffen kann.

Indem Sie klar und deutlich Ihre konsequente Linie verfolgen, bieten Sie Ihrem Kind eine Struktur, an der es sich orientieren kann. Dazu gehört ein Zeitplan, der regelt, was wann getan bzw. nicht getan wird, und eine strukturierte Umgebung, die ihre eigenen Grenzen hat, z. B. das Kinderzimmer zum Lesen, Schlafen und Spielen, das Eßzimmer zum Essen, aber nicht zum Ball spielen, den Hof zum Ball spielen usw. Ihre Aufgabe ist es, Ihrem Kind Strukturen zu bieten, bis es ausreichend innere Strukturen entwickelt hat, um sich eigene, selbstgewählte Grenzen zu setzen.

Machen Sie Ihrem Kind unmißverständlich klar, worin die Folgen schlechten Benehmens bestehen werden: Wenn du dich für ein bestimmtes Verhalten entscheidest, wird dieses und jenes geschehen. Ihre Handlungen sind dabei häufig wichtiger als Ihre Worte. Vor allem bei kleineren Kindern sind Verständnis und Kommunikation stärker an Handlungen gekoppelt als an Worte. Und natürlich dürfen negative Folgen eines bestimmten Verhaltens nicht nur angekündigt, sondern müssen auch tatsächlich vollzogen werden.

Durch die Erfahrung von Konsequenzen wird zukünftiges Verhalten beeinflußt. Solche Konsequenzen können natürlich oder logisch sein. Sich an einem heißen Ofen die Finger zu verbrennen oder im Winter ohne Handschuhe zu frieren, sind natürliche Konsequenzen. Eine logische Konsequenz dagegen wäre, daß Ihr Kind zu Fuß zur Schule gehen muß, wenn es den Bus verpaßt hat. Logische Konsequenzen sollten sich direkt auf das Verhalten des Kindes beziehen, unmittelbar zur Anwendung kommen, in einem angemessenen Verhältnis zu dem unerwünschten Verhalten stehen, nicht verletzend oder gesundheitsschädigend und nicht mit Wut oder Rache verbunden sein. Häufig ist es sogar sinnvoll, Ihr Kind in die Diskussion logischer Folgen einzubeziehen.

So kam die 8jährige Kelly häufig zu spät zum Unterricht, weil sie immer wieder den Bus verpaßte. Eine gefährliche Kreuzung sprach jedoch dagegen, sie zu Fuß zur Schule zu schicken. Sie und ihre Mutter kamen überein, daß Kelly, wenn sie von ihrer Mutter zur Schule gefahren werden mußte, von ihrem Taschengeld eine Art «Taxigebühr» zu bezahlen hatte.

Realistisch sein

Niemand ist vollkommen. Sie werden niemals perfekte Eltern, und Ihre Kinder werden niemals perfekte Kinder sein. Sich selbst zu akzeptieren, heißt, sich die eigenen Stärken und Schwächen einzugestehen und sich um Besserung zu bemühen. Machen Sie sich klar, daß allen Eltern Fehler unterlaufen und nicht jede Fehlentscheidung gleich als Katastrophe anzusehen ist. Im Gegenteil, aus solchen Fehlern können sowohl Sie als auch Ihre Kinder lernen.

Lernen Sie zu unterscheiden, was Sie kontrollieren können und was nicht, und beginnen Sie dann, an den Dingen zu arbeiten, die in Ihrem Einflußbereich liegen. Machen Sie sich klar, daß Sie niemals regulieren können, was Ihr Kind denkt, fühlt, sagt oder tut. Viele Machtkämpfe zwischen Eltern und Kindern entzünden sich an Themen, die Eltern nicht kontrollieren können, was das Kind natürlich spürt.

Es gibt jedoch Dinge, die sich, vor allem bei kleineren Kindern, beeinflussen lassen, so z. B. ob sie zu Hause oder auf dem Spielplatz sind, sich im Wohnzimmer oder im Kinderzimmer aufhalten usw. Aber Sie können Ihr Kind nicht zwingen, Ihnen zuzuhören oder sich etwas aus seinen Aufgaben oder anderen Menschen zu machen.

Die einzige Person, die Sie kontrollieren können, sind Sie selbst. Sie haben direkten Einfluß darauf, was Sie sagen oder tun; was Sie beachten oder ignorieren; auf welche Art von Kommunikation Sie reagieren oder nicht; wem Sie erlauben, Ihr Telefon, Ihren Fernseher, Ihre Wohnung oder Ihr Auto zu benutzen; und wann und unter welchen Umständen Sie dies zulassen. Sie können auch entscheiden, welche Folgen bestimmte Regelverletzungen nach sich ziehen.

Unterstützung einholen

Wenn Sie selbst unter Depressionen leiden, wenn Sie wenig Hilfe von außen bekommen oder wenn Sie Ihr Kind alleine erziehen, kann es sein, daß Sie im Umgang mit den Verhaltensproblemen Ihres Kindes besonders große Probleme haben. Versuchen Sie in jedem Fall, die Isolation zu durchbrechen. Informieren Sie sich durch die Lektüre von

Büchern wie diesem und suchen Sie Rat und Hilfe bei verläßlichen Verwandten, anderen Eltern, Lehrerinnen und Lehrern oder therapeutischen Beratungsstellen. Familien sind heutzutage eher isoliert. Viele Eltern geben nur ungern zu, daß sie mit der Erziehung Ihrer Kinder zu kämpfen haben. Sie scheuen sich, um Rat zu fragen, aus Angst, sich dadurch selbst in ein schlechtes Licht zu rücken. Dabei braucht sich niemand für die Probleme mit seinen Kindern zu schämen. Alle Eltern haben solche Probleme.

Wenn ich mit einer Gruppe von Eltern über die Verhaltensprobleme ihrer Kindern spreche und dabei beschreibe, welche Probleme ich mit meinen eigenen Kindern habe, sind die meisten geradezu begeistert. Es ist keine Schadenfreude, sondern die Erleichterung darüber, daß selbst ein Kinderpsychiater an der Beziehung zu seinen Kindern arbeiten muß.

Setzen Sie sich mit den Problemen Ihres Kindes nicht unter eine Glasglocke. Sprechen Sie mit anderen Eltern über Ihre Sorgen und Probleme. Wenden Sie sich ratsuchend an erfahrene «Veteranen», die bereits mehrere Kinder großgezogen haben, und tauschen Sie sich regelmäßig mit Eltern aus, die Kinder im gleichen Alter haben. Und falls Sie mit jemandem sprechen, der das gleiche Problem anders angeht und damit bessere Ergebnisse erzielt, finden sie heraus, warum diese Methode funktioniert und ob sie vielleicht auch in Ihrem Fall anzuwenden ist.

6. Depression und Drogenmißbrauch

Nachdem ihm sowohl die Schule als auch die Polizei dringend dazu geraten hatten, brachte Marks Vater seinen 16jährigen Sohn zur Drogenberatung. Doch obgleich Mark nun dreimal pro Woche zur Beratung ging, konnte er kaum einmal mehr als ein paar Tage ohne Kokain auskommen. Von der Drogenberatung wurde Mark daraufhin an ein ambulantes Rehabilitationszentrum für drogenabhängige Jugendliche überwiesen, wo er täglich vier bis fünf Stunden Drogenaufklärung, Einzel- und Familientherapie erhielt. Trotzdem nahm Mark auch weiterhin regelmäßig Kokain. Nach anfänglichem Sträuben gab Mark dem beharrlichen Drängen der Leiterin des Rehabilitationszentrums nach und willigte ein, sich stationär behandeln zu lassen. In der geschlossenen Abteilung eines Spezialkrankenhauses konnte er schließlich seine körperliche Abhängigkeit von der Droge überwinden.

Die meisten Jugendlichen blühen rasch wieder auf, wenn sie erst einmal vom Kokain losgekommen sind. Sie sehen gesünder aus, schlafen besser und können letztlich ihre gewohnte Lebensenergie wiedererlangen. Mark jedoch reagierte anders. Der Junge sah schlechter aus als zur Zeit seines Drogenkonsums. In der teilnahmslosen, apathischen Gestalt war der großspurige, hastig redende Junge, der zu uns ins Krankenhaus gekommen war, kaum noch wiederzuerkennen.

Von Tag zu Tag wurde deutlicher, daß Marks Problem über den Drogenkonsum hinausging. Der Jugendliche war stark depressiv. Wie sich herausstellte, hatte Mark seine Depressionen seit Jahren mit Kokain und anderen Drogen bekämpft. Er hatte die Drogen nicht genommen, um davon *high* zu werden, sondern um sich normal zu fühlen. Mit ihrer auf die Abhängigkeit von chemischen Substanzen eingeengten Sichtweise hatten Marks Drogentherapeutinnen und -therapeuten die Tatsache, daß der Junge im Grunde an einer Depression litt, nicht erfaßt.

Mark sprach auf das gleiche antidepressive Medikament an, das auch seinem depressiven Onkel schon geholfen hatte, und nach weniger als drei Wochen konnte er nach Hause zurückkehren. Eine gründliche psychiatrische und medikamentöse Nachbetreuung half Mark, sowohl seine Neigung zum Drogenmißbrauch als auch seine Depression zu überwinden.

Wie bei Mark gehen Drogenkonsum und psychische Erkrankung oft Hand in Hand. In einer entsprechenden Studie wurde nachgewiesen, daß über 80 Prozent aller in einem Behandlungszentrum für Drogenabhängige betreuten Jugendlichen gleichzeitig auch eine gravierende psychiatrische Diagnose aufwiesen. Alkoholmißbrauch ist bei depressiven Jugendlichen ganz besonders häufig, und der Grund dafür ist leicht nachzuvollziehen. Nicht anders als Erwachsene, neigen auch Jugendliche dazu, ihre Beschwerden mit selbstverordneten Mitteln zu lindern, d. h., sie setzen Drogen wie Alkohol ein, um z. B. Schlafstörungen und Angstgefühle zu dämpfen.

Natürlich läßt sich im Einzelfall nicht immer bestimmen, ob der Drogenmißbrauch von einer zugrundeliegenden Depression herrührt, oder ob umgekehrt der Drogenmißbrauch zu Depression, Schulversagen und Verhaltensauffälligkeiten geführt hat. Da Drogenmißbrauch Symptome hervorrufen kann, die denen einer Depression sehr ähnlich sind, läßt sich in vielen Fällen unmöglich sagen, wie stark die Drogen zu den depressiven Symptomen beigetragen haben. Letztendlich spielt es aber auch keine Rolle. Wenn ein depressives Kind Alkohol oder andere Drogen konsumiert, ist dieses Verhalten behandlungsbedürftig, ganz gleich, ob es die Depression begründet hat oder ihr Resultat ist. Drogenmißbrauch kann das Leben eines Kindes bedrohen. Und die depressiven Symptome können erst gelindert werden, wenn der Drogenmißbrauch unterbunden ist.

Auch wenn Ihr depressives Kind bisher kein Interesse an Drogen gezeigt hat, sollten Sie über das Thema informiert sein, *ehe* es möglicherweise zum Problem wird. In diesem Kapitel werden Sie erfahren, wie verbreitet Drogenmißbrauch unter jungen Leuten heute ist; warum so viele Jugendliche Drogen nehmen; woran Sie erkennen können, ob Ihr Kind etwas mit Drogen zu tun hat; welche Auswirkungen die wichtigsten Drogen haben; und was Sie tun können, um Ihrem Kind zu helfen.

Wie verbreitet ist Drogenmißbrauch?

Vielleicht denken Sie beim Lesen dieses Kapitels: «Mein Kind doch nicht!» Oder: «In unserer Familie gibt es keine Drogenprobleme.» Drogenmißbrauch ist bei Jugendlichen jedoch weiter verbreitet, als Sie vielleicht denken. Eine Untersuchung aus dem Jahr 1987 ergab, daß 58 Prozent aller amerikanischen Kinder im letzten Highschool-Jahr (17-18 Jahre) zumindest einmal illegale Drogen ausprobiert hatten. Zwei von drei Schülerinnen und Schülern dieser Jahrgangsstufe gaben an, im zurückliegenden Monat Alkohol getrunken zu haben. Eine von fünf befragten Personen rauchte täglich Zigaretten.

Bei einer späteren Untersuchung stellte sich heraus, daß 92 Prozent aller amerikanischen Schülerinnen und Schüler im letzten Highschool-Jahr gelegentlich oder regelmäßig Alkohol tranken, 54 Prozent Marihuana rauchten, 26 Prozent Aufputschmittel nahmen und 17 Prozent Kokain schnupften.

Tun Sie diese Statistiken nicht mit der Erinnerung an die Zigaretten ab, die Sie früher heimlich auf der Toilette rauchten, oder an die Bierflaschen, die Sie aus dem Kühlschrank Ihrer Eltern entwendet haben. Heutige Teenager machen meist nicht bei ein paar Zigaretten und einem Sechserpack Bier halt. Immer mehr gehen auf Marihuana, LSD, Kokain, Crack, Aufputschmittel, Beruhigungsmittel, Narkotika und Inhalierstoffe («Schnüffelstoffe») sowie auf eine wachsende Anzahl leicht verfügbarer Designerdrogen über, die sehr viel gefährlicher sind als alles, was Sie jemals in Ihrer Jugend ausprobiert haben.

Wie Sie wahrscheinlich wissen, können diese Drogen eine Reihe schwerer Nebenwirkungen haben, darunter Gedächtnisverlust und organische Schäden. Ihr Mißbrauch kann zu Infektionen, gefährlichem Sexualverhalten, schweren Verkehrsunfällen und Schulversagen führen. Natürlich ist die legale Droge, die die meisten Kinder und Jugendlichen zu Hause vorfinden, nämlich der Alkohol, ebenfalls alles andere als harmlos. Acht von zehn Todesfällen bei Jugendlichen gehen auf Unfälle, Selbstmorde oder Gewalttaten zurück, und mehr als die Hälfte dieser Vorkommnisse stehen mit Alkohol in Zusammenhang.

Dennoch werden die meisten Teenager bloß mit Alkohol und anderen Drogen *experimentieren*, und die große Mehrheit wird entweder letztlich ganz damit aufhören oder nur gelegentlich Drogen konsumieren. Auch ein solches Verhalten brauchen Sie bei Ihrem Kind nicht stillschweigend hinzunehmen, doch sollten Sie sich darüber klar sein, daß die meisten Jugendlichen, die Alkohol und andere Drogen ausprobieren, *nicht* psychisch oder körperlich abhängig werden.

Allerdings gibt es eine nicht zu vernachlässigende Minderheit, die über die sogenannten Einstiegsdrogen zu einem regelmäßigen Mißbrauch finden. Viele von ihnen werden abhängig und verursachen damit sowohl für sich als auch für andere ernsthafte Probleme. Einige sterben durch Unfälle, Selbstmorde oder Überdosen, andere machen sich am Tod anderer Menschen schuldig.

Leider läßt sich nicht voraussagen, welche Kinder es mit der Experimentierphase bewenden lassen und welche psychisch oder körperlich drogenabhängig werden. Deshalb sollten Sie jeden Kontakt Ihres Kindes mit Drogen überaus ernst nehmen.

Leider reicht es auch nicht aus, unser Augenmerk nur auf Jugendliche zu richten. Das Einstiegsalter sinkt beständig, und es gibt Schulen, an denen Drogen schon Fünft- und Sechstkläßlern zugänglich sind. Einige drogenabhängige Jugendliche haben mir erzählt, ihren ersten Kontakt mit Drogen hätten sie mit neun Jahren gehabt.

In einem persönlichen Erfahrungsbericht erzählt Craig Fraser, der sich als Jugendlicher mit einer geradezu wahnwitzigen Bandbreite verschiedener Drogen an den Rand des Todes brachte, von seiner Genesung. Fraser schreibt: «Die erste Droge, die ich je ausprobiert habe, war der Alkohol, weil an die Getränke so leicht heranzukommen war. Ich war damals im 6. Schuljahr und wollte unbedingt wissen, wie es ist, betrunken zu sein. Ein Jahr später probierte ich Haschisch aus. Und genauso war es bei fast allen anderen, die ich kannte.»

Warum nehmen Kinder Drogen?

Wie bei Craig Fraser kann es sein, daß Ihr Kind Alkohol, Haschisch oder andere Drogen ausprobiert, weil «so leicht an sie heranzukommen» ist und ihr Konsum ihm ein angenehmes Gefühl verschafft. So wie viele Erwachsene gern einen Drink nehmen, um sich in geselliger Runde lockerer zu fühlen, sind Kinder und Jugendliche häufig auf die enthemmende Wirkung von Drogen aus. Bei depressiven Kindern können Drogen traurige Gefühle lindern und ihnen die Flucht aus einer als schmerzlich empfundenen Realität ermöglichen.

Hinter dem ersten Drogenkontakt von Kindern und Jugendlichen steht manchmal pure Neugier. Es kann aber auch eine Trotzhandlung sein, eine Rebellion gegen jegliche Autorität: sie tun gerade das, was sie nicht tun sollen. Oder es kann sich um erlerntes Verhalten handeln; jedenfalls ist die Neigung zum Drogenkonsum bei Kindern und Jugendlichen größer, wenn auch ihre Eltern oder andere Familienmitglieder Drogen nehmen. Außerdem setzen Kinder und Jugendliche – ebenso wie Erwachsene – Drogen ein, um die Langeweile zu vertreiben, etwas Aufregendes zu erleben oder mit einer streßreichen Situation besser fertigzuwerden.

Eine zentrale Rolle spielt darüber hinaus der Gruppenzwang. Die Gruppe der Gleichaltrigen, die in dieser Phase der Ablösung von den Eltern und der eigenen Identitätsfindung ganz besonders wichtig ist, kann auf den einzelnen einen beachtlichen Druck ausüben, selbst auch Drogen auszuprobieren. Vielleicht sieht Ihr Kind im Drogenkonsum sogar die einzige Möglichkeit, Freundinnen und Freunde zu gewinnen oder von einer bestimmten Clique akzeptiert zu werden. Und da Jugendliche dazu neigen, sich für unverwüstlich zu halten, haben sie meist wenig Angst vor den gefährlichen Kurz- und Langzeitwirkungen.

Ein letzter, ebenfalls bedeutender Aspekt ist sicherlich die breite Akzeptanz von Drogen in unserer von den Massenmedien beherrschten Kultur. Selbst der abgestumpfteste Fernsehzuschauer wird nach ei-

ner einstündigen Berieselung mit entsprechenden Werbespots davon
überzeugt sein, daß sich so gut wie jedes Problem auf der Welt durch
das Schlucken irgendeiner Pille lösen läßt. Dazu kommt die Verharm-
losung von Alkohol und Tabak in Werbeanzeigen und auf großflächi-
gen Plakaten, wobei so manche lustige Comicfigur auf Kinder wahrscheinlich noch einen größeren Einfluß hat als auf Erwachsene.
Aktuelle Forschungsarbeiten haben ergeben, daß manche Tabakfir-
men ihre Werbemaßnahmen an Kindern ausrichten.

Wie Sie erkennen können, ob auch Ihr Kind Drogenprobleme hat

Da Drogen heutzutage so leicht zugänglich sind, sollten in dieser Hinsicht alle Eltern ein gesundes Maß an Mißtrauen an den Tag legen. Und
da, wie wir gesehen haben, depressive Kinder ganz besonders zum
Konsum von Drogen neigen, sollten Eltern von depressiven Kindern
und Jugendlichen extra wachsam sein.
      Leider ist es nicht immer leicht zu erkennen, ob jemand Drogen
nimmt oder nicht. Darüber hinaus sehen die meisten Teenager ihren
Drogenkonsum nicht als Problem an. Sie wehren sich gegen Erwachsene, die ihnen nachspionieren und etwas wegnehmen wollen, das ihnen Spaß macht und auf das sie ein Anrecht zu haben glauben. Aus diesem Grund werden viele Jugendliche die Unwahrheit sagen, wenn sie
direkt auf ihren Drogenkonsum angesprochen werden. In vielen Fällen legen erst Hinweise von Lehrern, Freunden und Geschwistern
nahe, daß ein sehr viel größeres Drogenproblem besteht, als die Betreffenden selbst zugeben wollen.
      Doch selbst wenn es ziemlich klare Anzeichen von Drogenkonsum
gibt, werden sie von vielen Eltern beharrlich ignoriert. Dieses zunächst
unverständliche Verhalten geht auf die Tendenz zurück, gravierende
Probleme in der Familie zunächst nicht wahrhaben zu wollen, d. h. zu
leugnen.
      So fehlte der 17jährige Sean immer häufiger beim Baseballtraining,
bis er schließlich aus der Mannschaft ausschied. Seine Eltern meinten,
Sean habe «eben keine Lust mehr auf das ständige Konkurrenzgeran-
gel», obgleich ihr Sohn bis dahin ein sowohl begabter als auch begei-
sterter Sportler gewesen war. In zwei Halbjahren hintereinander sack-
ten Seans Noten auffällig ab. Seine Eltern schoben es darauf, daß er
mehr mit seiner Freundin beschäftigt war als mit seinen Schulaufgaben.
Als Sean verhaftet wurde, weil er unter dem Einfluß von Drogen Auto
gefahren war, taten seine Eltern den Vorfall damit ab, es sei der Abend
des Schulfests gewesen, eine «besondere Gelegenheit». Als sie eines

Warnzeichen für Drogenmißbrauch

- Folgenden Anzeichen können dafür sprechen, daß Ihr Kind möglicherweise Drogen nimmt:
  Plötzliche Schwankungen in Stimmung und Verhalten
- Mangelnde Energie und Erschöpfung
- Zunahme körperlicher Beschwerden
- Rote, blutunterlaufene oder glasige Augen; Gebrauch von Augentropfen
- Undeutliche Sprache oder geistige Verwirrung
- Gedächtnisverlust
- Mangelndes Interesse an bisherigen Hobbys oder Aktivitäten (z. B. Sport)
- Leistungsabfall in der Schule, schlechte Noten
- Schule schwänzen, Disziplinprobleme in der Schule
- Aggressivität oder Rückzug von der Familie
- Veränderungen bei Freundschaften, Kleidung oder Musikgeschmack
- Lügen, leugnen, Geheimniskrämerei
- Illegales Verhalten
- Drogen oder entsprechende Gegenstände im Haus oder im Auto

Sonntagmorgens eine Marihuanapfeife im Auto fanden, ließen Seans Eltern auch dies durchgehen, weil Sam ihnen erzählte, ein Bekannter, den er nach Hause gefahren habe, müsse sie dort liegengelassen haben. Fünf Monate später hatte sich Seans Drogenmißbrauch zu einem ernsthaften Problem entwickelt. Er schaffte den Highschool-Abschluß nicht und hatte alle seine Freunde außerhalb der Drogenszene verloren.

Wenn Eltern das Drogenproblem Ihres Kindes leugnen

Es ist eine ganz normale menschliche Tendenz, schmerzlichen Situationen aus dem Weg gehen zu wollen. Viele Eltern folgen dieser Tendenz, indem sie leugnen, daß ihr Kind Drogen nimmt, oder sich weigern, sich das Ausmaß der Probleme ihres Kindes einzugestehen. Falls Sie bei sich selbst eine ähnliche Neigung verspüren, sollten Sie sich klarmachen, daß das Ignorieren des Problems Ihnen zwar zunächst Sorgen

und Aufregungen ersparen mag, für Ihr Kind jedoch lebensbedrohend
sein kann. Vielleicht hat Ihnen Ihr Sohn erzählt, seine Augen seien «nur vom
Chlor im Schwimmbad» so rot. Oder Ihre Tochter schwört, «keine Ahnung» zu haben, wo die Marihuana-Zigaretten in ihrem Zimmer her-
kämen, sie habe höchstens mal welche «für eine Freundin besorgt».
Wenn Sie solche Geschichten einfach durchgehen lassen, ohne weiter nachzuhaken, sind Sie bereits mittendrin im Leugnungsprozeß. Sie
wollen Ihrem Kind glauben, und das ist auch nur zu verständlich, weil
die Wahrheit Ihre Selbstachtung und Ihr Selbstbild als «gute Eltern»
bedroht. Die Leugnung des Problems hindert Sie jedoch daran, Ihrem
Kind die Hilfe zukommen zu lassen, die es in einer solchen Situation
so dringend braucht.

Durch Ihr Nicht-wahrhaben-wollen tragen Sie nur dazu bei, daß das
Problem Ihres Kindes – mag es sich nun um Drogen- oder Alkoholmißbrauch oder um Depressionen handeln – einfach weiterbesteht
bzw. noch schlimmer wird. Die Leugnung kann Ihre Selbstzufrieden-
heit und Ihren Stolz nur für einen begrenzten Zeitraum schützen.
Wenn das Drogenproblem Ihres Kindes sich verstärkt, wird die Realität Sie letztendlich einholen und alle Leugnungsversuche radikal zunichte machen.

Wenn Kinder ihr Drogenproblem leugnen

Aller Wahrscheinlichkeit sind Sie nicht das einzige Familienmitglied,
das den Drogenmißbrauch Ihres Kindes am liebsten leugnen möchte.
Auch die Betroffenen selbst neigen zur Leugnung, um der schmerzlichen Realität nicht ins Auge blicken zu müssen. Sich selbst sagen sie
vielleicht: «Ich komme schon damit zurecht.» «Ich kann ja jederzeit
aufhören.» Oder: «Mein Drogenproblem ist ja längst nicht so schlimm
wie das anderer Leute». Ihnen gegenüber werden sie alle Ausreden an-
führen, die ihnen gerade einfallen, um Sie von weiteren Nachforschun-
gen abzubringen. Doch je früher Sie und Ihr Kind den Tatsachen ins
Augen schauen, desto schneller können Sie für die nötige Hilfe sorgen.

Erste Reaktion

Haben Sie bei Ihrem Kind eines oder mehrere der aufgelisteten Warnzeichen wahrgenommen, sind Sie wahrscheinlich sehr besorgt und
auch wütend. Versuchen Sie auf jeden Fall, Ruhe zu bewahren, denn

ehe Sie entscheiden können, was zu tun ist, müssen Sie erst einmal mehr in Erfahrung bringen.

Als erstes sollten Sie versuchen herauszufinden, ob Ihr Kind nur gelegentlich oder häufiger Drogen nimmt. Natürlich sollten Sie auch den gelegentlichen Drogenmißbrauch ernst nehmen, doch können Sie die Gesprächsatmosphäre von vornherein vergiften, wenn Sie Ihr Kind wie einen Drogenabhängigen behandeln, obwohl es nur einmal etwas ausprobiert hat. Teilen Sie Ihrem Kind in klaren, einfachen Worten Ihre Entdeckung mit. Machen Sie ihm klar, daß Sie keine Form von Drogenmißbrauch akzeptieren und sein zukünftiges Verhalten genau beobachten werden. Diese Ankündigung sollten Sie auf jeden Fall auch in die Tat umsetzen. Zwar können Sie Ihrem Kind nicht überallhin folgen, doch können Sie gewisse Sanktionen durchsetzen, die den Drogenmißbrauch in Zukunft zumindest erschweren. Führen Sie klare Regeln für die Zeiten ein, die Ihr Kind außer Haus verbringen darf, und unterbinden Sie den Umgang mit Gleichaltrigen, die Drogen nehmen. Erklären Sie Ihrem Kind, daß Sie auch weiterhin auf Anzeichen von Drogenmißbrauch achten werden. Erklären Sie, welche Folgen es haben wird, wenn die von Ihnen aufgestellten Regeln nicht befolgt werden, und setzen Sie alles daran, diese auch umzusetzen.

Sollte Ihr Kind nicht bloß gelegentlich einmal Drogen ausprobiert haben, sollten Sie ein Gespräch mit einer auf die Betreuung von Jugendlichen spezialisierten Drogenberatungsstelle vereinbaren. Dort wird man besser einschätzen können, wie groß das Drogenproblem Ihres Kindes tatsächlich ist, und Ihnen außerdem eine angemessene Behandlung vorschlagen.

Bei einem Kind, das ganz unbekümmert einfach einmal ausprobieren wollte, was es mit Drogen auf sich hat, kann eine realistische Aufklärung über die Gefahren der fraglichen Drogen z. B. völlig ausreichen. Bei einem Kind, das häufiger Drogen nimmt, ist dagegen vielleicht eine ambulante Einzel- oder Gruppentherapie angezeigt. Ambulante Therapien haben allerdings nur dann einen Sinn, wenn noch keine körperliche Abhängigkeit vorliegt und wenn sich das betreffende Kind während der Behandlung von Drogen fernhalten kann. Hat sich bereits eine körperliche Abhängigkeit entwickelt, kann eine vorübergehende Behandlung im Krankenhaus notwendig sein (siehe Kapitel 10).

Urin- und Blutuntersuchungen

Durch eine entsprechende Analyse von Blut oder Urin läßt sich unter bestimmten Voraussetzungen der Konsum von Drogen nachweisen.

Eine solche Untersuchung sollte bei Jugendlichen mit den folgenden Symptomen erwogen werden:

1. Plötzliches Auftreten psychiatrischer Symptome wie Halluzinationen.
2. Riskantes Verhalten wie Weglaufen von zu Hause oder Straffälligkeit.
3. Plötzliche Schwankungen von Stimmung, Verhalten oder Funktion des Denkens.
4. Wiederkehrende unerklärliche Atembeschwerden.
5. Häufige Unfälle oder unerklärliche körperliche Beschwerden.

Auch bei Jugendlichen, die in der Vergangenheit Drogen genommen haben und auf ihre Abstinenz hin überwacht werden, sind solche Untersuchungen üblich.

Bei der Interpretation der Untersuchungsergebnisse ist allerdings Sorgfalt geboten. Sie erfordert großes Wissen und Erfahrung mit dem Abbau der entsprechenden Substanzen im Körper sowie mit der Empfindlichkeit der verschiedenen Tests. Ein negatives Untersuchungsergebnis beweist ebenso wenig, daß der betreffende Jugendliche keine Drogen genommen hat, wie ein positives Ergebnis darauf schließen läßt, daß die Drogen für alle Symptome verantwortlich sind.

Am schwierigsten ist der Nachweis der modernen «Designerdrogen», der synthetischen Nachahmungen bekannter illegaler Substanzen. Obgleich sie genauso gefährlich sind wie ihre Vorbilder, können sie sich der toxikologischen Untersuchung entziehen.

Zu beachten ist außerdem, daß Tetrahydrocannabinol (THC), der aktive Inhaltsstoff der Cannabispflanze, aus der Marihuana und Haschisch gewonnen werden, ungewöhnlich lange im Körper verbleiben kann, so daß sich signifikante Mengen auch noch viele Tage nach dem letzten Cannabiskonsum finden lassen. In manchen Fällen wurden Spuren von THC sogar noch nach ein oder zwei Monaten Abstinenz nachgewiesen. Wird daher im Urin einer Person, die eine Woche zuvor wegen Marihuanamißbrauchs zur Behandlung aufgenommen wurde, THC gefunden, bedeutet dies nicht notwendigerweise, daß sie auch nach Beginn der Behandlung Marihuana geraucht hat.

Was Sie über Drogen wissen sollten

Wenn Sie versuchen würden, all die Drogen aufzulisten, die Kinder und Jugendliche heute einsetzen, um *high* zu werden, würden Sie wahrscheinlich nur die Spitze des Eisbergs erfassen. Jeder von uns hat schon einmal von Alkohol, Marihuana, Haschisch, Kokain und Heroin ge-hört. Aber wußten Sie auch, daß manche Kinder sich am Gas in Sprüh-flaschen mit Schlagsahne oder Farbe berauschen? Oder daß das in den sechziger Jahren so beliebte LSD bei heutigen Schülerinnen und Schü-lern gerade ein Comeback erlebt?

Drogenkonsum beginnt meist mit legalen und angeblich «harmlo-sen» Drogen wie Tabak oder Alkohol und entwickelt sich dann durch verschiedene Phasen bis zum Mißbrauch illegaler, «echter» Drogen weiter. Kinder und Jugendliche beginnen typischerweise mit Bier oder Wein. Später rauchen sie Zigaretten und trinken stärkere alkoholische Getränke. Als nächstes kommen Marihuana und Haschisch, dann fol-gen die gefährlicheren Drogen. Da viele in späteren Phasen auch wei-terhin die typischen «Einstiegsdrogen» (Tabak, Alkohol, Marihuana) konsumieren, hat sich die gleichzeitige Abhängigkeit von mehreren Substanzen in letzter Zeit zu einem echten Problem entwickelt.

Die jeweiligen Auswirkungen des Drogenmißbrauchs hängen von den eingenommenen Substanzen und deren Dosierung ab. So kann z. B. Phencyclidin (PCP), ein Beruhigungsmittel aus der Tiermedizin, das in manchen Jugendlichencliquen sehr beliebt ist, sowohl anregend als auch beruhigend oder halluzinogen wirken – es kommt ganz auf die Dosierung an. In der Hoffnung, mehrere Wirkungen auf einmal erzie-len zu können, werden vielfach auch verschiedene Substanzen ge-mischt. «Spacebase» z. B. ist eine Mischung aus PCP und Crack.

Um den Überblick zu erleichtern, wollen wir in den folgenden Ab-schnitten die von Kindern und Jugendlichen häufig mißbrauchten Dro-gen in vier Hauptgruppen unterteilen: Aufputschmittel, Beruhigungs-mittel, Halluzinogene und Inhalierstoffe. Marihuana und Haschisch, Steroide und Narkotika sind unter der Überschrift «andere Drogen» zusammengefaßt.

Aufputschmittel

Zu den Aufputschmitteln gehören alle Substanzen, die durch die Ak-tivierung entsprechender Zentren im Gehirn euphorische Gefühle auslösen. Dazu gehören Koffein, Nikotin, Kokain und Amphetamine wie Benzedrin und Dexedrin («Speed»). Alle diese Mittel beschleuni-gen den Puls, erhöhen den Blutdruck, senken den Schlafbedarf und unterdrücken den Appetit. Überdosen können zu Halluzinationen und Krämpfen, aber auch zum Tod führen.

Da sie Nikotin enthalten, müssen Tabakprodukte wie Zigaretten und Kautabak ebenfalls als Drogen angesehen werden, und die Erleichterung mancher Eltern darüber, daß ihr Kind «nur» Zigaretten raucht, ist leider fehl am Platz. Auch Nikotin kann im höchsten Grade süchtig machen, und der Tabakkonsum ist mit zahllosen Gesundheitsschäden verbunden. Nach einer Entwöhnung kehren Jugendliche, die rückfällig werden, darüber hinaus als erstes zum Nikotin zurück.

Ob als Pulver, «Freebase» oder besonders gefährliches «Crack» - der Kokainkonsum hat bei Jugendlichen in letzter Zeit erheblich zugenommen. Freebase ist mit Backpulver aufgebackenes und dadurch rauchbar gemachtes «reines» Kokain. Crack ist eine Kombination aus Kokainhydrochlorid und Natriumbikarbonat, die, wenn sie geraucht wird, über die Lungen direkt in den Blutkreislauf eintritt und in konzentrierter Form ins Gehirn transportiert wird. Der sofortige euphorische Rausch, der nur etwa fünf Minuten anhält, macht Crack zu einem extremen Suchtstoff, bei dem es sehr schnell zu einem zwanghaften Mißbrauch kommen kann. Ebenso wie Crack führt auch «Ice», ein durch Aufbacken rauchbar gemachtes, um ein Vielfaches potenziertes Amphetamin («Super Speed») zu einem dramatischen Rausch, der allerdings etwas länger anhält.

Wahrscheinlich liegt es an der starken euphorisierenden Wirkung, daß Kokain von Jugendlichen wie Mark so häufig bevorzugt wird. Bei chronischem Mißbrauch kann es zwischen den Rauschzuständen jedoch zu besonders schweren Depressionen kommen.

Beruhigungsmittel

Beruhigungsmittel verlangsamen die Gehirnfunktion und das zentrale Nervensystem. Alkohol, Barbiturate und Tranquilizer wie Librium oder Valium gehören zu dieser Kategorie. Überdosen können zu Atemdepression, Koma oder gar zum Tod führen, und auch der Entzug kann mit schweren medizinischen Risiken verbunden sein.

Alkohol, vor allem in Form von Wein und Bier, ist natürlich nach wie vor die am meisten konsumierte Droge bei Kindern und Jugendlichen. Alkohol ist ein gefährlicher Suchtstoff und kann sowohl zu psychischer als auch zu körperlicher Abhängigkeit führen. Außerdem entwickeln Trinkerinnen und Trinker eine sogenannte «Alkoholtoleranz», d. h., sie müssen immer mehr Alkohol zu sich nehmen, um den gleichen Rauschzustand zu erleben.

Chronischer Alkoholmißbrauch kann zu zahlreichen gesundheitlichen Komplikationen führen, darunter Leber- und Kreislaufschäden, Gastritis und peptisches Ulkus. Außerdem kommen viele Gewalttaten bis hin zu Mord und Totschlag, Selbstmorde und Verkehrsunfälle unter dem Einfluß von Alkohol zustande.

Alkohol führt bei Blutwerten von 100 mg/ml zu Vergiftungen und kann in größeren Mengen oder bei dafür besonders empfindlichen Menschen erhebliche körperliche Schäden hervorrufen. Ob Ihr Kind Alkohol getrunken hat, können Sie am Geruch erkennen. Hat es Barbiturate oder Tranquilizer eingenommen, kann es ebenfalls betrunken wirken, ohne daß es jedoch zu der typischen «Fahne» kommt.

Halluzinogene

Chemische Substanzen wie LSD, PCP, Meskalin, Peyotle und Psilocybin wirken enthemmend und können zu Halluzinationen führen, die sich auf das gesamte Bewußtsein, das Denken und Empfinden auswirken. Bei vielen Halluzinogenen müssen rasch immer größere Dosen eingenommen werden, um einen ähnlichen Rauschzustand zu erreichen. LSD kann Panik, Verfolgungsängste und Gefühle der Hilflosigkeit auslösen («Horrortrip»). Lange nach dem Konsum von LSD kann es zu erneuten Rauschzuständen («Flashbacks») kommen, ohne daß die Droge noch einmal eingenommen wird.

PCP, auch unter der Bezeichnung «Engelsstaub» («Angeldust»)bekannt, kann unbeherrschbare Angst und gewalttätiges Verhalten auslösen und ist für zahlreiche Selbstmorde, aber auch Morde und andere Gewalttaten verantwortlich.

Inhalierstoffe

Weil sie so wenig kosten und leicht zu erwerben sind, gehören Inhalierstoffe («Schnüffelstoffe») zu den Drogen, die am häufigsten von jüngeren Kindern mißbraucht («geschnüffelt») werden. Dazu zählen Benzin, Butan, Toluol-Produkte (Kleber, Acrylfarben, Farbverdünner), halogenierte Kohlenwasserstoffe (Lösungsmittel, Fleckenentferner, Korrekturflüssigkeit), Stickoxydule (Narkoselachgas, als Treibmittel in manchen Schlagsahne- und anderen Sprühdosen) sowie Alkylnitrate (Raumspray, flüssige Duftstoffe).

Inhalierstoffe können ernsthafte Schäden an Nervensystem, Gehirn, Knochenmark, Leber und Nieren hervorrufen. Außerdem kann ihr Mißbrauch zum plötzlichen Erstickungstod führen.

Andere Drogen

Marihuana und Haschisch. Von allen illegalen Drogen sind Marihuana («Gras») und Haschisch seit Jahrzehnten am beliebtesten. Marihuana wird aus den Blättern, Haschisch aus dem Harz der weiblichen Blüten des indischen Hanfs (Cannabis) gewonnen. Bestimmte Hybridformen der Cannabispflanzen enthalten besonders große Mengen des Inhaltsstoffes Tetrahydrocannabinol (THC), der für die Rauschwirkung verantwortlich ist. In ihrer Wirkung häufig verharmlost, können Marihuana und Haschisch rasch zu einer psychischen Abhängigkeit führen. Darüber hinaus beeinträchtigen sie die Reflexe, schädigen das Kurzzeitgedächtnis, die Lernfähigkeit und die Motivation. Sie können den Testosteronspiegel senken, die Spermienproduktion unterdrücken, den weiblichen Menstruationszyklus beeinträchtigen und das Immunsystem schwächen. Und Marihuana enthält anderthalbmal soviel krebserregende Teerstoffe wie Tabak. Da beim Rauchen von Marihuana der Rauch so lange wie möglich in der Lunge behalten wird, kann der Schaden beträchtlich sein. Darüber hinaus fungieren Marihuana und Haschisch häufig als Einstiegsdrogen und ebnen den Weg zum Mißbrauch stärkerer Substanzen.

Anabole Steroide. Diese Substanzen bauen die Muskelmasse auf und verstärken die sportliche Leistungskraft. Manche Sportlerinnen und Sportler beginnen damit, Steroide einzunehmen, weil sie glauben, ohne diese nicht mehr siegen zu können. Teenager nehmen sie, weil sie auf jeden Fall größer und stärker werden wollen. Doch Steroide können zu Stimmungsschwankungen, Depressionen und aggressivem Verhalten führen. Mögliche körperliche Auswirkungen sind: Schrumpfen der Hoden, Unfruchtbarkeit, Akne, erhöhter Blutdruck, erhöhte Cholesterinwerte und größeres Herzinfarktrisiko. Werden die Steroide nach längerem Mißbrauch plötzlich abgesetzt, kann es zu Depressionen oder gar zum Selbstmord kommen. Viele nehmen sie nur deshalb weiter, um nicht psychisch und körperlich «abzustürzen». Angesichts dieser Risiken sollten Steroide als Drogen gelten, auch wenn sie keine Rauschzustände hervorrufen.

Narkotika. Der Mißbrauch von Betäubungsmitteln (Narkotika oder Opiate) hat eine lange Geschichte. Zu den bekanntesten Opiaten zählen Opium, Morphium, Methadon und Kodein. Auch wenn Kinder und Jugendliche weniger zum Mißbrauch von Betäubungsmitteln neigen, sollten diese wegen ihres beträchtlichen Suchtpotentials nicht außer acht gelassen werden. Entzugserscheinungen umfassen Magenkrämpfe, Übelkeit, Durchfall, Schwitzen und Schüttelfrost. Überdosen können zu Atemdepression und zum Tod führen.

Was Sie tun können

Da es grundsätzlich immer einfacher ist, einem noch nicht bestehenden Problem vorzubeugen als ein existierendes Problem zu lösen, sollten Sie das Interesse Ihres Kindes an Drogen aufmerksam beobachten und sich innerlich vorbereiten. Wenn Sie den Verdacht haben, daß Ihr Kind bereits mit Drogen in Berührung gekommen ist, versuchen Sie nicht, das Problem zu leugnen. Im Gegenteil, stellen Sie sich den Tatsachen und suchen Sie nach realistischen Lösungen. Das wichtigste, was Sie für Ihr Kind tun können, besteht natürlich darin, ihm ein gutes Beispiel zu geben. Außerdem sollten Sie sich unbedingt an den verabredeten Behandlungsplan für Ihr Kind halten.

Auf das Problem vorbereiten

Um Ihr Kind vor Drogenmißbrauch zu bewahren, sollten Sie sich über das Thema informieren und realistische Informationen für Ihr Kind bereithalten. Holen Sie Bücher zum Thema aus der Bibliothek, lesen Sie entsprechende Artikel in Zeitungen und Zeitschriften und halten Sie Ihr so gewonnenes Wissen für die Beantwortung der Fragen Ihres Kindes bereit.

Auch bei Ihrer örtlichen Drogenberatungsstelle (zu erfragen über die Stadt- oder Gemeindeverwaltung) können Sie sicherlich wertvolle Informationen erhalten.

Auf Kinder, die für den Gruppenzwang durch Gleichaltrige besonders anfällig sind, treffen meist folgende Eigenschaften zu: geringe Selbstachtung, hohes Bedürfnis nach Bestätigung durch die Gruppe, keine anderen Hobbys und Interessen. Kinder, die das Gefühl haben, daß ihr Leben eine Richtung hat, und die gute Beziehungen zu ihren Eltern und anderen Menschen pflegen, unterliegen einem geringeren Risiko. Ermutigen Sie Ihr Kind, Interessen zu entwickeln, die nichts mit Drogen oder Alkohol zu tun haben. Kaufen Sie Mountain Bikes und planen Sie gemeinsame Ausflüge, oder nehmen Sie gemeinsam an einem Tauchkurs teil. Durch solche Aktivitäten helfen Sie Ihrem Kind, Selbstachtung aufzubauen und die Langeweile zu besiegen.

Zeigen Sie Ihrem Kind Wege auf, wie es nein sagen und dem Gruppenzwang Gleichaltriger begegnen kann. Besprechen Sie unvermeidliche Situationen im vorhinein und überlegen Sie gemeinsam, welche Antworten möglich wären. Auf diese Weise können Sie Ihrem Kind helfen, gefährliche Situationen zu erkennen, zu vermeiden oder unbeschadet zu meistern. Im Zweifelsfall haben sich selbst einfache Ausreden wie: «Mir wird davon schlecht» als wirksam erwiesen.

Das Problem offensiv angehen

Daß Jugendliche Drogen und Alkohol ausprobieren, ist heutzutage keine Ausnahme, sondern eher die Regel. Sie sollten also darauf vorbereitet sein, realistische Grenzen zu setzen. Sobald der Drogenmißbrauch Ihres Kindes über gelegentliche Experimente hinausgeht, sollten Sie sich über Hilfsmöglichkeiten informieren.

Für mich ist jeglicher Konsum von Drogen oder Alkohol bei Minderjährigen inakzeptabel. Wie Sie es in Ihrer Familie halten wollen, liegt natürlich in Ihrem Ermessen. Definieren Sie bewußt, was Sie von Ihren Kindern als angemessenes Verhalten erwarten, und berücksichtigen Sie dabei den jeweiligen Entwicklungsstand Ihres Kindes und seine besonderen Stärken und Schwächen.

Doch auch Sie müssen sich realistische Grenzen setzen. Sie können weder das Verhalten Ihres Kindes kontrollieren noch dafür die volle Verantwortung übernehmen. Ihr eigenes Verhalten zu kontrollieren und zu verantworten, ist als Aufgabe schon schwer genug. Sie können und sollten Ihr Leben nicht damit verbringen, die Handlungen eines Jugendlichen, der sich unbedingt verantwortungslos verhalten will, zu vertuschen, zu entschuldigen oder wiedergutzumachen.

Versuchen Sie, die einfache Tatsache zu akzeptieren, daß es Ihrem Kind mehr schadet als nutzt, wenn Sie es ständig vor den Folgen seiner Entscheidungen schützen. Dies fällt vielen Eltern verständlicherweise schwer, denn sie wollen natürlich alles tun, was in ihrer Macht steht, um einem Kind zu helfen, das in Schwierigkeiten geraten ist. Also laufen sie in die Schule, wenn die Direktorin damit droht, den Sohn vom Unterricht zu suspendieren, weil er beim Rauchen erwischt worden ist. Oder sie eilen zur Polizeiwache und versuchen, die Wogen zu glätten, wenn die Tochter betrunken auf der Straße aufgegriffen wurde. Meist bewirkt diese Art von «Hilfe» jedoch genau das Gegenteil von dem, was die Eltern beabsichtigt hatten: Das Kind wird noch verantwortungsloser und schert sich noch weniger um die Folgen seines Handelns.

Eltern, die ihr Kind ständig vor den Konsequenzen seiner falschen Entscheidungen retten, machen sich zum Komplizen der Drogensucht. Weigern Sie sich, die Rolle des «Ausputzers» zu übernehmen. Wenn

Ihre Tochter aus der Basketball-Mannschaft fliegt, weil sie auf der Fahrt zu einem Auswärtsspiel getrunken hat, widerstehen Sie dem Drang, zum Trainer zu gehen und ihn zu bitten, noch einmal Gnade vor Recht ergehen zu lassen. Und wenn Ihr Sohn Fahrverbot hat, weil er alkoholisiert am Steuer erwischt wurde, lassen Sie sich auch dann nicht erweichen, wenn er Karten zu einem «total wichtigen» Konzert hat und außer ihm niemand fahren kann. Drogen und Alkohol sind für Süchtige wichtige Quellen angenehmer Gefühle. Wenn sie diese Gefühle ungeschoren genießen können, ohne für die Folgen ihres Verhaltens geradestehen zu müssen, werden sie keinen Grund dafür sehen, sich von ihren Gewohnheiten zu trennen. Nur wenn die negativen Auswirkungen des Drogenmißbrauchs schmerzlich spürbar werden, kann aus diesem Leidensdruck die Motivation entstehen, die Sucht zu überwinden.

Letztendlich können Sie nicht kontrollieren, ob Ihr Kind Drogen nimmt. Aber Sie können bewußt entscheiden, was Sie tun wollen, wenn Sie es herausfinden. Sie können von Anfang an klarstellen, mit welchen Sanktionen zu rechnen ist, und Sie können den eigenen Maßgaben konsequent folgen.

Darüber hinaus kann es hilfreich sein, sich in einer Selbsthilfegruppe mit anderen betroffenen Eltern zusammenzuschließen. Informationen darüber, ob in Ihrer Nähe bereits solche Gruppen bestehen, erhalten Sie z. B. bei der Elterninitiative alkoholgeschädigter Kinder e. V., Lessingstr. 34, 47166 Duisburg (Tel: 0203/560975) oder dem Bundesverband der Elternkreise drogenabhängiger und drogengefährdeter Jugendlicher, Köthener Str. 38, 10963 Berlin (Tel: 030/2626089, Büro Hamm: 02381/90150).

Ein gutes Beispiel geben

Falls Sie selbst Drogen oder Alkohol benutzen, um «den Ärger herunterzuspülen», sich «eine schöne Zeit zu machen» oder «alles Traurige eine Weile lang zu vergessen», sollten Sie sich unbedingt ratsuchend an Ihre örtliche Drogenberatungsstelle wenden oder sich einer Selbsthilfegruppe wie den Anonymen Alkoholikern anschließen. Erfragen Sie unter der folgenden Adresse eine Kontaktmöglichkeit in Ihrer Nähe: Anonyme Alkoholiker Deutschland (AA), Postfach 460227, 80910 München (Tel: 089/3164343 und 316950–0). Für Angehörige von Alkoholkranken sind die Al-Anon-Familiengruppen empfehlenswert. Weitere Informationen bei Al-Anon, Emilienstr. 4, 45128 Essen (Tel: 0201/773007).

Sich an den Behandlungsplan halten

Wenn Ihr Kind drogen- oder alkoholabhängig ist, werden Sie aller Wahrscheinlichkeit eine Mitschuld an dieser Abhängigkeit bei sich selbst suchen. Sie werden sich fragen, ob Sie Fehler gemacht, ob Sie Ihrem Kind nicht genug Grenzen gesetzt, oder ob Sie ihm gelegentlich ein schlechtes Beispiel gegeben haben. Über die Vergangenheit nachzugrübeln, löst jedoch nicht die Probleme in der Gegenwart. Versuchen Sie statt dessen, in diesem Moment das Bestmögliche zu tun. Übernehmen Sie die Verantwortung für Ihr Verhalten und stehen Sie der Entwicklung Ihres Kindes nicht dadurch im Weg, daß Sie aus schlechtem Gewissen die Schuld für Dinge übernehmen, die nicht in Ihren Verantwortungsbereich fallen.

Erkundigen Sie sich, wo eine Behandlung möglich ist, und helfen Sie Ihrem Kind dabei, seine Sucht als Krankheit zu verstehen, damit es seine gesamte Energie darauf richten kann, dem inneren Drang zur Drogeneinnahme zu widerstehen.

Viele Drogenprogramme in den USA orientieren sich an dem von den «Anonymen Alkoholikern» entwickelten «12-Schritte-Programm». Drogenabhängige empfinden ihre Sucht als etwas, das stärker ist als sie selbst und sich ihrer Willenskraft entzieht. Das «12-Schritte-Programm» zielt hauptsächlich darauf ab, in dem Patienten die Überzeugung zu wecken, daß ihm auch positive Kräfte zur Verfügung stehen, mit deren Hilfe er seine Sucht überwinden kann. Im offenen Austausch in der Gruppe erfährt der betroffene Jugendliche, daß auch andere Menschen ähnliche Probleme haben, Willenskräfte entwickeln und dagegen ankämpfen bzw. sich erfolgreich von der Sucht haben lösen können.

Jugendliche vom Drogenmißbrauch abzubringen, ist mit Sicherheit nicht einfach. Haben sie sich einmal daran gewöhnt, zu Drogen zu greifen, um sich die Langeweile zu vertreiben, unangenehme Gefühle zu unterdrücken und Ängste zu überwinden, werden sie sich dagegen sträuben, diese Gewohnheit wieder aufzugeben. Hinzu kommt, daß sich das Selbstkonzept der betreffenden Jugendlichen meist erst im Drogenmilieu entwickelt hat, sie also eine völlig neue Identität herausbilden müßten. Anders als Erwachsene, die drogenabhängig werden, haben süchtige Jugendliche keine vorherige Identität, auf die sie zurückgreifen können – außer der Identität eines Kindes, die für Teenager natürlich völlig inakzeptabel ist.

Drogenabhängige Jugendliche brauchen daher oft lange, um ihre Sucht zu überwinden. Ein Problem, das nicht an einem Tag oder in einer Woche entstanden ist, läßt sich auch nicht in so kurzer Zeit wieder lösen. Geduld und Beharrlichkeit sind in solchen Situationen am wichtigsten. Als Joan zu mir kam, hatten ihre Eltern sie bereits aufgegeben. Nachdem die 16jährige Geld gestohlen hatte, um Drogen zu kaufen, hatte das Jugendgericht eine Therapie angeordnet. Joan bevorzugte Beruhigungsmittel und Kokain, nahm zur Not aber auch jede andere Droge, die sie in die Finger bekam. Gleichaltrige Drogenabhängige hatten ihr den Spitznamen «Müllschlucker» gegeben. Joan hatte schon seit Jahren ernsthafte Drogenprobleme. In der Schule war sie völlig abgesackt, und in der Familie hatte es nur noch Konflikte gegeben. Joan hatte große Angst zu versagen; gleichzeitig tat sie mit perverser Logik alles, um sich das Leben gründlich zu vermasseln. Die Scham über das eigene Verhalten konnte sie wiederum nur mit Drogen betäuben.

Doch Joan besaß auch einen unverwüstlichen Rest an Selbstachtung. Entschlossen, sich am eigenen Schopf aus dem Sumpf zu ziehen, begann sie schließlich, gegen ihre Drogensucht anzukämpfen. Einige Jahre lang war sie immer wieder mal in Therapie, lebte zeitweise zu Hause und zeitweise in einer öffentlichen Unterkunft. Obgleich sie immer längere Zeiten *clean* war, erlitt Joan mehrere Rückfälle. Doch das resolute Mädchen gab niemals auf, und auch ich ließ in meiner unterstützenden Haltung niemals locker. Selbst als sie auf dem absoluten Tiefpunkt angekommen war, beharrte Joan auf der Überzeugung, daß sie ihre Haut retten könnte. Viele junge Menschen, die so süchtig sind wie Joan, schaffen es nie, von den Drogen loszukommen. Joan hat sich letztendlich freigekämpft.

Inzwischen ist sie auf dem College und hat seit drei Jahren keine Drogen mehr genommen und auch keinen Alkohol mehr getrunken. Sie engagiert sich sehr für ihr Betriebswirtschaftsstudium, hat seit längerer Zeit einen Halbtagsjob und geht noch regelmäßig zu den Treffen der Anonymen Alkoholiker. Aus dem Urlaub schreibt sie mir gelegentlich eine Karte, um mir mitzuteilen, wie es ihr geht. Auf der letzten schrieb sie: «Ich bin noch immer clean und trocken, Doc. Es ist nicht immer einfach, aber es ist das Beste, was mir je widerfahren ist.»

Teil III: Hilfen für depressive Kinder und Jugendliche

7. Selbstmordprävention

Letztes Jahr ist ganz plötzlich Lauras Großvater gestorben. Ein Krankenwagen hat ihn mitten in der Nacht abgeholt, und seine Enkelin hat ihn nicht mehr lebend wiedergesehen. Laura hatte ihrem Großvater näher gestanden als alle anderen Familienmitglieder. Jeden Nachmittag ist das kleine Mädchen nach der Schule in seine Wohnung gegangen, er hat Klavier gespielt, und sie hat dazu gesungen und getanzt. Lauras geschiedene Mutter kam meist erst recht spät von der Arbeit in ihrem Friseursalon nach Hause und fand dann Laura und ihren Großvater schlafend nebeneinander auf dem Sofa vor, ein Märchenbuch in den Händen.

Nach dem Tod des Großvaters fühlte sich Laura sehr einsam, wurde zunehmend depressiv und dachte immer häufiger daran, ihm in den Tod zu folgen. Laura war 8 Jahre alt, als sie einen Selbstmordversuch unternahm, indem sie von der im 4. Stock eines Mietshauses gelegenen Wohnung ihrer Mutter aus einem offenen Fenster sprang.

Wahrscheinlich können Sie sich nicht vorstellen, daß Ihr Kind jemals einen Selbstmordversuch unternehmen könnte. Wenige Eltern können das. Und doch gibt es allein in den USA Jahr für Jahr eine Viertelmillion Selbstmordversuche von Kindern und Jugendlichen, von denen etwa 5000 tödlich enden.

In der Fachwelt ist man sich außerdem einig, daß mindestens die Hälfte aller Selbstmorde von Kindern und Jugendlichen nicht gemeldet werden. Ja, viele der Unfälle, die bei jungen Menschen als häufigste Todesursache gelten, gehen wahrscheinlich auf eine absichtliche Selbstgefährdung zurück. Und die meisten Selbstmordversuche und viele sogenannte Unfälle hängen mit Depressionen zusammen.

Nur wer die Ernsthaftigkeit des Problems anerkennt, ist in der Lage, bewußt etwas dagegen zu unternehmen. Versuchen Sie herauszufinden, ob Ihr depressives Kind selbstmordgefährdet ist, bereiten Sie sich innerlich auf diese Möglichkeit vor und entwickeln Sie Strategien, mit denen Sie dieser Bedrohung wirksam begegnen können.

Die Bedeutung des Problems

1989 sind in den USA 4870 junge Menschen im Alter zwischen 15 und 24 Jahren sowie 240 Kinder im Alter zwischen 5 und 14 Jahren durch Selbstmord gestorben. Nach Unfällen und Gewalttaten stellen Selbstmorde die dritthäufigste Todesursache bei den 15- bis 24jährigen dar; bei Kindern zwischen 5 und 14 Jahren stehen sie an 6. Stelle. In den letzten drei Jahrzehnten haben sich die Selbstmordraten bei den 10- bis 14jährigen mehr als verdoppelt, bei den 15- bis 19jährigen mehr als verdreifacht.

Bei Jugendlichen ist die Selbstmordrate zwanzigmal höher als bei Kindern, was sicherlich durch den großen Druck zu erklären ist, dem sich viele Teenager ausgesetzt sehen. Erfolg im Sport und in der Schule, Beliebtheit bei Gleichaltrigen und beim anderen Geschlecht – die Ansprüche und Wünsche vieler Jugendlicher sind groß. Hinzu kommen erste sexuelle Erfahrungen, das Anknüpfen und Lösen erster intimer Beziehungen, Verliebtheit und der erste Liebeskummer. Und durch den Gruppendruck können sich Jugendliche gezwungen fühlen, Alkohol zu trinken, Drogen zu nehmen oder bei illegalen Aktivitäten mitzumachen.

All diesen Anforderungen ausgesetzt, erfahren Jugendliche von ihren Eltern gleichzeitig deutlich weniger Unterstützung und Überwachung als jüngere Kinder. Weil sie nach Autonomie streben, kommunizieren Jugendliche auch weniger mit ihren Eltern. So kann es vorkommen, daß manche Eltern von den Belastungen, denen ihr Kind ausgesetzt ist, kaum etwas wissen. Jugendliche sind außerdem mobiler als jüngere Kinder und haben dadurch mehr Gelegenheit für Selbstmordversuche. All diese Faktoren tragen zur steigenden Anzahl von Selbstmordversuchen im Jugendalter bei.

Auch der Zugang zu Waffen spielt in diesem Zusammenhang eine wichtige Rolle. Beim Vergleich einer Gruppe von Jugendlichen, die bereits einen Selbstmordversuch hinter sich hatten, mit einer entsprechenden Kontrollgruppe stellte ein Forschungsteam der Universität

Pittsburgh fest, daß in den Haushalten der selbstmordgefährdeten Jugendlichen zweimal häufiger Waffen zu finden waren. Eine andere Studie ergab, daß mehr als 27 Prozent der Schülerinnen und Schüler an amerikanischen Highschools in den zurückliegenden 12 Monaten mindestens einmal an Selbstmord gedacht hatten und daß vier Prozent der Schülerinnen und Schüler – eine halbe Million Jugendliche! – regelmäßig eine Waffe bei sich trugen.

Wer ist am meisten gefährdet?

Nehmen Sie sich ein paar Minuten Zeit, um die folgenden Fragen zu beantworten:

1. Wie alt ist Ihr Kind?
2. Welches Geschlecht hat Ihr Kind?
3. Hat Ihr Kind vor kurzem durch Tod, Scheidung, Trennung oder Umzug eine/n gute/n Freund/in oder eine/n Verwandte/n verloren?
4. Leidet Ihr Kind unter einer chronischen oder schmerzhaften körperlichen Erkrankung?
5. Ist Ihr Kind sozial isoliert?
6. Fühlt sich Ihr Kind von anderen abgelehnt oder zurückgewiesen?
7. Sind die Schulleistungen Ihres Kindes schwach?
8. Gibt es größere Konflikte in Ihrer Familie?
9. Ist Ihr Kind wütend oder aggressiv?
10. Ist Ihr Kind impulsiv?
11. Ist Ihr Kind unkommunikativ?
12. Ist Ihr Kind perfektionistisch?
13. Hört Ihr Kind Stimmen oder hat es andere psychotische Symptome?
14. Nimmt Ihr Kind Drogen oder trinkt es Alkohol?
15. Hätte Ihr Kind die Möglichkeit, sich selbst zu töten?
16. Hat Ihr Kind Freunde/innen oder Verwandte, die Selbstmord begangen haben?
17. Hat Ihr Kind bereits mit Selbstmord gedroht oder einen Selbstmordversuch unternommen?

Mit Hilfe der folgenden Informationen können Sie Ihre Antworten auf die obigen Fragen interpretieren:

Alter. Ältere Kinder verüben häufiger Selbstmord als jüngere. Eine Theorie besagt, daß die starken hormonellen Veränderungen sowohl bei Jungen als auch bei Mädchen dafür verantwortlich sind, daß es in der Pubertät häufiger zu Depressionen und Selbstmordversuchen kommt. Jugendliche können außerdem einen Selbstmord systematischer planen und ausführen als jüngere Kinder.

Geschlecht. Selbstmordversuche werden dreimal häufiger von Mädchen unternommen als von Jungen, doch sterben dreimal mehr Jungen als Mädchen durch Selbstmord. Das liegt daran, daß Jungen meist «sicherere» Methoden wählen, bei denen eine geringere Rettungschance besteht. Wodurch sich dieses unterschiedliche Verhalten begründet, ist bis heute ungeklärt. Stärkere Schwankungen bei den Geschlechtshormonen und/oder erlernte Hilflosigkeit als Teil der traditionellen weiblichen Rolle könnten dafür verantwortlich sein, daß Mädchen für Depressionen anfälliger sind. Und die männlichen Hormone, die Jungen eher zu aggressivem Verhalten neigen lassen, könnten auch hinter der Wahl aggressiverer und daher wirksamerer Selbstmordmethoden stehen.

Verlust. Wie viele selbstmordgefährdete Jugendliche versuchte Ken, sich selbst zu töten, nachdem seine Freundin mit ihm Schluß gemacht hatte. Hinter einem Selbstmordimpuls können aber auch scheinbar weniger wichtige Verluste stehen, und es kann sich um reale, aber auch um imaginäre oder nur angedrohte Verluste handeln. Auch wenn ein Mensch körperliche Gesundheit, Kompetenz, Energie oder ein wichtiges Lebensziel verliert, muß von einem erhöhten Depressions- und Selbstmordrisiko ausgegangen werden.

Selbstmordversuchen von Kindern und Jugendlichen geht häufig der Verlust eines Elternteils voraus. Michael Rutter, der über Jahre hinweg Kinder untersuchte, deren Mütter gestorben waren, stellte fest, daß ein solch einschneidender Verlust auch noch Jahre später zu Depressionen oder Selbstmordgedanken führen kann. Manchmal setzen die depressiven Reaktionen aber auch ohne zeitliche Verzögerung ein. Schon bei sechs Monate alten Babys, die in Waisenhäusern untergebracht worden waren, wurden sogenannte anaklitische Depressionen beobachtet. Die Babys weinten, hatten sich von der Außenwelt völlig zurückgezogen, wirkten teilnahmslos und apathisch, nahmen kaum an Gewicht zu und litten unter Schlafstörungen. Unbehandelte anaklitische Depressionen können tödlich verlaufen.

Obgleich frühe einschneidende Verluste keine unmittelbaren Auswirkungen zu haben brauchen, können sie sowohl das Selbstkonzept als auch die Weltsicht der betreffenden Personen für immer verändern. Frühe Verluste können zu Verhaltensänderungen führen, die im späteren Leben die Neigung zur Depression verstärken, und auch kaum wahrnehmbare neuroendokrine Veränderungen können zu späteren Depressionen beitragen.

Frühe Verluste können Kinder außerdem für zukünftige Verlusterfahrungen sensibler machen, indem sie die Entwicklung wirksamer Bewältigungsmechanismen beeinträchtigen. Auch die Auswahl späterer Partnerinnen und Partner kann dadurch negativ beeinflußt werden, so daß die betreffenden Personen sich unwissentlich weitere deprimierende Erfahrungen einhandeln. Doch der einschneidende Verlust muß nicht immer mit dem Tod eines Elternteils zusammenhängen. Die Abwesenheit eines Elternteils wegen Trennung oder Scheidung kann für ein Kind unter Umständen sogar noch traumatischer sein. In solchen Situationen haben viele Kinder Schuldgefühle, weil sie meinen, ihr Verhalten habe dazu geführt, daß sie verlassen wurden.

Körperliche Erkrankung. Dee hatte ihren Diabetes seit Jahren recht gut unter Kontrolle. Mit dem Eintritt in die Highschool begann sie jedoch, sich nicht mehr ausreichend Insulin zu spritzen und sich in der Schulkantine wahllos mit Essen vollzustopfen. Das 14jährige Mädchen mußte schließlich ins Krankenhaus eingeliefert werden, weil es sich mit seinem Verhalten in Lebensgefahr gebracht hatte.

Chronische Krankheiten oder Behinderungen, schwere Operationen oder die Beeinträchtigung einer wichtigen Körperfunktion können ein Kind entmutigen und ängstigen und ihm das Gefühl geben, unzulänglich zu sein. Chronisch kranke Jugendliche unterliegen aber auch deshalb einem besonderen Risiko, weil ihr altersgemäßer Unabhängigkeitsdrang mit den medizinischen Erfordernissen in Widerstreit geraten kann.

Soziale Isolation. Die 16jährige Carol sagte: «In meiner Familie fühle ich mich wie das fünfte Rad am Wagen. Alle außer mir scheinen dort einen festen Platz zu haben, und meine jüngeren Brüder bekommen die ganze Liebe ab.» Ein solches Gefühl der Isolation kann Kinder und Jugendliche für Depressionen und Selbstmordgedanken anfällig machen.

Selbstmordgefährdete Kinder und Jugendliche berichten häufig davon, sich von den anderen Mitgliedern ihrer Familie abgeschnitten zu fühlen. Sie sagen, ihre Eltern hätten «keine Zeit, ihnen zuzuhören», und glauben, daß sich in der Familie niemand etwas aus ihnen mache. Sie sprechen davon, «lieber alles für mich zu behalten» oder «meine Probleme mit mir abzumachen». Wenn sie dann schließlich doch einmal versuchen, ihre Sorgen herauszulassen, verspüren sie meist eine riesengroße Erleichterung darüber, sich einem mitfühlenden Gegenüber öffnen zu können. Wenn ich die Eltern dieser selbstmordgefährdeten Jugendliche kennenlerne, fällt mir häufig auf, daß viele sich ebenso isoliert fühlen wie ihre Kinder, z. B. weil sie erst vor kurzem in eine neue Gegend gezogen oder mit beruflichen oder anderen Problemen zu beschäftigt sind, um sich einen lebendigen Freundeskreis aufzubauen.

Zurückweisung. David schnitt sich die Pulsadern auf, nachdem seine Mutter ihn aus dem Haus geworfen und alle Schlösser ausgewechselt hatte. Vielen Selbstmordversuchen geht die Erfahrung einer solchen Zurückweisung voraus. In manchen Fällen ist die Zurückweisung durchaus real. Die selbstmordgefährdeten Jugendlichen berichten dann, ihre Eltern hätten z. B. gesagt: «Ohne dich wären wir besser dran.» «Du bist doch sowieso zu nichts nütze.» «Du wirst hier nicht gebraucht und bist auch nicht erwünscht.» Oder gar: «Dann geh doch und bring dich um, wir werden dich nicht vermissen.»

Da depressive Kinder auf Zurückweisungen besonders empfindlich reagieren, kann selbst ein kleiner Affront zu impulsiven Handlungen führen. Selbst eine Situation, in der die Eltern mit ihrer Arbeit oder ihren eigenen Eheproblemen beschäftigt sind, kann dann als offene Zurückweisung empfunden werden.

Schulversagen. Lernschwierigkeiten und andere Probleme in der Schule können die Selbstachtung eines Kindes untergraben. Der 9jährige Don erklärte nach seinem Selbstmordversuch, er sei von den Kindern in seiner Schule ständig kritisiert und gehänselt worden.

Manche hochintelligenten, ehrgeizigen und zum Perfektionismus neigenden Kinder können kleine Fehlschläge und Unzulänglichkeiten nur schwer ertragen. Ihr Selbsthaß nach scheinbar unbedeutenden schulischen Enttäuschungen kann tödlich sein. Fehler, die Eltern oder Lehrerinnen und Lehrern trivial erscheinen mögen, sind in den Augen eines solchen Kindes unverzeihlich. So tötete sich z. B. Julie im vorletzten Highschool-Jahr, nachdem ihre Englischlehrerin herausgefunden hatte, daß Teile ihres letzten Referats abgeschrieben waren.

Familiäre Konflikte. Selbstmordversuche von Kindern treten vor allem nach heftigen Familienstreitigkeiten auf. In den Familien selbstmordgefährdeter Kinder gibt es meist eine Vielzahl von Konflikten. Alkoholismus und Drogenmißbrauch in der Familie können die negative Atmosphäre noch verstärken.

Wut und Aggression. Obgleich die Neigung zu Aggressivität und Gewalt das Selbstmordrisiko erhöht, ist das selbstmordgefährdete Kind selten das einzige wütende und aggressive Familienmitglied. Entsprechende Forschungsarbeiten haben ergeben, daß sich das gefährdete Kind in vielen Fällen zumindest unterschwellig aggressiven Angriffen ausgesetzt sieht. Die Wut der Eltern auf ihr Kind kann sich auf höchst unterschiedliche Weise zeigen. Eltern können ihr Kind ignorieren, es vernachlässigen oder es möglicherweise sogar gefährlichen Situationen aussetzen. Sie können den Umgang mit Personen erlauben, die einen negativen Einfluß ausüben. Oder sie können zulassen, daß das Kind in der Schule so stark absackt, daß die Situation kaum noch zu retten ist.

Die Aggression der Eltern kann sich aber auch in kränkenden Beleidigungen oder dauernden Hinweisen auf die Unzulänglichkeiten des Kindes ausdrücken. So sagte Ellens Mutter z. B. ständig zu ihrer Tochter: «Außer deinem Aussehen hast du doch nichts vorzuweisen. Ohne dein hübsches Gesicht bist du nichts.» In anderen Familien kommt es sogar zu körperlichen Übergriffen; Kinder werden von ihren Eltern geschlagen, mißhandelt oder sexuell mißbraucht.

Susan wurde an ihrem 15. Geburtstag ins Krankenhaus gebracht. In der Nacht davor hatte sie alle Medikamente geschluckt, die sie im Arzneischrank ihrer Eltern finden konnte. Vor genau einem Jahr hatte Susans Stiefvater begonnen, sie sexuell zu mißbrauchen, während ihre Mutter bei der Arbeit war. Nachdem sie in der Schule einen Vortrag über sexuellen Mißbrauch gehört hatte, nahm Susan ihren ganzen Mut zusammen und vertraute sich ihrer Mutter an. Sie war schockiert, als ihre Mutter sich weigerte, ihr zu glauben, sie eine Lügnerin nannte und ihr vorwarf, sie wolle bloß einen Keil zwischen sie und ihren neuen Ehemann treiben. Als der Streit eskalierte, sagte Susans Mutter, sie alle wären besser dran, wenn Susan nie geboren wäre. Susan sagte daraufhin, sie wolle sich ohnehin am liebsten das Leben nehmen. Ihre Mutter erwiderte, damit würde sie allen eine Menge Ärger ersparen.

Susan blieb über einen Monat in stationärer jugendpsychiatrischer Behandlung. Als sie das Krankenhaus schließlich verließ, besuchte sie auch weiterhin ihre alte Schule, weil sie dort die Lehrerinnen und Lehrer mochte und viele gute Freundinnen hatte. Doch sie entschloß sich klugerweise, nicht wieder zu ihrer Mutter zurückzuziehen und statt dessen bei ihrer Tante und ihrer Kusine zu wohnen.

Impulsivität. Bei Kindern und Jugendlichen, die dazu neigen, rasch zu handeln, ohne mögliche Konsequenzen vorher abzuwägen, können Selbsthaß und depressive Gefühle leicht zu gefährlichen «Kurzschlußreaktionen» führen. Kinder und Jugendliche, die nicht gelernt haben, ihre Gefühle zu erkennen und realistisch einzuschätzen, können so in einen unumkehrbaren Prozeß hineingeraten. Je jünger und unreifer sie sind, desto größer ist die Tendenz, aus Frustration, Enttäuschung und Wut spontan zu handeln.

Sie kommunizieren dann nicht mit Worten, sondern mit Taten, in denen sich die Botschaft ausdrückt: «Ich bin einsam und verängstigt und weiß nicht, was ich tun soll. Ich bin wütend auf dich und auf mich selbst, und ich will, daß sich die Dinge ändern, sonst möchte ich lieber gar nicht mehr leben.»

Impulsivität spielt bei den Selbstmordversuchen von Kindern und Jugendlichen eine große Rolle. Ihre Selbstmordversuche können eine spontane Reaktion auf ein vorübergehendes Problem sein, das sich mit etwas Zeit und Geduld relativ einfach lösen ließe. Vorübergehende Veränderungen in Freundschaften, Enttäuschungen in der Schule oder im Sport, akute Konflikte mit Verwandten oder Freundinnen und Freunden – bei impulsiven jungen Menschen können die verschiedensten Irritationen zum Anstoß für einen Selbstmordversuch werden.

Kommunikationsprobleme. Der Kommunikationsstil mancher Familien verbietet den direkten Austausch von Gedanken und Gefühlen. Gelten Zurückhaltung und Verschlossenheit in der Familie als ungeschriebenes Gesetz, kann es sein, daß Eltern die Mitteilungen ihrer Kinder einfach ignorieren, ja sogar Selbstmorddrohungen und selbstzerstörerisches Verhalten gar nicht wahrnehmen.

Gibt es sexuellen Mißbrauch oder Alkoholismus in der Familie, ist die Neigung, Probleme einfach «totzuschweigen», oft besonders groß. Selbstmordversuche finden einsam und im Verborgenen statt. Damit wird das in der Familie übliche Prinzip des Verschweigens auf die Spitze getrieben, die Gedanken und Gefühle des Opfers werden niemals richtig bekannt.

Kim beschrieb ihre Eltern folgendermaßen: «Mein Vater spricht so gut wie nie, und ich habe nicht die geringste Ahnung, was in seinem Kopf vorgeht. So oft er kann, verzieht er sich in seine Garage und bastelt an seinem Wagen herum. Meine Mutter plappert die ganze Zeit, aber ohne irgend etwas zu sagen. Die beiden sprechen überhaupt nicht miteinander, außer durch mich. Eines Tages hatte ich davon die Nase voll und habe auch den Mund gehalten.»

Kim zog in ihrem Zimmer die Telefonleitung aus der Wand, führte keine langen Gespräche mehr mit ihren Freundinnen und verbrachte die meiste Zeit allein in ihrem Zimmer. Sie hörte auf zu essen, trank nur noch Diätgetränke, und ihr Gewicht sank schließlich unter 40 Kilo. Doch ihre Eltern weigerten sich weiterhin hartnäckig, einzugestehen, daß Kim irgendwelche Probleme hatte, und erschienen nicht zu den vereinbarten Beratungsterminen. Schließlich nahm Kim eine starke Überdosis von den Schlaftabletten, die auf dem Nachttisch ihrer Mutter lagen.

In jeder Familie gibt es unausgesprochene, oft sogar unbewußte Regeln der Kommunikation, die bestimmen, wer was wann und unter welchem Umständen zu wem sagen darf. Solche unausgesprochenen Regeln können z. B. lauten:

«Gestehe niemals unangenehme Gefühle ein.»

«Sage stets, daß es dir gut geht.»

«Gib niemals zu, daß du verwirrt, ängstlich oder niedergeschlagen bist.»

«Über Erfolge darfst du nur mit Vater, über Mißerfolge nur mit Mutter sprechen.»

«Jegliche Kommunikation mit Vater läuft nur über Mutter.»

«Mädchen dürfen mit Mutter über ihre Gefühle sprechen, Jungen sprechen mit niemandem über ihre Gefühle.»

«Mutter darfst du nicht kritisieren, weil sie sonst gleich in Tränen ausbricht.»

«Vater steht völlig außerhalb und hört nur zu oder mischt sich ein, wenn eines der Kinder Mutter angreift oder kritisiert.»

Perfektionismus. Jane war 17 Jahre alt, groß, schlank, musikalisch begabt und hochintelligent. In ihrer Familie zählten Leistung und Erfolg. Bisher hatte sie ihre eigenen hohen Ansprüche immer erfüllt. Dann erlebte sie innerhalb eines Monats mehrere Enttäuschungen hintereinander, die jedes andere Mädchen in ihrem Alter als normale Fehlschläge wahrgenommen hätte: Ihr Schulorchester kam beim Musikwettbewerb nicht in die Endausscheidung des Bundesstaates, sie wurde bei der Vergabe der Hauptrolle im Schultheaterstück übergangen, und sie bekam in einem Hauptfach eine 3. Diese Erfahrungen reichten aus, um bei Jane Depressionen und Selbstmordgedanken auszulösen.

Psychosen. Typische psychotische Symptome sind die Wahrnehmung von Stimmen oder Visionen (Halluzinationen) sowie der Glaube an irrationale Ideen (Wahnvorstellungen). Je stärker die psychotischen Symptome, desto größer die Selbstmordgefahr.

Drogen und Alkohol. Durch den Mißbrauch von Drogen oder Alkohol erhöht sich bei jungen Menschen die Selbstmordgefahr. Das Urteilsvermögen wird beeinträchtigt, hebt Hemmungen auf und fördert aggressive und selbstzerstörerische Handlungsweisen. Mary Giffin und

Carol Felsenthal konnten durch eine Untersuchung nachweisen, daß mehr als die Hälfte aller Jugendlichen, die Selbstmord begehen, dabei betrunken oder *high* sind, und mehr als 85 Prozent aller Jugendlichen, die Selbstmordversuche unternehmen, unter dem Einfluß von Drogen oder Alkohol stehen.

Gelegenheit. Der Zugang zu Waffen oder anderen Mitteln, die der Selbsttötung dienen können, erhöht das Selbstmordrisiko. Denken Sie daran, daß es sich bei Selbstmordversuchen im Kindes- und Jugendalter häufig um impulsive Reaktionen auf Gefühle der Einsamkeit, Verzweiflung und Hilflosigkeit handelt. Eltern depressiver Kinder sollten daher keine Waffen im Haus aufbewahren und alle Medikamente sicher verwahren.

Selbstmord im Freundeskreis oder in der Verwandtschaft. Bei fast der Hälfte aller Jugendlichen, die Selbstmordversuche unternehmen, haben wichtige Bezugspersonen wie Verwandte oder Freundinnen und Freunde ebenfalls Selbstmord versucht oder begangen. Ein Viertel dieser Bezugspersonen waren Eltern. Die Erfahrung eines Selbstmords in der Familie kann Kindern die Vorstellung vermitteln, daß dies eine legitime Möglichkeit sei, Lebensprobleme zu lösen.

Der 16jährige Martin schnitt sich die Handgelenke auf. Wenig später fanden seine Eltern in Martins Kleiderschrank eine zur Schlinge geknotete Wäscheleine. Dennoch leugneten sie die Ernsthaftigkeit der Selbstmordabsichten ihres Sohnes und nahmen ihn gegen den ärztlichen Rat aus dem Krankenhaus mit nach Hause. In einer therapeutischen Sitzung mit der erweiterten Familie stellte sich heraus, daß vier der anwesenden acht Familienmitglieder bereits Selbstmordversuche hinter sich hatten: Martins Mutter, sein Onkel, seine Großmutter und sein Großvater – sie alle hatten schon versucht, sich umzubringen, und manche von ihnen mehr als einmal.

Selbstmorddrohungen und vorausgegangene Selbstmordversuche. Entgegen einer weitverbreiteten Legende sind diejenigen, die über ihre Selbstmordabsichten sprechen, nicht weniger selbstmordgefährdet. Im Gegenteil, die meisten Jugendlichen, die sich selbst das Leben nehmen, haben vorher deutliche Warnsignale gegeben. Und den meisten Selbstmorden ist mindestens ein Selbstmordversuch vorausgegangen. Eine Selbstmorddrohung sollten Sie daher niemals ignorieren, leugnen oder verharmlosen, sondern zum Anlaß für sofortiges Handeln nehmen.

Unerklärliche Selbstmorde

Allerdings kündigt sich nicht jeder Selbstmordversuch durch Warnsignale wie Gesten, Drohungen oder schriftliche Hinweise an. Gelegentlich kommt es vor, daß sich Kinder und Jugendliche das Leben nehmen, ohne jemals den geringsten Hinweis auf Depressionen gegeben zu haben. Der 12jährige Michael z. B. war ein beliebter, erfolgreicher und scheinbar glücklicher Junge. Bis zu dem Tag, an dem er sich mit dem Gewehr seines Vaters erschoß, hatte niemand Anlaß für die Vermutung gehabt, daß Michael depressiv sein könnte.

Es scheint also einige selbstmordgefährdete Kinder zu geben, die nicht sichtbar an Depressionen leiden, jedoch bei Streß, Mangel an persönlicher Unterstützung und angemessenen Bewältigungsstrategien in Situationen, in denen sich ihnen dazu die Gelegenheit bietet, mit Selbstmord reagieren.

Warum Kinder und Jugendliche Selbstmord begehen

Kinder und Jugendliche beschließen, sich das Leben zu nehmen, weil sie sich hoffnungslos und machtlos fühlen – hoffnungslos, was ihre Zukunft betrifft, und machtlos, weil sie sich nicht in der Lage sehen, sich oder ihre Umwelt zu verändern. Ihre Selbstmordversuche stehen meist im Zusammenhang mit einer Krise, z. B. mit dem Verlust einer wichtigen Bezugsperson oder mit einer Enttäuschung im schulischen, sportlichen oder zwischenmenschlichen Bereich. Sie glauben, daß es in ihrer Situation nur zwei Möglichkeiten gibt: ein leidvolles Leben oder den Tod.

Ein solches Schwarz-Weiß-Denken ist für alle depressiven Menschen charakteristisch, und darüber hinaus bei Kindern, die noch nicht gelernt haben, nuancierte Graustufen und ein Kontinuum möglicher Lösungen wahrzunehmen, ganz besonders ausgeprägt.

In meiner langjährigen Praxis habe ich Kinder und Jugendliche immer wieder direkt nach den Gründen für ihre Selbstmordversuche befragt. Viele erklärten mir, es habe sich dabei in Wirklichkeit um einen Hilferuf gehandelt. Linda sagte: «Ich wollte, daß meine Eltern merken, daß ich echte Probleme habe, und daß sie endlich darüber nachdenken. Ich wollte, daß sie mir helfen, aber ich konnte sie nicht darum bitten. Ich hatte Angst, daß sie mir nicht zuhören würden. Und ich dachte, sie würden es nicht ernst nehmen.»

Für Opfer körperlichen oder sexuellen Mißbrauchs stellt der Selbstmordversuch häufig die allerletzte Möglichkeit dar, dem Schmerz, der

Angst und dem Leid zu entgehen. Andere suchen einen Ausweg aus einem konfliktreichen Familienleben. Jon, dessen Eltern sich ständig stritten, sagte: «Ich wollte nicht mehr dauernd Angst haben müssen. Ich wollte einfach irgendwo sein, wo Ruhe herrscht.»

Manchmal spielt auch der Wunsch nach Rache oder Bestrafung eine Rolle – die Betreffenden wollen ihre Eltern oder andere Personen leiden lassen. Sandy erklärte: «Ich war wütend auf alle – meine Eltern, meine besten Freundin, die ganze Welt. Ich wollte es ihnen heimzahlen, wollte ihnen genauso weh tun, wie sie mir weh getan hatten.»

Der Selbstmord kann aber auch ein Opfer sein – ein verzweifelter Versuch, die Schuld oder die Probleme einer ganzen Familie auf sich zu nehmen. Josh war neun Jahre alt, als er in die Notaufnahme kam, weil er eine Überdosis Asthmamittel genommen hatte. Als wir Josh fragten, worüber er sich Sorgen mache, sagte er, er habe große Angst um seine an Bluthochdruck und Asthma leidende Mutter. Nacht für Nacht hatte Josh wachgelegen und gehört, wie seine Mutter keuchte und nach Luft rang. Er hatte Angst, sie könnte sterben, besaß aber nicht den Mut, ihr zu sagen, wie besorgt er um ihre Gesundheit war. Durch die Behandlung des Jungen wurden die Ärzte bei der Notaufnahme auf die Atemprobleme der Mutter aufmerksam und behandelten sie ebenfalls. Der kleine Junge hatte also eine höchst gefährliche Möglichkeit gefunden, seiner Mutter Hilfe und Erleichterung zu verschaffen.

Wie bei der 8jährigen Laura entstammen manche Selbstmordversuche dem Wunsch, einem geliebten Menschen ins Jenseits zu folgen oder einen schmerzlichen Verlust durch den Tod zu überwinden. In diesen Fällen scheint der Tod die Befreiung von unerträglichem Leid zu versprechen.

Auf dem Höhepunkt einer finanziellen Krise, von der er glaubte, daß er sie nicht meistern könne, erhängte sich Joes Vater im Keller. Der Junge, der seinen Vater innig liebte, konnte den Anblick des an einem Wasserrohr im Keller hängenden Vaters nicht vergessen. Er dachte häufig daran, sich mit seinem Vater im Tod zu vereinen, und träumte sogar davon, wieder mit ihm zusammenzusein. Zwei Jahre später, am Todestag seines Vaters, erhängte sich der 15jährige ebenfalls.

Viele Kinder und Jugendliche haben mir gesagt, sie hätten sich selbst Leid zugefügt, um von ihren Mitmenschen Aufmerksamkeit und Mitleid zu bekommen oder sie zur Reue zu bewegen. Nancy litt darunter, daß ihre Eltern ihr nicht genug Aufmerksamkeit schenkten. Sie sagte: «Ich wollte, daß meine Eltern merken, daß ich noch lebe.» Tim war völlig niedergeschmettert, als seine Freundin sich von ihm trennte. Er sagte: «Ich wollte, daß ihr leid tut, was sie getan hat.»

Scott schnitt sich mit dem Messer in den Arm, um die Liebe seiner Mutter auf die Probe zu stellen. «Ich wollte sehen, wie sie reagiert. Ich wollte, daß sie mich mit dem Messer sieht und mich bittet: ‹Nein, Scott, tu's nicht. Ich hab dich lieb, und ich will nicht, daß du stirbst.›» Leider reagierte seine Mutter nicht so, wie er es sich wünschte. Als sie ihn mit dem Messer sah, wandte sie sich angewidert ab. Daraufhin unternahm Scott einen Selbstmordversuch.

Selbstmord kann der letzte verzweifelte Versuch sein, die Kontrolle über äußere Ereignisse wiederzugewinnen. Leslie sagte: «Ich wollte nicht, daß mein Freund mit mir Schluß macht. Ich dachte, wenn er weiß, daß ich nur knapp dem Tod entronnen bin, kann er mich nicht verlassen. Ich dachte, er kommt wieder zu mir zurück, wenn er hört, daß ich nach einem Selbstmordversuch im Krankenhaus liege.»

Nachahmungen und Selbstmordwellen

Immer wieder kommt es bei Selbstmorden unter Jugendlichen zu regelrechten Kettenreaktionen. In einer amerikanischen Kleinstadt wurde eine solche Reaktion vor kurzem von einem beliebten Siebtkläßler ausgelöst, der sich im örtlichen Park erhängte. Zehn Tage später erhängte sich ein anderer Jugendlicher in einem nahen Waldgrundstück. Vier weitere junge Menschen starben innerhalb der nächsten Wochen durch Erhängen, Erschießen oder Ersticken mit Kohlenmonoxyd.

Solche Reihenselbstmorde von Jugendlichen, die einander nicht näher kannten, haben der Fachwelt von jeher Rätsel aufgegeben. Wahrscheinlich wird durch das Beispiel und die Idealisierung vorangegangener Selbstmorde eine bei den dafür anfälligen Personen ohnehin vorhandene Selbstmordneigung aktiviert. Ähnliches gilt wohl auch für die Nachahmung von in Filmen oder Büchern dargestellten Selbstmordmethoden. Angesichts der regelrechten Selbstmordwellen, die Bücher wie «Die Leiden des jungen Werther» von Johann Wolfgang von Goethe ausgelöst haben, spricht man auch vom «Werther-Effekt».

Selbstmorde lassen sich nicht immer voraussagen, doch sollten Sie jedes der zwölf folgenden Warnsignale unbedingt ernst nehmen (siehe S. 138).

Die zwölf Warnzeichen für Suizidgefahr

1. Veränderungen in der Persönlichkeit, z. B. ein bis dahin geselliges Kind zieht sich zurück, ein bisher schüchternes Kind geht plötzlich stark aus sich heraus.
2. Vernachlässigung des eigenen Aussehens, z. B. ein Jugendlicher, der es bisher mit seinem Aussehen sehr genau genommen hat, vernachlässigt plötzlich sein Äußeres, z. B. Frisur, Hygiene, Kleidung.
3. Rückzug und zunehmende soziale Isolation.
4. Verteilen von persönlichen Wertsachen, regeln persönlicher Angelegenheiten.
5. Starke gedankliche Beschäftigung mit dem Tod, z. B. in Rockmusik, Zeichnungen, Gedichten und Aufsätzen.
6. Offene oder verhüllte Selbstmorddrohungen «Ich werde nicht mehr lange hier sein.» «Ohne mich wärt ihr besser dran.» «Ich wünschte, ich wäre tot.» «Ich möchte nicht mehr leben.»
7. Vorangegangene Selbstmordversuche.
8. Beschäftigung mit Selbstmordmethoden oder Anschaffung geeigneter Mittel, z. B. Schnüre, Waffen, Schläuche, Tabletten.
9. Mißbrauch von Drogen oder Alkohol.
10. Schulversagen.
11. Plötzliche gehobene Stimmung bei einem bis dahin depressiven Kind. Dies kann darauf hinweisen, das das Kind eine «Lösung» gefunden hat – Selbstmord.)
12. Häufigere Unfälle oder körperliche Beschwerden ohne medizinische Erklärung.

Was Sie tun können

Wenn bei Ihrem Kind mindestens eines dieser Warnzeichen vorliegt oder Sie sich aus einem anderen Grund Sorgen machen, nehmen Sie sich genügend Zeit, um sich an einem ruhigen Ort mit Ihrem Kind zusammenzusetzen, und sprechen Sie Ihre Besorgnis an. Zögern Sie nicht, die Initiative zu ergreifen, und versuchen Sie nicht, aus Angst vor dem, was Sie hören könnten, das Gespräch hinauszuschieben.

Sie sollten wissen, daß *ein bloßes Gespräch über Selbstmord niemanden «auf falsche Gedanken bringen» und bei einem Kind, das nicht gefährdet ist, auch keine Selbstmordneigung auslösen kann.* Das Thema zu vermeiden, kann sich als viel gefährlicher erweisen.

Hier einige Fragen, die Sie Ihrem Kind stellen könnten:
– Hat dich in letzter Zeit etwas sehr belastet?
– Warst du deprimiert deswegen? Und wie lange?
– Hast du dich wütend oder gereizt gefühlt?
– Hast du jemanden, mit dem du über deine Sorgen sprechen kannst?
– Hast du das Gefühl, mit mir darüber sprechen zu können?
– Fühlst du dich manchmal so schlecht, daß du dir vorstellst, lieber tot zu sein?
– Denkst du je daran, dir das Leben zu nehmen?
– Hast du darüber nachgedacht, wie du dir das Leben nehmen würdest?
– Hast du schon einmal versucht, dich zu verletzen oder zu töten?
– Hast du jemanden gekannt, der sich selbst getötet hat?
– Wie stellst du dir den Tod vor?
– Wie stellst du dir unsere Familie ohne dich vor?
– Was meinst du, wie es mir ginge, wenn du dir das Leben nehmen würdest?
– Gibt es etwas in der Zukunft, auf das du dich freust?
– Willst du wirklich sterben?

Ein Kind, das Selbstmordabsichten äußert, ist kein hoffnungsloser Fall. Selbstmord ist *nicht* unvermeidbar. Entsprechende Pläne sind bloß Ausdruck eines Unvermögens, sich in der problematischen Situation eine bessere Lösung vorstellen zu können. Selbstverständlich können Sie Ihrem Kind dabei helfen, eine bessere Lösung zu finden. Mit Ihrem Engagement können Sie Ihr Kind unterstützen, so daß es einen Weg aus seiner vorübergehenden Zwangslage findet.

Fehlschläge und Enttäuschungen in der Schule, mit Freundinnen und Freunden oder bei außerschulischen Aktivitäten sind für Kinder und Jugendliche äußerst wichtig. Zeigen Sie Ihrem Kind, daß Sie seine Sorgen ernst nehmen. Lassen Sie sich seine Sicht der Dinge mit seinen eigenen Worten erklären und hören Sie geduldig und aufmerksam zu. Fordern Sie Ihr Kind auf, Ihnen zu erzählen, wovor es sich fürchtet, worüber es sich Sorgen macht, was ihm gefällt und was ihm gegen den Strich geht – auch wenn dies Dinge sein sollten, die Ihnen lieb und teuer sind.

Ermutigen Sie Ihr Kind, auch über Gedanken oder Gefühle zu sprechen, die Ihnen oder Ihrem Kind angsterregend, peinlich oder irrational erscheinen. Erlauben Sie ihm, seine Gedanken und Gefühle frei zu äußern, ohne diese gleich zu bewerten oder zu kommentieren.

Sagen Sie Ihrem Kind, wie Sie für es empfinden, wie sehr Sie es lieben und wie sehr Sie es vermissen würden, wenn es nicht mehr da wäre.

Sagen Sie ihm, wovor *Sie* sich fürchten und worüber *Sie* sich Sorgen machen. Erzählen Sie ihm, wie Ihnen in seinem Alter zumute war, und wie es Ihnen erging, wenn Sie sich frustriert, wütend, ängstlich oder deprimiert fühlten.

Glauben Sie Ihrem Kind, wenn es Ihnen sagt, es wäre manchmal lieber tot oder habe das Gefühl, die anderen wären ohne es besser dran. Es ist ihm ernst damit, und seine Verzweiflung rührt daher, daß es keine bessere Möglichkeit kennt, das bestehende Problem zu lösen, als mit Selbstmord zu drohen oder ihn gar zu versuchen. Hören Sie aufmerksam zu, ohne zu widersprechen oder Ihrem Kind seine Gefühle mit Aussagen wie: «So schlimm ist das doch alles gar nicht» ausreden zu wollen. Für ein selbstmordgefährdetes Kind ist die Situation schlimm. Akzeptieren Sie seine Gefühle und sagen Sie ihm, daß Sie sich sehr gut vorstellen können, wie schrecklich ihm zumute sein muß, wenn es tatsächlich daran denkt, sich selbst das Leben zu nehmen. Versichern Sie ihm, daß Sie jederzeit für es da sein werden, sein Problem ernst nehmen und versuchen werden, ihm zu helfen, so gut Sie irgend können.

Machen Sie eindringlich deutlich, daß die allermeisten Probleme im Leben zeitlich begrenzt sind, der Tod jedoch unwiderruflich ist. Versuchen Sie, Ihrem Kind die Erfahrung und Perspektive eines Erwachsenen zu vermitteln, daß jedes momentan noch so überwältigende Problem sich früher oder später doch noch lösen läßt.

Die Hoffnungslosigkeit Ihres Kindes führt dazu, daß es keine andere Möglichkeit sieht als den Tod. Erklären und zeigen Sie Ihrem Kind, wie es über Probleme nachdenken, eine andere Perspektive einnehmen und verschiedene Lösungsansätze durchspielen kann. Schließlich gibt es niemals nur eine Möglichkeit oder nur eine richtige Lösung. Denken Sie gemeinsam über Alternativen nach, besprechen und verfeinern Sie sie und wägen Sie sie gegeneinander ab. Ringen Sie gemeinsam mit Ihrem Kind um eine Lösung, erklären Sie ihm, warum Sie fest daran glauben, daß die Situation auch wieder besser wird und Ihr Kind selbst in dieser unvollkommenen Welt ein glückliches und zufriedenes Leben führen kann. Auf diese Weise geben Sie Ihrem Kind ein Modell für ein angemessenes Problemlöseverhalten und persönliche Kompetenz. Sie vermitteln die Überzeugung, daß sich Probleme lösen lassen und man vor ihnen nicht kapitulieren muß.

Finden Sie heraus, wie sich die Depression Ihres Kindes entwickelt hat, und versuchen Sie zu verstehen, wie es zum jetzigen Stadium der Verzweiflung gekommen ist. Erkennen und akzeptieren Sie die Gefühle Ihres Kindes, aber auch Ihre eigenen Empfindungen. Natürlich können Sie negative Gefühle nicht einfach abstellen, aber es wird Ihnen mit Sicherheit besser gehen, wenn Sie eine Möglichkeit finden, wie Sie das Problem angehen und dabei sowohl sich selbst als auch die Situation verändern können.

Wenn ein Kind so verzweifelt ist, daß es Selbstmordabsichten äußert, braucht es Hilfe, um sein Leben zu schützen. In dieser Situation müssen Sie vorübergehend die gesamte Verantwortung übernehmen. Bleiben Sie in seiner Nähe und sorgen Sie dafür, daß jemand bei ihm ist, wenn Sie selbst nicht da sein können. Lassen Sie ein selbstmordgefährdetes Kind nicht allein und unbeaufsichtigt. Schaffen Sie alle Waffen, Messer, Rasierklingen, starken Schnüre, Medikamente und giftigen Substanzen aus dem Haus, bis Sie sicher sind, daß die Gefahr vorüber ist.

Vor allen Dingen aber versuchen Sie nicht, diese Last ganz allein zu tragen – damit würden Sie genau den gleichen Fehler machen wie Ihr selbstmordgefährdetes Kind. Zeigen Sie Ihrem Kind, wie man andere um Hilfe bittet und sich auf tragfähige Beziehungen stützt. Sprechen Sie mit Ihrer Partnerin bzw. Ihrem Partner, anderen Familienmitgliedern und guten Freundinnen und Freunden. Wenden Sie sich an Ihre Hausärztin bzw. Ihren Hausarzt, geeignete Fachkräfte oder eine öffentliche Beratungsstelle. Vielerorts gibt es konkrete Hilfsangebote für selbstmordgefährdete Kinder und Jugendliche und deren Familien. (Die Adressen und Telefonnummern solcher Beratungsstellen finden Sie in Ihrer Tageszeitung oder im Telefonbuch; sie können Sie aber auch bei Ihrer Stadt- bzw. Gemeindeverwaltung oder bei der Telefonseelsorge unter der bundesweit einheitlichen Rufnummer 11101 erfragen.) Sie können auch ein Treffen der Angehörigen sowie aller Freundinnen und Freunde einberufen, die Ihrem Kind am nächsten stehen. Beziehen Sie gegebenenfalls auch Geistliche oder die Lehrerinnen und Lehrer Ihres Kindes ein – gefragt sind alle, die Interesse an Ihrem Kind haben und bereit sind, sich zu engagieren und zu helfen.

Ob Ihre eigenen oder fremde Kinder betroffen sind – Selbstmordprävention ist Gemeinschaftssache. Mrs. Anderson, eine Mutter von drei Kindern mit jeweils großem Freundeskreis, wandte sich hilfesuchend an mich, weil auf ihrer letzten Telefonrechnung mehrere Anrufe bei einem Krisentelefon für Jugendliche verzeichnet waren. Mrs. Andersons Kinder stritten ab, irgend etwas damit zu tun zu haben. Mrs. Anderson konnte nicht mehr ruhig schlafen, weil sie wußte, daß jemand an Selbstmord dachte, sie aber keine Ahnung hatte, wer dies sein könnte.

Ich schlug ihr vor, bei einem Treffen von Verwandtschaft und Freundeskreis ihre Sorgen zu äußern. Die Kinder der Andersons erklärten sich bereit, ihre Freundinnen und Freunde ebenfalls einzuladen. Am Tag nach dem Treffen vertraute der geheimnisvolle Anrufer dem jüngsten Sohn von Mrs. Anderson an, daß er seit einiger Zeit sehr niedergeschlagen sei und an Selbstmord denke. Mrs. Andersons offene Worte hatten ihn ermutigt, jemandem davon zu erzählen. Er machte eine kurze Therapie und ist bis heute am Leben, es geht ihm gut und er ist gerade dabei, die Highschool zu beenden.

8. Die gesamte Familie: Wie Sie sich und Ihrem Kind helfen können

«Als Sally versuchte, sich das Leben zu nehmen, war auf einmal unsere gesamte Familie gezwungen, sich mit kritischen Augen zu sehen», erzählte mir die Mutter eines 13jährigen Mädchens. «Sally ist immer unser ‹perfektes› Kind gewesen – gute Noten, jede Menge Aktivitäten und Freunde und meine große Stütze im Haushalt –, und wir haben uns eingebildet, eine perfekte Familie zu sein. Dann hat uns Sallys Depression auf ganz brutale Weise klar gemacht, daß es auch in unserer Familie ernsthafte Probleme gibt.»

In manchen Fällen scheint ein depressives Kind auf einen depressiven Elternteil oder eine schwierige Familienkonstellation zu reagieren. Doch selbst wenn, wie in Sallys Fall, die Depression aus heiterem Himmel zu kommen scheint, ist die ganze Familie betroffen. Versuchen Sie, sich Ihre Familie als Mobile vorzustellen. Die Position jedes einzelnen Familienmitglieds beeinflußt das gesamte Gleichgewicht, und wenn ein Mitglied sich bewegt, werden dadurch auch im restlichen System Veränderungen ausgelöst.

Durch die Depressionen Ihres Kind werden Sie sicherlich dazu gezwungen sein, sich selbst intensiver mit Ihrer eigenen Rolle in der Familie auseinanderzusetzen. Sallys Mutter sagte: «Ich habe mich selbst noch nie so sehr in Frage gestellt wie in den ersten Tagen nach Sallys Selbstmordversuch. Ich habe mich ständig gefragt: ‹Was habe ich falsch gemacht?›»

Die Depressionen Ihres Kindes können Sie – vor allem, wenn trotz aller Bemühungen keine Besserung eintritt – an Ihren Fähigkeiten als Eltern zweifeln lassen. Auf diese Weise kann sich in Ihrer Selbstachtung als Eltern die geringe Selbstachtung Ihres Kindes widerspiegeln.

Da unsere Selbstachtung wiederum sehr wesentlich unser Handeln beeinflußt, kann das Problem sich leider immer wieder selbst verstärken. Tag für Tag wetteifern Hunderte von Dingen um unsere Zeit und Aufmerksamkeit, und wir neigen selbstverständlich dazu, das zu tun, was unserem Selbstgefühl schmeichelt, und alles zu vermeiden, was dieses Gefühl angreifen kann. Ein depressives Kind zu haben, das sich durch nichts aufheitern läßt, kann Ihre Selbstachtung so stark in Frage stellen, daß Sie unbewußt damit beginnen, Ihrem Kind auszuweichen, wodurch Ihr Problem jedoch nur verschlimmert wird.

Auch in anderer Hinsicht werden sich die Depressionen Ihres Kindes auf Sie auswirken. Eltern neigen dazu, sich mit ihren Kindern und deren Schwierigkeiten zu identifizieren. Wenn Ihr Kind eine Krise durchmacht, kann es sein, daß Sie die Situation so erleben, als wäre es Ihr eigenes Problem – vor allem dann, wenn sich darin ein ähnliches Problem aus Ihrer eigenen Kindheit widerspiegelt. In dieser Situation könnte ein Teil der Hilfe für Ihr Kind darin bestehen, daß Sie Ihre eigenen Kindheitsproblem noch einmal bewußt durcharbeiten. So erklärte z. B. Sallys Mutter: «Ich selbst bin als Kind immer einsam gewesen, deshalb war ich ja auch so stolz auf Sallys großen Freundeskreis. Als sie versucht hat, sich umzubringen, ist mir zum ersten Mal klargeworden, daß Sally innerlich vielleicht ebenso einsam war wie ich.»

Die Depressionen Ihres Kindes können für Sie also sowohl ein Risiko als auch eine Chance bergen. Das Risiko besteht darin, daß die Probleme Ihres Kindes Sie ebenfalls so herunterziehen, daß auch Sie depressiv werden. Die Chance ist, daß Sie, indem Sie Ihr Kind durch diese schwierige Zeit begleiten, selbst einige längst verschüttete Probleme Ihrer eigenen Kindheit lösen können.

Wie Sie auf die Depression Ihres Kindes reagieren, ist von mehreren Faktoren abhängig, vor allem von Ihrer eigenen Geschichte und Ihrer bisherigen Beziehung zu Ihrem Kind. Die meisten Eltern depressiver Kindern durchleben jedoch sehr ähnliche Gefühle, und es wird Sie erleichtern, zu hören, daß Sie damit nicht allein sind.

Im nächsten Abschnitt wollen wir daher die ganz normalen emotionalen Reaktionen von Eltern depressiver Kinder etwas genauer beschreiben und anschließend auf die Väter und Geschwister depressiver Kinder eingehen, deren Rollen und Belange in diesem Zusammenhang oft vernachlässigt werden. Gestehen Sie sich die eigenen Gefühle offen ein und wenden Sie sich dann der Frage zu, wie Sie Ihrem depressiven Kind helfen können. Der letzte Abschnitt dieses Kapitels wird Ihnen dazu konkrete Anregungen geben.

Typische elterliche Reaktionen

Leugnung

Sich die Probleme Ihres Kindes eingestehen zu müssen, kann ein äußerst schmerzliches Erlebnis sein. Um sich vor diesem Schmerz zu schützen, leugnen viele Eltern die Depressionen ihres Kindes. Der Vater eines 9jährigen Jungen erzählte mir: «Es hat sich alles direkt vor unseren Augen abgespielt, aber irgendwie wollten wir es einfach nicht wahrhaben. Clay war seit Monaten unglücklich. Jeden Tag hat er geweint. Er wollte mit dem Fußball und mit den Gitarrenstunden aufhören. Er hatte an nichts mehr Interesse. Meine Frau hat schon gespürt, daß etwas nicht in Ordnung war, aber sie hat es auf den langweiligen Gitarrenlehrer oder den strengen Fußballtrainer geschoben oder gedacht, die anderen Kinder würden Clay hänseln. Und ich habe immer gesagt, Clay sei einfach faul. Wir sahen es beide so, wie wir es gerne sehen wollten, nicht so, wie es tatsächlich war. Jetzt wissen wir, daß Clay in Wirklichkeit Depressionen hatte, und das muß für ein Kind wirklich furchtbar sein.»

Schuldgefühle

Alle Eltern kämpfen mit Selbstzweifeln und Schuldgefühlen: Verbringe ich auch genug Zeit mit meinen Kindern? Wird es ihnen schaden, wenn ich arbeiten gehe und sie zu einer Tagesmutter schicke? Bin ich zuviel unterwegs und zu wenig zu Hause? Und werden aus meinen Kindern einsame Einzelgänger, wenn ich sie nicht zu jeder Party gehen lasse?

Wird ein Kind depressiv, verstärken sich die Schuldgefühle der Eltern. Sie beziehen sich aber meist auf die gleichen Themen wie vorher. Eine erfolgreiche Immobilienmaklerin, deren 7jährige Tochter bei mir in Therapie war, erklärte mir: «Ich mache mir schreckliche Vorwürfe. Ich habe mir immer Kinder gewünscht und hatte fest vor, zu Hause zu bleiben und mich um sie zu kümmern, solange sie noch klein sind. Nach Kerris Geburt bin ich dann auch tatsächlich fünfeinhalb Jahre zu Hause geblieben, und Kerri war ein ganz normales, glückliches Kind. Aber dann wollte ich auch einmal etwas nur für mich machen. Ich hatte das Gefühl, wenn ich noch länger wartete, würde ich beruflich endgültig den Anschluß verpassen. Ich bin ins Immobiliengeschäft gegangen, weil ich hoffte, mir dort die Zeit frei einteilen zu können, aber das war ein gewaltiger Trugschluß. Im Grunde bin ich ständig im Einsatz. Es klappt alles sehr gut, und es ist schön, Erfolge zu sehen und bei anderen Menschen, anderen Erwachsenen, Anerkennung zu finden. Aber Kerri war auf einmal viel auf sich allein gestellt. Es war eine bewußte Entscheidung, aber jetzt, wo ich sehe, wozu sie geführt hat, glaube ich, daß es eine falsche Entscheidung war.»

Wut

Auch wenn dies alles andere als rational erscheint, kommt es häufig vor, daß Eltern auf ihr depressives Kind wütend sind. Durch diese Wut werden die eigenen Schuldgefühle oft noch verstärkt, denn die Eltern fragen sich: «Wie kann ich auf dieses arme kranke Kind bloß wütend sein?» Die Mutter eines 13jährigen Mädchens erzählte mir: «Cindy hat ständig durchgehangen, wollte aber nie etwas dagegen unternehmen, und das hat mich zur Weißglut gebracht. Ich habe alles mögliche versucht, um sie aufzuheitern, aber sie hat alle meine Vorschläge von sich gewiesen. Inzwischen weiß ich, daß das ein Teil ihrer Krankheit ist, aber damals war ich schrecklich wütend auf sie. Und sobald ich wütend war, hatte ich natürlich Gewissensbisse. Sie hat es einfach hingenommen, als hätte sie nichts Besseres verdient, also bekam ich Wut auf mich selbst und fühlte mich immer mieser, bis ich wieder auf sie wütend war. Es war ein schrecklicher Teufelskreis.»

Viele Eltern sind auch frustriert, weil sie einfach nicht die «richtigen» Worte finden, um zu ihrem Kind vorzudringen. Ein Vater sagte: «Ich konnte Tim einfach nicht motivieren und ihm auch nicht helfen, ein besseres Selbstgefühl zu entwickeln. Das machte mich immer wütender auf ihn, weil er sich in der Schule keine Mühe gab und einfach kapitulierte, obwohl er im Leben doch so gute Chancen hatte.»

Um die Wut zu vermeiden, die ein schlechtes Gewissen auslösen kann, lenken manche sie auf ein anderes Familienmitglied ab. So kann es z. B. vorkommen, daß Sie einen Streit mit Ihrer Partnerin bzw. Ihrem Partner vom Zaun brechen oder Sie sich beide zusammenschließen und die Schuld gemeinsam auf die Schule oder die Ärztin bzw. den Arzt Ihres Kindes schieben.

Mit Hilfe solcher «Projektionen» bewahren Sie sich zwar davor, auf Ihr Kind wütend zu werden oder sich Selbstvorwürfe zu machen, kommen der Lösung Ihres Problems aber auch keinen Schritt näher. Der Vater eines 11jährigen Jungen erzählte mir: «Als die Schulpsychologin uns anrief und sagte, sie glaube, Kevin sei depressiv, war ich empört und fragte mich: ‹Wie kann sie es wagen, über meinen Sohn solche Unwahrheiten zu verbreiten.› Und als immer deutlicher wurde, daß mit Kevin tatsächlich etwas nicht stimmte, gab ich auch zuerst der Schule die Schuld: ‹Die Lehrer setzen ihn zu sehr unter Druck, sie geben Kevin nicht die nötige Unterstützung› usw. Ich vergeudete viel Zeit mit der empörten Suche nach einem Schuldigen, anstatt einfach die Tatsache zu akzeptieren, daß wir ein Problem haben, und zu überlegen, was wir dagegen unternehmen können.»

Ratlosigkeit

Manche Eltern depressiver Kinder fühlen sich ratlos und völlig unfähig, ihre Gefühle zu benennen. Die Mutter der 8jährigen Penny, die nach dem Umzug der Familie in eine tiefe Depression gestürzt war, sagte: «Ich weiß nicht, was ich tun soll, ich habe keine Ahnung, wie ich ihr helfen soll. Nichts von dem, was ich sage, scheint irgendeinen Eindruck auf sie zu machen. Ich sage ihr ständig, was für ein tolles Kind sie ist, was für Begabungen sie hat, aber sie macht sich nichts daraus. Ich habe noch nie ein so unglückliches Kind gesehen, und ich bin völlig ratlos, was ich dagegen machen soll. Und da wir gerade erst in diese Gegend gezogen sind und noch kaum jemanden kennen, weiß ich noch nicht einmal, mit wem ich darüber sprechen soll.»

Trauer

Wenn Ihr Kind depressiv wird, kann das ähnliche Gefühle auslösen, als sei das Kind, das Sie bis dahin kannten, gestorben. Eltern depressiver Kinder müssen auch tatsächlich von der Vorstellung Abschied nehmen, sie hätten ein «perfektes» Kind. Robs Vater sagte: «Rob hatte alles, was ich mir von einem Sohn erträumte. Er war intelligent, sportlich, und er hatte sogar die gleichen Interessen wie ich. Ich habe mir immer vorgestellt, wenn er erst einmal älter ist, werden wir richtig gute Freunde. Aber das ist jetzt alles vorbei. Manchmal kommt es mir fast so vor, als wäre der wirkliche Rob für immer verschwunden. Jetzt will er überhaupt nichts mehr mit mir unternehmen. Er schaut mir nicht einmal mehr in die Augen.» Robs Vater brach in Tränen aus und schluchzte: «Ich will meinen Sohn zurück.»

Scham

Unsere Gesellschaft bringt einem Kind, dessen Verhalten nicht der Norm entspricht, leider häufig wenig Toleranz entgegen. Kein Wunder, daß sich die Eltern depressiver Kinder vor sozialer Achtung, Spott oder Mitleid fürchten.
Der Vater des 10jährigen Eric erzählte: «Es fällt mir schwer, das zu sagen, aber es ging so weit, daß ich mich schämte, wenn andere Leute mit Eric zusammenkamen. Wenn wir bei einem Schulfest oder bei einer großen Familienfeier waren, liefen die anderen Kinder fröhlich herum und spielten, nur er saß da wie ein unbeweglicher Klotz und rührte sich nicht. Anfangs versuchten die anderen Kinder, ihn zum Mitmachen zu bewegen, dann gaben sie es auf und fingen an, ihm aus dem Weg zu gehen. Jeder konnte auf den ersten Blick sehen, daß mit Eric etwas nicht in Ordnung war.»

Andere Eltern wollen manchmal nicht, daß ihre Kinder mit einem depressiven Kind spielen. Vielleicht auch aufgrund eigener Ängste wollen sie auch nichts von den Problemen der betroffenen Familien hören. Eltern depressiver Kinder berichten häufig, sich von anderen ausgegrenzt zu fühlen. Und bei manchen entsteht der Eindruck, niemanden zu haben, an den sie sich wenden können.

Depression

Es ist nicht schwer nachzuvollziehen, warum die Depression eines Kindes auch die Eltern traurig macht. Wer ständig Hilfsangebote macht, damit aber keinen Erfolg erzielt, fühlt sich verständlicherweise erschöpft und entmutigt. Sarahs Vater sagte: «Ich fühle mich völlig ausgelaugt. Bei der Arbeit stehe ich unter einem immensen Druck. Und wenn ich nach Hause komme, bricht Sarah wegen jeder Kleinigkeit in Tränen aus. Sie sagt, sie habe keine Freunde und wäre am liebsten tot. Das Ganze übersteigt einfach meine Kräfte. Manchmal denke ich, ich habe nichts mehr dazu zu sagen und nichts mehr zu geben.»

Die Mutter der 15jährigen Alice erklärte: «Alice ist so negativ eingestellt und so tief davon überzeugt, daß alles schieflaufen wird, daß ihre Haltung langsam anfängt, auf mich abzufärben. Allmählich bin ich auch schon ziemlich pessimistisch geworden, dabei war ich immer ein eher fröhlicher Mensch.»

Angst

Ein depressives Kind zu haben, kann bei den Eltern verständliche Ängste auslösen. Sie fragen sich, wie es mit ihrem Kind weitergehen soll. Sie fürchten, es könne nie wieder gesund und glücklich werden. Sie spüren, daß andere sich von ihm zurückziehen und fragen sich, ob es zu einem vereinsamten Einzelgänger wird.

Die Ängste der Eltern können sich auch auf ihre anderen Kinder richten: Wenn Depressionen zumindest zum Teil genetisch bedingt sind, werden die Geschwister sie auch bekommen? Manche Eltern erinnern sich an ein erwachsenes Familienmitglied, das depressiv war oder emotionale Probleme hatte, und fürchten, ihr Kind könne «genauso werden». Und Eltern, die selbst depressiv waren oder sind, machen sich meist große Sorgen, ihr Kind müsse das gleiche Schicksal erleiden.

Positive Gefühle

Manche Eltern sind jedoch auch erleichtert, wenn sie erfahren, daß ihr Kind Depressionen hat, weil sie nun endlich eine Diagnose haben und auf gezielte Hilfe hoffen können. Ein Vater sagte mir: «Ich bin sehr froh, endlich zu wissen, was los ist, und einen Namen für Petes Probleme zu haben. Seit Monaten machen wir uns um Pete schreckliche Sorgen, aber er hat alle Gesprächsversuche abgewimmelt und gesagt, es sei alles in Ordnung. Wir wußten nicht, was los war. Wir haben sogar schon gedacht, er würde Drogen nehmen, und meine Frau meinte, er hätte vielleicht eine ernsthafte körperliche Erkrankung. Wir wußten einfach nicht, was wir denken sollten. Jetzt haben wir etwas, woran wir uns halten können. Wenn wir wissen, was los ist, können wir auch etwas dagegen tun.»

Sich nach einer langen Phase der Leugnung die Wahrheit einzugestehen kann ebenfalls mit einem großen Gefühl der Erleichterung verbunden sein. Die 10jährige Pam litt unter verschiedenen Entwicklungsstörungen und ernsthaften Depressionen. Nach mehreren Monaten Therapie sagte mir Pams Mutter: «Jahrelang habe ich versucht, Pams Probleme zu beschönigen. Noch heute fällt es mir schwer zuzugeben, daß es für mich sehr hart war, mit meiner Tochter zurechtzukommen. Ich hatte große Angst, die Leute könnten schlecht von mir denken. Aber Pam hat Probleme, und ich schäme mich nicht mehr dafür. Ich habe beschlossen, die Probleme offensiv anzugehen.»

Väter

Väter depressiver Kinder lassen sich natürlich nicht alle über einen Kamm scheren, doch habe ich es in meiner klinischen Praxis oft mit zwei charakteristischen Typen zu tun: dem kritischen, perfektionistischen und herrischen Vater, der seine Familie mit eiserner Faust regiert, und dem distanzierten Vater, der nur selten zu Hause ist und auch dann mit anderen Dingen beschäftigt scheint. Väter, die einen dieser beiden Typen verkörpern, können durchaus eine depressive Frau oder ein depressives Kind haben.

Die meisten Väter neigen dazu, sich weniger für die Erziehung der Kinder zu engagieren als ihre Partnerinnen – vielleicht auch deshalb, weil ihre eigenen Väter ihnen nicht gezeigt haben, wie dies geschehen könnte. Viele Männer fühlen sich als Väter nicht so kompetent wie in ihrem eigentlichen Beruf, und die Struktur unserer Arbeitswelt macht es aktiven Vätern schwer. Doch selbst wenn ein Paar sich dafür entscheidet, daß die Mutter bei der tagtäglichen Betreuung der Kinder die primäre Verantwortung übernimmt, gibt es bestimmte Dinge, die Kinder von ihren Vätern brauchen, nämlich das Gefühl, von ihnen geliebt zu werden, gemeinsam verbrachte Zeit und grundsätzliche Akzeptanz.

Zeichen von Nähe und Zuwendung

Immer wieder höre ich von depressiven Jungen und Mädchen sowie deren Eltern: «Meinem Vater bin ich nie besonders nah gewesen. Er wollte nicht viel mit mir zu tun haben. Er hat seine Gefühle nie gezeigt.»

Als Vater sollten Sie Ihr Kind wissen lassen, daß Sie es lieben. Damit sind keine mechanisch abgespulten Kommentare gemeint. Schauen Sie Ihr Kind richtig an, spüren Sie, wieviel es Ihnen bedeutet, und sagen Sie es ihm. Ihr Kind wird sich ein Leben lang daran erinnern.

Gemeinsam verbrachte Zeit

Es gibt Untersuchungen, denen zufolge Väter durchschnittlich weniger als 20 Minuten pro Tag mit ihren Kindern verbringen. Gemeinsam verbrachte Zeit bedeutet nicht, im Wohnzimmer zu sitzen und die Zeitung zu lesen, während die Kinder fernsehen. Es bedeutet, gemeinsam zu essen und miteinander zu sprechen, vor dem Einschlafen eine Geschichte vorzulesen, auf dem Bolzplatz Ball zu spielen oder am Samstagmorgen zusammen den Familieneinkauf zu erledigen.

Grundsätzliche Akzeptanz

Viele depressive Kinder und auch Erwachsene, die als Kind depressiv waren, haben das Gefühl, ihren Vätern niemals gut genug gewesen zu sein und ihren Erwartungen nicht entsprochen zu haben. Der Vater eines depressiven Kindes sagte: «Ich konnte meinen Vater nie zufriedenstellen, hatte nie das Gefühl, als Sohn gut genug zu sein. Als ich anfing zu arbeiten, setzte ich mir Ziele, doch kaum hatte ich sie erreicht, kamen sie mir unbedeutend vor, und ich schraubte die Ansprüche an mich selbst immer höher. Nie war ich einfach einmal stolz auf mich. Und jetzt, wo ich Kinder habe, glaube ich, als Vater nicht gut genug zu sein.»

Setzen Sie Ihren Kindern ebenso wie sich selbst stets realistische, erreichbare Ziele. Und lernen Sie, Ihre Kinder als die Menschen zu akzeptieren, die sie sind, damit Sie ihnen helfen können, aus ihren Möglichkeiten das Beste zu machen.

Geschwister

Das gesamte Familienmobile gerät in Bewegung, wenn ein Kind an Depressionen erkrankt. Die Geschwister dieses Kindes können auf vielerlei Weise betroffen sein. So kann sich z. B. der Erfolgsdruck auf die Geschwister verstärken. Die jüngere Schwester eines depressiven Jugendlichen erklärte: «Was Jonathan auch anfängt, er vermasselt alles. Ich weiß nicht, ob er nichts richtig machen *kann*, ob er sich keine Mühe gibt oder ob er es gar nicht schaffen *will*. Ich glaube, er gibt sich keine Mühe. Manchmal denke ich, es gefällt ihm sogar, meine Eltern auf die Palme zu bringen. Und dann setzen sie mich um so mehr unter Druck. Ständig sagen sie mir, daß ich anders bin als er, daß ich alle Voraussetzungen habe, um erfolgreich zu sein. Ich weiß aber gar nicht, ob ich unbedingt erfolgreich sein will. Ich habe eigentlich keine Lust, für Jonathan die Kastanien aus dem Feuer zu holen.»

Die Geschwister kann es auch belasten, wenn das depressive Kind anders behandelt wird als sie. Und sie können sich schuldig fühlen, wenn sie selbst fröhlich sind. Debbie, die Zwillingsschwester einer depressiven 12jährigen, sagte mir: «Eigentlich bin ich ein ziemlich fröhlicher Mensch, aber sie ist so unglücklich und macht die ganze Zeit über ein so trauriges Gesicht, daß ich mir von meiner guten Laune am liebsten gar nichts anmerken lasse. Wenn irgend etwas Schönes passiert, wenn ich ganz aufgeregt bin und dann meine traurige Schwester sehe, habe ich ein schlechtes Gewissen. Ich habe sogar Angst, daß meine gute Laune sie noch trauriger macht.»

Geschwister depressiver Kinder zeigen gelegentlich Verhaltensauffälligkeiten oder tun so, als seien sie selbst auch depressiv, um einen Teil der elterlichen Aufmerksamkeit, der sonst dem depressiven Geschwisterkind vorbehalten ist, auf sich zu lenken. So stellten z. B. die Eltern eines 6jährigen Jungen fest, daß er immer dann verhaltensauffällig wurde, wenn seine depressive 8jährige Schwester weinte. Dadurch zog er die Aufmerksamkeit seiner Eltern auf sich, lenkte aber auch seine Schwester vorübergehend von ihren eigenen Problemen ab.

Um ihre Eltern zu entlasten, können Geschwister depressiver Kinder eine bemerkenswert frühe Selbständigkeit entwickeln. Dabei werden aber ihre eigenen Bedürfnisse nach Zuwendung nicht gestillt. Sie können sich auch über die Reaktionen ihrer Freundinnen und Freunde auf ihr krankes Geschwisterkind oder ihre eigene Anfälligkeit für Depressionen Sorgen machen. Viele fragen: «Kann mir das auch passieren?»

Was Sie tun können

Den Tatsachen ins Auge sehen

Ehe Sie Ihrem depressiven Kind helfen können, müssen Sie aufhören, das Problem zu leugnen, und versuchen, die Realität zu akzeptieren. Tun Sie nicht mehr so, als wäre im Grunde alles in Ordnung, und reden Sie sich auch nicht ein, daß Ihr Kind diese Phase ganz von selbst überwinden wird.

Denken Sie ohne Vorbehalte darüber nach, auf welche Weise Sie selbst zu den Problemen Ihres Kindes beigetragen haben könnten. Fragen Sie sich z. B., ob Sie vielleicht allzu großen Druck auf Ihren Sohn ausgeübt haben, indem Sie ihn dazu antrieben, auf Gebieten Erfolge zu erringen, auf denen Sie selbst versagt haben. Überlegen Sie, ob Sie Ihre Tochter vielleicht in eine unmögliche Situation gebracht haben, indem Sie von ihr verlangten, sich in einem Ehekonflikt mit Ihnen gegen Ihre Partnerin oder Ihren Partner zu verbünden.

Wenn Sie zu dem Schluß kommen, daß Ihre Einstellungen und Verhaltensweisen möglicherweise zu den Problemen Ihres Kindes beigetragen haben, sollten Sie nicht in Selbstvorwürfen verharren, sondern versuchen, Ihr Verhalten aktiv zu verändern. Vor allem sollten Sie es vermeiden, Probleme mit Ihrer Partnerin oder Ihrem Partner auf die Beziehung zu Ihren Kindern zu übertragen. Wenn Sie z. B. auf Ihren Mann wütend sind, weil er so selten zu Hause ist und Ihnen nicht genug im Haushalt hilft, lassen Sie dies nicht an Ihrem Sohn aus, indem Sie ihm Faulheit und Bequemlichkeit vorwerfen. Und wenn Sie wütend auf Ihre Frau sind, weil Sie sich so stark in ihrem Freundeskreis engagiert, daß sie kaum noch Zeit für sie hat, werfen Sie nicht Ihrer Tochter vor, zuviel Zeit mit ihrer Clique zu verbringen. Nehmen Sie sich vor, sich mit Ihren echten Problemen und mit den richtigen Personen auseinanderzusetzen, und trennen Sie Ihre eigenen Probleme von denen Ihres Kindes.

Das Kind als eigene Persönlichkeit betrachten

Diese bewußte Trennung bedeutet auch, daß Ihr Kind Erfolge nicht für Sie, sondern stets nur für sich selbst erringt und Niederlagen Ihres Kindes nicht Ihre, sondern seine Niederlagen sind. Kinder wehren sich mit Recht dagegen, unter Druck gesetzt zu werden, weil sie ihren Eltern durch ihre Leistungen Erfolgserlebnisse verschaffen sollen. Ebenso schwierig ist es für sie, wenn ihre Eltern sich von ihren Fehlschlägen aus der Fassung bringen lassen. Ein Kind muß lernen, mit seinen Grenzen zu leben und seine Selbstachtung zu wahren, ohne sich um die Befindlichkeiten seiner Eltern sorgen zu müssen. Zeigen Sie daher Mitgefühl bei Enttäuschungen Ihres Kindes, machen Sie sich aber gleichzeitig stets bewußt, daß es *seine* Enttäuschungen sind. Ihre Aufgabe besteht darin, Ihr Kind zu trösten, und nicht, von ihm Trost zu erwarten.

Sie könnten auch versucht sein, Ihr depressives Kind abzuschirmen, um es vor negativen Erfahrungen zu bewahren. Diese Schutzhaltung kann jedoch leicht übertrieben werden und zu Abhängigkeiten führen. Es kann Situationen geben, in denen Sie einfach akzeptieren müssen, daß Ihr Kind traurig ist und Zeit und Raum braucht, um damit fertigzuwerden. Wie ein Vater sagte: «Wenn ich will, daß meine Kinder glücklich sind, muß ich offenbar auch ihr Unglück akzeptieren.»

Das Richtige tun

Das Richtige zu tun, bedeutet in vielen Fällen leider auch, das Schwierigere zu tun. Wenn Ihre Tochter z. B. Übergewicht hat oder ihre Leistungen in der Schule schwach sind und dies für sie so problematisch ist, daß es ihre Selbstachtung untergräbt und depressive Gefühle wachruft, wäre es sicherlich am einfachsten, sie zu ermahnen: «Dann darfst du eben nicht mehr soviel naschen.» «Du treibst zu wenig Sport. Du mußt dich mehr bewegen.» «Du solltest deine Hausaufgaben gründlicher machen.» Oder: «Das liegt alles nur daran, daß du deine Matheaufgaben nicht noch einmal gründlich durchliest, ehe du die Arbeit abgibst.» Kritik und Ermahnungen mögen sich als erstes aufdrängen, sind aber genau die falsche Reaktion.

Es ist schwieriger, aber langfristig sehr viel besser, gewisse Rahmenbedingungen zu erarbeiten, in denen Ihr Kind Erfolgserlebnisse haben kann. Helfen Sie Ihrem Kind, sich konkrete Ziele zu setzen, die Sie mit entsprechenden Belohnungen verstärken. So könnten Sie z. B. ein gemeinsames Übungs- und Diätprogramm entwerfen. Oder Sie könnten überlegen, welche Unternehmungen Ihnen beiden Spaß machen und gleichzeitig zu Ihrer körperlichen Fitneß beitragen würden.

Wenn die Hausaufgaben zum Problem werden, sollten Sie als erstes herausfinden, an welchem ruhigen, angenehmen Ort es Ihrem Kind gefallen könnte, seine Hausaufgaben zu erledigen. Stellen Sie täglich zu festen Zeiten für ein, zwei Stunden Fernseher und Telefon aus und setzen Sie sich hin, um gemeinsam mit Ihrem Kind zu lesen und arbeiten, anstatt bloß an ihm herumzukritisieren.

Schuldgefühle abbauen

Perfekte Eltern gibt es nicht. Als Eltern tun wir ständig irgend etwas zum ersten Mal und entscheiden, ohne dafür ausgebildet worden zu sein oder vorher üben zu können. Kein Wunder, daß wir alle so viele Fehler machen. Doch in Selbstvorwürfen zu verharren hilft weder Ihnen noch Ihrem Kind. Gestehen Sie sich Ihre Fehler ein und versuchen Sie, es beim nächsten Mal besser zu machen.

Hilfe suchen

Scham oder der Impuls, die Probleme Ihres Kindes zu leugnen, sollten Sie nicht davon abhalten, für sich und Ihr depressives Kind Hilfe von außen in Anspruch zu nehmen (siehe Kapitel 9). Es gibt viele depressive Erwachsene, die es nicht schaffen, für eine angemessene Behandlung ihrer Erkrankung zu sorgen. Depressive Kinder sind darauf angewiesen, daß ihre Eltern für sie tätig werden. Sie sind für Ihr Kind verantwortlich, und es ist Ihre Aufgabe, dafür zu sorgen, daß es die Behandlung bekommt, die für seine Genesung nötig ist.

Ihr Kind kennenlernen

Wenn Sie das Gefühl haben, Ihr Kind eigentlich nicht besonders gut zu kennen, fangen Sie sofort damit an, mehr über seine Persönlichkeit und sein Leben in Erfahrung zu bringen. Schauen Sie genau hin, ohne voreilige Schlüsse zu ziehen oder Werturteile zu fällen. Finden Sie heraus, was Ihrem Kind Sorgen macht, was es belastet und was ihm Enttäuschungen bereitet.

Sie können nicht wissen, worauf Ihr Kind stolz ist und womit es zu kämpfen hat, ehe Sie nicht seine Schule besucht, seine Freunde kennengelernt, ihm beim Sport zugesehen, mit ihm an seinen Matheaufgaben gearbeitet, seine Lieblingsmusik gehört oder ein Buch gelesen haben, das ihm ganz besonders wichtig war.

Achten Sie darauf, was Ihr Kind macht, wie es spricht und wie es mit anderen Kindern umgeht. Finden Sie heraus, wie es sich in verschiedenen Situationen fühlt und was ihm dabei durch den Kopf geht. Fragen Sie auch nach seinen Freundinnen und Freunden, was es über sie denkt, warum es sie mag und wie die einzelnen Freundschaften sich entwickeln.

Finden Sie auch heraus, worin Ihr Kind seine eigenen Stärken sieht und worauf es seine Selbstachtung gründet. Enttäuschungen in diesen

Bereichen können nämlich am ehesten zu Depressionen führen. Achten Sie daher auf frühe Anzeichen von Depressionen, und seien Sie stets bereit, helfend einzugreifen. Vor allem sollten Sie mit ehrlichem Lob nicht geizen. Halten Sie stets Ausschau nach Gelegenheiten, um Ihr Kind zu loben. Durch Ihr Lob zeigen Sie Ihrem Kind Ihr Interesse an ihm und Ihre Wertschätzung. Nehmen Sie sich fest vor, jeden Tag einen Anlaß zum Lob zu finden.

Gemeinsam Zeit verbringen

Damit Ihr Kind das Gefühl hat, sich Ihnen anvertrauen zu können, müssen Sie viel Zeit miteinander verbringen. Ihr Kind muß spüren, daß Sie für es da sind, auf seiner Seite stehen und es im Kampf gegen die Depression unterstützen.

Heutzutage ist häufig die Rede davon, bei der mit den eigenen Kindern verbrachten Zeit komme es nicht so sehr auf die Quantität als auf die Qualität an. Ich bin in dieser Hinsicht eher skeptisch. Natürlich profitiert die Beziehung zu Ihrem Kind davon, wenn Sie sich gelegentlich ganz auf Ihr Kind konzentrieren, nur für es da sind und jede Ablenkung vermeiden. Doch solche kurzen, durch irgendwelche «pädagogisch wertvollen» Unternehmungen aufgepeppten Zeiten können das selbstverständliche, alltägliche Zusammensein, aus dem heraus sich manchmal ganz unbeabsichtigt vertrauliche Gesprächssituationen entwickeln, nicht ersetzen.

Kinder sprechen nur über ihre Probleme, wenn sie dazu bereit sind. Und wenn dieser Zeitpunkt da ist, müssen Sie zur Stelle sein, sonst haben Sie den Augenblick verpaßt.

Mit Ihrem Kind sprechen

Um Ihr Kind tatsächlich kennenzulernen, müssen Sie mit ihm sprechen. Sehr kleinen Kindern fällt es natürlich noch schwer, Gedanken und Gefühle in Worte zu kleiden. Ihre Sorgen und Probleme können sie eher im Spiel ausdrücken.

Einem älteren Kind können Sie ruhig ganz offen erklären, was Ihnen aufgefallen ist, worüber Sie sich Sorgen machen und was Ihrer Meinung nach getan werden muß. Es mag ihm nicht alles gefallen, was Sie zu sagen haben – vor allem, wenn es bisher so getan hat, als gebe es eigentlich kein Problem –, doch wird es sicherlich Ihre Ehrlichkeit respektieren. Wahrscheinlich wird es letztendlich auch froh sein, daß Sie bemerkt haben, daß mit ihm etwas nicht in Ordnung ist.

Den Anfang finden. Ein solches Gespräch könnten Sie etwa so beginnen: «Mir ist aufgefallen, daß du in letzter Zeit kaum noch etwas mit deinen Freunden unternimmst. Außerdem wirkst du ziemlich niedergeschlagen. Was ist denn los?» Manchmal hilft es auch, zunächst über neutrale Bereiche zu sprechen oder Themen anzuschneiden, in denen Ihr Kind sich gut auskennt. Auf diese Weise können Sie das Eis brechen und eine vertrauensvolle Atmosphäre aufbauen. Uns allen fällt es leichter, über unsere Zweifel und Unsicherheiten zu sprechen, wenn wir uns sicher fühlen und den Eindruck haben, daß unser Gegenüber auch unsere positiven Seiten sieht. Denken Sie daran, daß es für Sie und Ihr Kind nicht nur darum geht, seine Probleme aufzudecken, sondern auch darum, seine Stärken zu erkennen.

Fragen stellen. Wenn Sie interessierte Fragen stellen, bietet dies eine Gewähr dafür, daß der Schwerpunkt des Gespräches bei Ihrem Kind bleibt und sie keinen Vortrag über Ihren eigenen Standpunkt halten. Ihre Fragen sollten stets ein Mittel sein, Ihr Kind ins Gespräch zu ziehen. Durch sie sollte Ihr Kind sich eingeladen fühlen, über seine Gedanken zu sprechen. Gleichzeitig sollten sie Ihr Kind zum selbständigen Nachdenken anregen.

Manchmal können Fragen ein Kind aber auch an ein Verhör erinnern oder als Leistungsforderung verstanden werden. Ihr Kind könnte auch den Eindruck bekommen, daß Sie etwas aus ihm herausquetschen wollen, das es lieber für sich behalten will. Fühlt sich ein Kind in die Defensive gedrängt, kann es daher ratsam sein, auf direkte Fragen zunächst einmal zu verzichten. Neutrale Aussagen können in einer solchen Situation weniger bedrohlich wirken und das weitere Gespräch eher fördern. So könnten Sie z. B. sagen: «Alles ist anders, seitdem Großvater gestorben ist. Ich vermisse ihn sehr.» «Ich habe den Eindruck, daß du deine Freundin Betsy nicht mehr so häufig anrufst wie früher.» «Du wirkst in letzter Zeit immer so müde, wenn du von der Schule nach Hause kommst.»

Warum-Fragen können in den Ohren Ihres Kindes leicht so klingen, als wollten Sie eine Erklärung einfordern oder ihm einen Vorwurf machen, daher sollten Sie mit solchen Fragen besonders vorsichtig sein. Kinder sind sich über die Gründe ihres Verhaltens oft nicht bewußt, und Sie müssen ihnen helfen, diese zu erkennen. So könnten Sie z. B. nach ihren Gefühlen zu einem bestimmten Zeitpunkt fragen oder die Folgen einer Handlung oder die Reaktionen anderer Menschen auf diese Handlung gemeinsam versuchen zu verstehen. Anstatt zu fragen: «Warum hast du so getan, als hättest du Bauchweh und könntest nicht zur Schule gehen?» könnten Sie die Frage etwa so formulieren: «Hast du dir am Donnerstag, als du über Bauchweh klagtest und nicht zur Schule gehen wolltest, wegen irgend etwas Sorgen gemacht?» Oder: «Ist am Tag davor in der Schule irgend etwas vorgefallen?» Achten Sie darauf, nicht zu viele Fragen auf einmal zu stellen und Ihre Fragen nicht herunterzurattern wie ein Staatsanwalt vor Gericht. Denken Sie auch daran, wie Sie selbst auf die Bauchschmerzen Ihres Kindes reagiert und sich verhalten haben. Diese Reaktion kann möglicherweise das eigentliche Ziel des Verhaltens Ihres Kindes gewesen sein. Manchmal hilft auch der Hinweis auf die Gefühle und Erfahrungen anderer Kinder, z. B.: «Viele Kinder haben Angst vor dem Umzug in eine neue Stadt.» Oder: «Die meisten Kinder sind traurig, wenn sie umziehen und ihre alten Freundinnen und Freunde zurücklassen müssen.»

Auch Fragen über die Zukunft können befreiend wirken. Das Nachdenken über zukünftige Möglichkeiten kann Ihnen und Ihrem Kind über das Gefühl hinweghelfen, mit Ihren Problemen nicht mehr weiterzukommen. Außerdem hilft es Ihnen dabei, neue Alternativen zu ersinnen und abzuwägen.

Stellen Sie daher Fragen wie: «Wenn du dich erst einmal an die neue Umgebung und deine neue Schule gewöhnt hast, könntest du doch vielleicht im Schulorchester mitspielen oder bei der Theatergruppe mitmachen?» «Was meinst du, wer am meisten erleichtert sein wird, wenn du nicht mehr so traurig bist, deine Schwester oder deine Freundin Jill?» «Meinst du, es hätte dir mehr ausgemacht, wenn John sich schon vor drei Monaten von dir getrennt hätte? Oder drei Monate später? Was meinst du, wie es dir gehen wird, wenn du in drei Jahren an diese Trennung zurückdenkst?»

Natürlich müssen Sie Ihrem Kind auch das Recht zugestehen, nicht mit Ihnen sprechen zu wollen. Wenn ein Kind die Antwort auf eine Frage nicht weiß, sollte es dies auch problemlos sagen dürfen. Manchmal ist es aber auch aufschlußreich, Ihr Kind die Antwort raten zu lassen. Seine Vermutungen können Einsichten darüber vermitteln, wie es denkt und wie es sich fühlt.

Respektieren Sie auf jeden Fall, wenn Ihr Kind sagt: «Darüber möchte ich nicht sprechen.» Ziehen Sie sich geduldig zurück, lassen Sie Ihr Kind aber auch gleichzeitig wissen, daß Sie jederzeit für ein Gespräch zur Verfügung stehen. So könnten Sie z. B. sagen: «Ich weiß jetzt, daß du momentan nicht darüber sprechen willst. Ich kann ja später noch mal kommen, oder wir können morgen zusammen zur Schule fahren und dann darüber sprechen, wenn du willst.»

Ziehen Sie auf keinen Fall voreilig den Schluß, daß Ihr Kind nicht mit Ihnen sprechen will. Kinder wollen manchmal überredet werden, oder sie wünschen sich, daß Sie einfach eine Weile bei ihm sitzen und ihm Gesellschaft leisten. Wenn es sich dann wohler fühlt und es überzeugt ist, daß Sie ihm wirklich interessiert zuhören werden und sich nicht bloß aus elterlichem Pflichtgefühl zehn Minuten abgezwackt haben, wird es vielleicht von sich aus wieder auf das Thema zu sprechen kommen. Wenn Sie mit Ihrem Kind ein ernsthaftes Gespräch führen wollen, sorgen Sie dafür, daß Sie ausreichend Zeit haben und nicht unterbrochen werden.

Zuhören. Wenn Sie Ihr Kind tatsächlich kennenlernen wollen, müssen Sie bereit sein, mehr zuzuhören als selbst zu reden. Ja, manchmal kommt es gar nicht so sehr darauf an, irgend etwas zu sagen, als einfach darauf, zusammenzusein. Ihre bloße Anwesenheit kann schon Trost genug sein. Zuhören ist ebenfalls eine Form der aktiven Kommunikation. Geben Sie sich Mühe, Ihr Kind zu verstehen und sich vorzustellen, was es dabei fühlt und warum es diese Gefühle hat. Durch aktives und geduldiges Zuhören teilen Sie Ihrem Kind mit, daß es Ihnen wichtig ist und Sie Wert darauf legen, was es zu sagen hat.

Widerstehen Sie der Versuchung, Ihr Kind zu unterbrechen, zu korrigieren oder mit guten Ratschlägen zu überhäufen. Sie sollten Ihr Kind nicht davon überzeugen wollen, daß sein Problem im Grunde unbedeutend ist, oder gar versuchen, das Problem für Ihr Kind zu lösen. Enthalten Sie sich eines spontanen Urteils und nehmen Sie sich die Zeit, alles anzuhören, was Ihr Kind zu sagen hat, ohne es zu korrigieren, ihm seine Gefühle auszureden oder es zu trösten, ehe Sie nicht wirklich verstanden haben, was Ihr Kind bewegt und worüber es sich Sorgen macht.

Achten Sie auch auf versteckte Hinweise. Vor allem kleine Kinder neigen dazu, ihre Gefühle in Geschichten oder Phantasiespielen auszudrücken, wobei sie Puppen oder Tierfiguren und anderes Spielzeug symbolisch für sich sprechen lassen können. Ein einsames kleines Mädchen könnte z. B. sagen: «Mein Kätzchen ist einsam, weil seine Mutter fort ist und niemand mit ihm spielt.» Achten Sie auf Ähnlichkeiten zwischen den Problemen, die Ihr Kind außerhalb des Hauses hat, und den Schwierigkeiten, die in Ihrer Familie existieren. Wenn Ihr 8jähriges Kind sich ständig beschwert, seine Lehrerin höre ihm nicht zu und habe niemals Zeit, ihm die Rechenaufgaben richtig zu erklären, sollten Sie Ihr eigenes Verhalten kritisch hinterfragen. Nehmen Sie sich selbst genug Zeit, Ihrem Kind bei den Hausaufgaben zu helfen? Sind Sie da, um sich seine Sorgen anzuhören?

Achten Sie auch auf das, was Ihr Kind *nicht* sagt. Der plötzliche Fortfall bestimmter Themen kann manchmal aufschlußreicher sein als so manche weitschweifige Erklärung. Wenn Ihre Tochter plötzlich aufhört, von ihrer besten Freundin zu erzählen, ist höchstwahrscheinlich etwas vorgefallen, das auch auf ihr Selbstgefühl Auswirkungen hat.

Ihr Kind ernst nehmen. Machen Sie sich klar, daß Ihr Kind unter seinen Problemen wirklich leidet, und zwar unabhängig davon, für wie schwerwiegend Sie selbst diese Probleme halten. Der Liebeskummer eines 14jährigen Mädchens tut schrecklich weh, denn es fühlt sich von einem geliebten Menschen gekränkt und verlassen. Und für einen 12jährigen Jungen kann die Entscheidung, ob er weiter in der Schwimmannschaft seiner Schule bleiben oder statt dessen lieber in die Fußballmannschaft eintreten soll, äußerst qualvoll sein. Fertigen Sie ein Kind, das Ihnen solche Probleme anvertraut, nicht mit Kommentaren ab wie: «Mach dir darüber mal keine Sorgen.» «Du bist noch so jung, du hast das Leben noch vor dir.» Oder: «Es wird schon alles gut, mein Schatz.» Es mag für Sie schwer nachvollziehbar sein, daß Ihr Kind in diesem oder jenem Punkt so intensive Gefühle hat, doch sollten Sie seine starke emotionale Beteiligung auf jeden Fall akzeptieren und ernst nehmen. Vielleicht hilft es, wenn Sie sich daran erinnern, wie Sie selbst unter Ihrem ersten Liebeskummer oder ähnlichen Problemen gelitten haben. Nutzen Sie Ihre seitdem gewonnene Lebenserfahrung und helfen Sie Ihrem Kind, nach alternativen Lösungen für sein Problem zu suchen und die Folgen verschiedener Handlungsweisen gegeneinander abzuwägen.

Hören Sie aufmerksam zu und achten Sie auch auf das zwischen den Zeilen Gesagte. Gestehen Sie Ihrem Kind das Recht auf starke negative oder positive Gefühle zu, denn Gefühle an sich sind weder gut noch schlecht, weder richtig noch falsch. Und Gefühle lassen sich nun einmal auch nicht immer logisch begründen.

Sagen Sie Ihrem Kind niemals, in Wirklichkeit würde es gar nicht so fühlen oder es solle nicht so fühlen, wie es fühlt. Starke Gefühle wirken oft überwältigend, aber Sie können Ihrem Kind helfen, sie unter Kontrolle zu bekommen. Sagen wir, Ihr 13jähriger Sohn kommt von der Schule heim, knallt die Haustür zu, wirft seine Schultasche auf den Tisch, wirft dabei Ihre Papiere auf den Boden und schreit: «Laß mich in Ruhe!», wenn Sie ihn bitten, Ihre Papiere wieder aufzuheben. Sie wissen, daß ihn etwas belastet, aber Sie mögen es nicht, daß er so mit Ihnen spricht und spüren, daß Sie ärgerlich werden.

Versuchen Sie, Ihren Zorn in Schach zu halten. Sagen Sie Ihrem Kind, daß Sie nicht in diesem Tonfall angebrüllt werden wollen, Sie aber erkennen, daß irgend etwas vorgefallen ist. Sagen Sie: «Wie wäre es, wenn du mir erzählst, was dich so wütend macht, anstatt deine Wut an mir auszulassen, und ich überlege mir, ob ich dir helfen kann.»

Sich selbst mitteilen. Ganz egal, ob mit Kindern oder mit Erwachsenen – Kommunikation beruht auf Gegenseitigkeit und dient dem Austausch von Gedanken, Gefühlen und Erfahrungen. So könnten Sie z. B. sagen: «Ich verstehe dein Verhalten nicht. Ich merke, daß du unglücklich bist, aber ich weiß nicht, wie ich dir helfen soll.»

Vor allem, wenn Ihr Kind etwas durchmacht, das Sie selbst auch einmal erlebt haben, können Sie ihm helfen, indem Sie ihm erklären, wie Sie es empfunden haben, z. B.: «Ich weiß noch, wie ich mich gefühlt habe, als ich nicht ins Basketball-Team gekommen bin. Ich habe mich wie ein Versager gefühlt. Ich dachte, die Jungen, die es geschafft hatten, wären auch sonst in jeder Hinsicht besser als ich, und ich müßte den Rest meines Lebens hinter ihnen zurückstehen.» Oder: «Meine Eltern haben sich nicht scheiden lassen, und mein Vater ist auch nicht ausgezogen, aber er war sehr selten zu Hause, er hat mich kaum beachtet, und eigentlich hat er mir immer gefehlt. Er fehlt mir heute noch.» Sie können auch über Ihre früheren Ängste sprechen: «Als ich in die Highschool kam, hatte ich eine Heidenangst, die anderen Kinder würden mich nicht mögen.»

Ihre eigene Geschichte schreiben

Sowohl für Sie als auch für Ihr Kind kann es sinnvoll sein, die eigene Lebensgeschichte aufzuschreiben, sich an die schönsten Erlebnisse der Vergangenheit zu erinnern, alte Familienbilder anzuschauen und sich gemeinsam an gute Zeiten zu erinnern. Sprechen Sie auch alle positiven Dinge an, die noch vor Ihnen liegen, und setzen Sie alles daran, daß sie auch Wirklichkeit werden. Machen Sie es sich dann zur Aufgabe, solche positiven Erinnerungen auch für die Zukunft zu schaffen. Es liegt in Ihrer Macht, die Gelegenheit zu nutzen und gemeinsam Dinge zu tun, an die Sie noch in 10 oder 20 Jahren mit Freude denken können. Beginnen Sie sofort damit und machen Sie eine Angewohnheit daraus. Unternehmen Sie schon in dieser Woche gemeinsam etwas, an das Sie sich noch viele Jahre lang gern erinnern werden.

Die Selbstachtung Ihres Kindes stärken: Zehn Gebote

Die Selbstachtung ist von herausragender Bedeutung. Kinder mit hoher Selbstachtung übernehmen Verantwortung für ihr Verhalten, treffen eigenständige Entscheidungen, greifen neue Herausforderungen begeistert auf, ertragen Frustrationen, sind stolz auf ihre Leistungen und können eine große Bandbreite unterschiedlicher Emotionen erleben.

Kinder mit geringer Selbstachtung dagegen spielen ihre Fähigkeiten herunter, bezweifeln die eigene Kompetenz, fühlen sich machtlos, sind rasch frustriert, geben anderen die Schuld an ihren Problemen, vermeiden Risiken, sind durch andere leicht beeinflußbar und verfügen über eine geringere Gefühlsvielfalt.

Machen Sie es sich daher zur Aufgabe, die Selbstachtung Ihres Kindes zu stärken. Den größten Erfolg haben Sie dabei, wenn Sie sich an die folgenden zehn Gebote halten:

1. Respektieren Sie Ihr Kind. Achten Sie seine Gefühle, seine Würde und seine Privatsphäre. Ihren Respekt drücken Sie auch dadurch aus, daß Sie Ihre Erwartungen deutlich erklären. Wenn Kinder nicht wissen, was von ihnen erwartet wird, fühlen sie sich unsicher, verwirrt und ängstlich. Damit sie sich in einer Situation wohl fühlen und erfolgreich sind, ist es wichtig, daß sie von vornherein wissen, was auf sie zukommen wird.

2. Vermeiden Sie es, Ihr Kind in peinliche Situationen zu bringen. Manchmal müssen Sie es sogar davor schützen, sich selbst bloßzustellen, vor allem vor Gleichaltrigen. Peinliche Erlebnisse untergraben Selbstachtung und Selbstvertrauen.

3. Zeigen Sie Interesse an Ihrem Kind. Fragen Sie nach seinen Gedanken und Gefühlen, seinen Spielen und Freunden, seinen Hoffnungen und Ängsten. Durch Ihr ehrliches Interesse zeigen Sie Ihrem Kind, daß es wichtig ist und ernst genommen wird.

4. Schaffen Sie Situationen, in denen Ihr Kind erfolgreich sein kann. Diese Situationen können sich auf die verschiedensten Bereiche beziehen. In der Schule kann es durch Eifer, Geduld und Fleiß Erfolge haben. Im Sport führen Beharrlichkeit und Engagement zu Erfolgserlebnissen. Durch künstlerische Gestaltung kann es seine Kreativität und Einzigartigkeit erfahren. Aber auch in zwischenmenschlichen Beziehungen sind Erfolgserlebnisse möglich, indem Ihr Kind lernt, Zuneigung zu geben und anzunehmen. Ermutigen Sie Ihr Kind, alle seine Begabungen und Fähigkeiten zu entwickeln.

5. Erkennen Sie die Bemühungen Ihres Kinds ebenso an wie seine Erfolge. Bemühungen sind auch dann wichtig und lobenswert, wenn es nicht zum Erfolg kommt. Ja, oft ist es nötig, über längere Zeit hinweg Bemühungen zu belohnen und zu verstärken, ehe sie zu spürbaren Verbesserungen führen. Heben Sie das Positive an den Bemühungen Ihres Kindes hervor und vermeiden Sie Kritik an Negativem.
Manche Menschen sind im Hinblick auf ihre eigenen Leistungen so unsicher, daß auch positives Feedback bei ihnen Angst auslöst.

Wenn Sie merken, daß Ihr Kind vor allem darauf konzentriert ist, es anderen Menschen – und vor allem Ihnen – recht zu machen, beschreiben Sie positive Leistungen eher konkret, als sie allgemein zu loben.

6. Heben Sie stets den Lernzuwachs Ihres Kindes hervor, z. B.: «Sieh nur, wie toll sich deine Handschrift innerhalb des letzten Jahres verbessert hat». Oder: «Du hast heute nachmittag wirklich sehr gut auf deinen kleinen Bruder aufgepaßt. Ich glaube, von jetzt an können wir dich auch schon mal mit ihm alleine lassen.» Für die Selbstachtung eines Kindes ist sehr wichtig, daß es spürt, es ist nicht nur liebenswert, sondern auch leistungsfähig und lernfähig. Auch in dieser Hinsicht sind konkrete Beschreibungen positiver Leistungen vorteilhafter als allgemeines Lob.

7. Achten Sie darauf, daß Ihre Erwartungen vernünftig, realistisch und den besonderen Stärken und Schwächen Ihres Kindes angemessen sind. Erwartungen können motivierend wirken, wenn sie durchschaubar und erfüllbar sind; unrealistische oder unausgesprochene Erwartungen können jedoch Verwirrung und Angst auslösen.

8. Akzeptieren Sie grundsätzlich die Gefühle Ihres Kindes. Auch wenn Ihr Kind etwas tun soll, das es nicht gerne mag, sollten Sie ihm seine eigenen Gefühle zugestehen, indem Sie z. B. sagen: «Ich weiß, du trocknest nicht gerne Geschirr ab, aber heute ist der Tag, an dem du mit Abtrocknen dran bist.» Fördern Sie die Selbstachtung Ihres Kindes, indem Sie seine Gefühle erkennen und akzeptieren.
Da positives Selbstgefühl durch Nichtstun und Langeweile abnimmt, bei Anregung und Beschäftigung jedoch zunimmt, können Sie Ihrem Kind dabei helfen, mit ungeliebten Aufgaben kreativ umzugehen. Dabei geht es nicht darum, die langweiligen und frustrierenden Aspekte des Lebens zu leugnen, sondern darum, gemeinsam nach phantasievollen Möglichkeiten zu suchen, um mit den im Leben unvermeidlichen Durststrecken besser zurechtzukommen.

9. Übertragen Sie Ihrem Kind nach Möglichkeit eigenständige Aufgaben. Indem Sie es um Hilfe bitten, zeigen Sie ihm, daß Sie es achten und ihm vertrauen. Die Selbstachtung eines Kindes wächst, wenn es sich in der Lage fühlt, Ihnen tatsächlich zu helfen.

10. Lassen Sie Ihrem Kind Raum für eigenverantwortliche Entscheidungen und überlassen Sie ihm gelegentlich auch einmal die Führung, damit es Zutrauen in seine eigene Willens- und Urteilskraft gewinnen kann.

9. Die Behandlung Ihres depressiven Kindes

Sie haben Ihr Kind jetzt einem Arzt vorgestellt, der Ihr Kind medizinisch untersucht hat oder auch die begleitenden körperlichen Symptome behandelt. Der Arzt hat Ihnen vielleicht eine Psychotherapie empfohlen oder eine Behandlung mit Antidepressiva. Vielleicht waren Sie selbst auch der Meinung, daß eine solche Behandlung für Ihr Kind gut wäre.

Bei der Behandlung eines depressiven Kindes kommen üblicherweise mehrere Therapieelemente zum Einsatz, vom Gespräch oder einer Spieltherapie bis hin zu medikamentöser Behandlung, von Einzelsitzungen bis hin zu Mehrfamilien-Gruppensitzungen. Bei Ihrem Kind könnte einer oder mehrere dieser Therapieansätze nötig sein, und Sie sollten darüber Bescheid wissen, worum es sich jeweils handelt. Um den bestmöglichen Therapeuten für Ihr Kind auswählen zu können, sollten Sie auch wissen, welche Therapeuten als Angehörige unterschiedlicher Berufsgruppen für welche Art von Therapien qualifiziert sind.

Außerdem wird es in diesem Kapitel darum gehen, wie Sie den richtigen Psychotherapeuten für Ihr Kind finden können, und es werden insbesondere die vielfältigen Möglichkeiten besprochen, wie Sie selbst zu Hause den psychotherapeutischen Prozeß unterstützen können.

Wer arbeitet kinderpsychotherapeutisch?

Berufliche Zeugnisse und Empfehlungen

Der Therapeut, den Sie für Ihr Kind ausgesucht haben, könnte Psychiater, Psychologe oder Sozialarbeiter mit einer speziellen Zusatzausbildung sein. Der Bildungsweg des Therapeuten ist im Verhältnis weniger wichtig als seine tatsächlichen therapeutischen Fähigkeiten im Umgang mit depressiven Kindern. Sie können sich an Hand der Arbeitszeugnisse des Therapeuten und der Empfehlungen für ihn ein Bild von seinem Erfahrungsstand machen.

Kinderpsychiater sind Ärzte, die nach ihrem Medizinstudium eine mindestens vierjährige Facharztausbildung absolviert haben im Bereich der ambulanten und stationären Behandlung kinderpsychiatrischer Patienten sowie im Bereich der Erwachsenenpsychiatrie und eventuell auch der Kinderheilkunde. Als Ärzte sind sie befugt, Medikamente zu verschreiben. Im Rahmen der gesetzlichen Krankenver- sicherung können Ärzte, sofern sie über die hierzu nötigen Facharztqualifikationen verfügen, die Durchführung von Psychotherapien an nicht-ärztliche Psychotherapeuten, in der Regel Psychologen, delegieren. Hierzu gelten in den deutschsprachigen Ländern unterschiedliche gesetzliche Regelungen und Rahmenbedingungen, über die Sie sich unbedingt bei Ihrer Krankenkasse erkundigen sollten.

Der Begriff «Kinderpsychologe» oder «Kinderpsychotherapeut» ist kein gesetzlich geschützter Titel.

In Deutschland weist die Bezeichnung Diplom-Psychologe (Dipl.-Psych.) auf einen Universitätsabschluß in Psychologie hin. In der Schweiz endet das Universitätsstudium in Psychologie mit dem Lizenziat (Lic.phil), hingegen bezeichnet hier der Begriff Diplom-Psychologe die Absolvierung einer in der Regel kürzeren Fachschulausbildung in Psychologie.

Der Titel «Klinischer Psychologe im Bund Deutscher Psychologen (BDP)» kann in Deutschland nach einer mindestens vierjährigen klinischen Tätigkeit und Fortbildung erworben werden.

Es gibt diverse psychotherapeutische Zusatzausbildungen, die je nach geltenden gesetzlichen Bestimmungen teilweise von den Krankenkassen anerkannt werden. Viele Psychologen bezeichnen ihre psychotherapeutische Ausbildung in Zusätzen zu ihrem akademischen Titel, wobei dies auf strukturierte, mehrjährige Ausbildungsgänge hinweisen kann.

Die häufigsten Zusatzausbildungen in Psychotherapie sind:

- Klientenzentrierte Gesprächspsychotherapie
- Klientenzentrierte Kinder-Spieltherapie
- Verhaltenstherapie
- Tiefenpsychologisch fundierte Psychotherapie
- Psychoanalyse
- Psychagogik (Kinderpsychoanalyse)
- Familientherapie

Viele Ausbildungsgänge sind nicht speziell auf die psychotherapeutische Arbeit mit Kindern ausgerichtet, ausgenommen Psychagogik und Klientenzentrierte Spieltherapie. Einzelne Ausbildungsinstitute bieten besondere Ausbildungsgänge für Kinderpsychotherapie (z.B. Kinder – Verhaltenstherapie) an. Diverse universitäre Abteilungen für Kinderpsychiatrie bieten mittlerweile mehrjährige, oft methodenübergreifende psychotherapeutische Zusatzausbildungen im Rahmen der Facharztausbildung an, die speziell auf die Behandlung kinderpsychiatrischer Patienten ausgerichtet ist. Diese Ausbildungsgänge stehen oft auch Psychologen offen.

Sozialarbeiter durchlaufen eine zwei- bis dreijährige theoretische und praktische Fachschulausbildung und haben sich zumeist in verschiedenen therapeutischen Richtungen weitergebildet. Sie arbeiten zumeist in öffentlichen Einrichtungen.

Welcher Praktiker wendet welche Art von Therapien an?

Unterschiedliche theoretische Sichtweisen, ja auch unterschiedliche Ausbildungsgänge sind weniger wichtig als Unterschiede in den Persönlichkeiten der Therapeuten selbst. Die Forschung hat tatsächlich aufgezeigt, daß sich erfolgreiche Therapeuten in der Tendenz ähnlich verhalten, auch wenn sie unterschiedlichen Therapierichtungen angehören. Also lassen Sie sich nicht entmutigen, wenn Sie nicht genau den Therapeuten finden, der sich Ihren Erwartungen gemäß einer bestimmten, besonderen Methode verschrieben hat. Wissenschaftliche Forschungen haben die Wirksamkeit von Psychotherapien der oben genannten Richtungen belegen können, wenngleich durchaus Unterschiede bezüglich Art und Ausmaß ihrer Wirkungen zu bestehen scheinen. Die meisten guten Therapeuten wenden an, was Erfolg verspricht. Damit soll jedoch nicht gesagt sein, daß jeder beliebige Therapeut für die Durchführung einer Kinderpsychotherapie befähigt ist.

Was macht einen guten Kinderpsychotherapeuten aus?

Ihr Kindertherapeut sollte zumindest grundlegende Kenntnisse über die normale und pathologische Entwicklung von Kindern sowie über Familienabläufe haben. Darauf aufbauend ist eine spezielle Ausbildung in der Diagnostik und Behandlung klinischer Störungen von Kindern und Jugendlichen unerläßlich. Ein Kindertherapeut sollte sich dem Wohlergehen und der Fürsorge von Kindern und Jugendlichen verpflichtet fühlen. Dies erfordert manchmal aktive Unterstützung, manchmal Konfrontation oder das Aufzeigen von Grenzen für akzeptables Verhalten. Mitunter muß der Therapeut aktiv als Anwalt des Kindes dessen Bedürfnisse in Elternhaus, Schule oder anderen Institutionen vertreten; dann gibt es wiederum Zeiten, wo es ausgesprochen wichtig ist, nur einfühlsam zuzuhören und geduldig abzuwarten.
    Eine gute Therapeutin respektiert jeden der kindlichen Gedanken und Gefühle, und sie kann eine große Bandbreite von Gefühlen und Impulsen tolerieren. Sie sollte Eltern und Kind sehr genau miteilen, was vertraulich bleiben kann und was nicht, und sie sollte keine Versprechen machen, die sie nicht halten kann.

Eine Kindertherapeutin sollte aufrichtig mit ihren Patienten sein und erklären, was in der Therapie passieren wird und wie die Therapie funktioniert. Ich sage dem Kind gewöhnlich so etwas wie «Wir werden uns in den nächsten paar Monaten jede Woche einmal treffen und über Dinge sprechen, die dich bis jetzt gestört haben. Wir tun uns beide zusammen und versuchen, deine Sorgen zu verstehen, und wir schauen mal, ob wir herausfinden können, wie es dir besser gehen kann.» Dann sprechen wir weiter darüber, was die Therapie alles mit sich bringt, dies abgestimmt auf die speziellen Erfordernisse und das Entwicklungsniveau des Kindes.

Ein Therapeut ist ein Mensch wie jeder andere mit vielen Bedürfnissen wie zum Beispiel gemocht zu werden, die Kontrolle zu haben, recht zu haben oder erfolgreich zu sein. Genauso wie gute Eltern sollte ein Therapeut sich jedoch darüber bewußt sein und seine Bedürfnisse im Griff haben, um die Patienten nicht damit zu belasten, so daß sie unbefriedigte Wünsche aus der Kindheit des Therapeuten erfüllen müssen.

Ihr Kinderpsychotherapeut sollte eine gewisse Zufriedenheit mit sich selbst und seinem Leben erworben haben und sich selbst weitgehendst verstehen und steuern können. Es wird für Sie eventuell nicht ohne weiteres möglich sein, sich über diese Eigenschaften beim ersten Zusammentreffen mit in Frage kommenden Kindertherapeuten ein Bild zu machen. Aber Sie können bei einem Telefongespräch oder einem direkten Zusammentreffen sicherlich einen Eindruck gewinnen (siehe unten).

Letztendlich kommt es sehr auf die Beziehung zwischen Ihrem Kind und dem Therapeuten an, ob die Therapie zu positiven Veränderungen bei Ihrem Kind führen wird. Wenn Sie sich je gefragt haben, warum ein Kind in einem Schuljahr gute und im nächsten Jahr schlechte Leistungen zeigt, liegt es vielleicht am Lehrerwechsel. Innerhalb der therapeutischen Beziehung wird Ihr Kind sich selbst und seine Umwelt auf eine andere Art und Weise erfahren. Es ist der Mühe wert, jemanden auszusuchen, mit dem Ihr depressives Kind diese therapeutisch wirkende Beziehung entwickeln kann.

Leider kann sich in vielen amerikanischen Bundesstaaten jeder «Psychotherapeut» oder «Berater» nennen, ein Schild an die Tür hängen und ein Honorar von arglosen Klienten einfordern. Dies gilt auch für Deutschland und die Schweiz. Aus diesem Grund können Sie nicht einfach einen «Kinderpsychotherapeuten» aus dem Branchentelefonbuch heraussuchen.

Wie Sie Ihren Kindertherapeuten auswählen

Zuallererst sollten Sie sich Ihren Krankenversicherungsvertrag daraufhin anschauen, ob überhaupt – und wenn ja, welche – psychotherapeutischen Leistungen übernommen werden. Überprüfen Sie beispielsweise, ob ambulante Maßnahmen (wie Psychotherapie) und auch stationäre Maßnahmen (für Krankenhausaufenthalte) eingeschlossen sind. Machen Sie sich genau klar, wieviel Prozent der Kosten der Psychotherapie Ihres Kindes übernommen werden, ob es bestimmte Rabatte gibt, und rechnen Sie die jährlichen Maximalkosten aus. Sie sollten auch herausfinden, ob Ihre Versicherung nur bei bestimmten Psychotherapeuten zahlt, oder ob Sie freie Wahl haben. In manchen amerikanischen Bundesstaaten gelten Kostenübernahmen nur für Ärzte. Viele Krankenkassen in Deutschland und der Schweiz übernehmen Psychotherapiekosten bei der Behandlung durch Nicht-Ärzte (zumeist Psychologen mit universitärem Abschluß und speziellen psychotherapeutischen Zusatzausbildungen) im Rahmen eines Delegationsverfahrens. In diesem Fall verschreibt ein Arzt eine Psychotherapie bei einem Psychologen, mit dem er zusammenarbeitet. Finden Sie genau heraus, wieviel Ihre Versicherung für die Psychotherapie Ihres Kindes zahlt, für wie lange, und wer berechtigt ist, Psychotherapiekosten abzurechnen.

Da viele Krankenversicherungen die Kosten für psychotherapeutische Leistungen nur unzureichend abdecken, werden Sie vielleicht mehr oder weniger die Kinderpsychotherapie aus Ihrer eigenen Tasche zahlen müssen. Aber Sie brauchen nicht den Mut zu verlieren. Sie können bei der örtlichen Gesundheitsbehörde überprüfen lassen, ob Sie auf Grund Ihres Einkommens mit Zuschüssen oder Beihilfen rechnen können.

Öffentliche Dienste des Gesundheits- und Erziehungswesens verfügen in der Regel über Beratungsstellen für Eltern, z. B. Kinderpsychiatrische Dienste, Erziehungs- und Familienberatungsstellen, Fürsorgeämter, Jugendberatungsstellen und schulpsychologische Dienste. In diesen Einrichtungen können öffentlich angestellte Kinderpsychotherapeuten tätig sein, und es enstehen hier für Sie keine oder nur geringfügige Kosten.

Privatpraxis oder öffentliche Einrichtung?

Nachdem Sie Ihre Versicherungsleistungen und Ihre finanziellen Möglichkeiten überprüft haben, stellt sich für Sie die Frage, ob Sie Ihr Kind in einer Privatpraxis oder einer öffentlichen Einrichtung behandeln lassen sollen. Insbesondere in ländlichen Gegenden sind Sie in Ihren Wahlmöglichkeiten natürlich eingeschränkt. Die Behandlung in einer öffentlichen Einrichtung kann für Sie kostengünstiger sein als in einer Privatpraxis. Es kann aber durchaus passieren, daß Wartelisten für eine ambulante oder stationäre Behandlung Wochen bis Monate umfassen, so daß Ihr Kind nicht innerhalb einer vernünftigen Zeitspanne einen Therapieplatz in dieser öffentlichen Beratungsstelle oder Klinik erhalten kann. In vielen klinischen Einrichtungen können Sie den Kinderpsychotherapeuten nicht selbst bestimmen, sondern Ihnen wird ein Therapeut nach Einsatzplan zugewiesen. Ihr Kind könnte durch einen in Ausbildung stehenden Therapeuten behandelt werden, der seinen Arbeitsort im Rahmen seiner Ausbildung wechseln muß, bevor die Therapie Ihres Kindes beendet ist.

Obwohl die Behandlung in einer Privatpraxis vielleicht teurer ist, haben Sie vielleicht auch mehr Freiheit, jemanden auszusuchen, bei dem Ihr Kind sich wohl fühlt. Oft, wenn auch nicht immer, kann Ihnen ein in eigener Praxis arbeitender Therapeut ausreichende Gewähr bieten, für die Behandlung Ihres Kindes so lange wie nötig zur Verfügung zu stehen.

Eine Auswahlliste von Therapeuten erstellen

Es empfiehlt sich, daß Sie auflisten, welche Eigenschaften für Sie die wichtigsten bei einem Kindertherapeuten sind. Sie könnten beispielsweise einen Therapeuten eines bestimmten Alters oder Geschlechts bevorzugen, mit einem speziellen beruflichen Hintergrund, einer bestimmten Lebensphilosophie oder mit bestimmten Erfahrungen. Nachdem Sie sich klar gemacht haben, was am wichtigsten für Sie ist, können Sie bei den verschiedensten Quellen Nachfragen stellen über Therapeuten, die Ihre persönlichen Anforderungen erfüllen.

Sie könnten Ihren Hausarzt fragen, Freunde, Nachbarn, Arbeitskollegen, Verwandte, Pfarrer oder Priester und Mitarbeiter der Schule Ihres Kindes, ob Sie Ihnen fähige Psychotherapeuten nennen können, die aus ihrer Sicht Ihr Kind erfolgreich behandeln könnten. Wenn Freunde von Ihnen ihre Kinder psychotherapeutisch behandeln ließen, fragen Sie sie nach Ihren Erfahrungen mit speziellen Psychotherapeuten. Wenn Sie jemanden aus dem psychotherapeutischen Berufsfeld kennen, fragen Sie nach, welchen Eindruck derjenige aus der Zusammenarbeit mit bestimmten Psychotherapeuten gewonnnen hat.

Achten Sie darauf, daß Sie genau verdeutlichen, was bei Ihrem Kind nötig ist, und achten Sie bei jedem in Frage kommenden Therapeuten darauf, ob er Erfahrung in der Behandlung mit Kindern hat, die ähnliche Probleme haben. Sie können bei den örtlichen Berufsverbänden anrufen und sich Empfehlungen für Sozialarbeiter, Psychologen oder Psychiater geben lassen. Seien Sie sich darüber im Klaren, daß diese Empfehlungen nicht auf genauen Kenntnissen über Ihre besondere Situation und Ihr Kind beruhen noch daß sie wirklich über die Qualität einzelner Therapeuten etwas aussagen. Empfehlungen dieser Art beruhen oft auch auf einem festgelegten Rotationsprinzip.

Wenn Sie jetzt eine Namensliste erstellt haben, versuchen Sie, eine Rangfolge herzustellen. Setzen Sie z. B. die Namen, die Ihnen von mehreren Leuten genannt wurden, zuoberst.

Telefonische Nachfragen

Sie werden sicherlich Ihre Liste kürzen können, nachdem Sie mit mehreren Therapeuten telefoniert haben. Beginnen Sie mit Ihren Telefonaten oben bei Ihrer Liste. Fragen Sie den Therapeuten, ob er überhaupt depressive Kinder behandelt, nach dem Honorar, und ob er freie Kapazität für die Behandlung Ihres Kindes hat. Vielleicht entscheiden Sie sich dafür, Termine mit zwei oder drei verschiedenen Therapeuten zu vereinbaren, um zu prüfen, wer Ihnen am meisten zusagt.

Je nach Ausbildung des Therapeuten, dem Alter Ihres Kindes, Ihrem familiären Hintergrund und der Art des Problems möchte der Therapeut vielleicht zunächst mit Ihnen allein sprechen oder Sie zusammen mit Ihrem Kind oder Ihrer ganzen Familie sehen.

Ich selbst spreche bei jüngeren Kindern zunächst mit den Eltern. Auf diese Weise kann ich mehr über das Problem des Kindes, über seinen Entwicklungverlauf und seinen allgemeinen Entwicklungsstand und über die gesundheitlichen Probleme innerhalb der Familie erfahren.

Bei jugendlichen Patienten spreche ich zuerst mit ihnen selbst, um ihre Ansichten kennenzulernen und zu respektieren, und um deutlich zu machen, daß die eigene aktive Beteiligung wichtig ist. In den meisten Fällen genügt ein Telefonat mit einem Elternteil oder einem Schulpsychologen, um mir ein erstes Bild von dem Poblem zu machen, um so auch dann ein Gespräch mit dem oder der Jugendlichen führen zu können, wenn er oder sie selbst eher schweigsam sein sollte.

Erstes Zusammentreffen mit einem in Frage kommenden Therapeuten

Bei der ersten Sitzung werden Sie vermutlich die meiste Zeit über die Entwicklung Ihres Kindes berichten und über die Probleme, die Anlaß für die Behandlung sind. Achten Sie darauf, daß Sie zum Schluß noch etwas Zeit haben, dem Therapeuten einige der folgenden Fragen zu stellen:

– Welche Ausbildung haben Sie?
– Wo wurden Sie ausgebildet?
– Haben Sie eine hier gültige Bewilligung/ein Zertifikat als Psychotherapeut?
– Über wieviel Erfahrung verfügen Sie in der Arbeit mit depressiven Kindern?
– Welche Behandlung wird Ihrer Einschätzung nach meinem Kind helfen?
– Wie werden mein Partner und ich an der Behandlung beteiligt werden?
– Wie oft werden Sie mein Kind sehen?
– Wie lange wird Ihrer Meinung nach die Therapie vermutlich dauern?
– Welche Kosten entstehen?
– Wird durch die Krankenkasse das ganze Honorar oder nur ein Teil davon übernommen?
– Welche Vereinbarungen gelten für abgesagte Termine?
– Wann können wir mit Besserungen bei unserem Kind rechnen?
– Woran erkennen wir, ob die Therapie wirksam ist?

Nach dem Gespräch mit einer Therapeutin können Sie in Gedanken durchspielen, ob Sie und Ihr Kind in der Lage sein werden, mit ihr zusammenzuarbeiten, indem Sie sich folgendes fragen: Hat die Therapeutin Ihnen aufmerksam zugehört? Haben Sie den Eindruck, sie versteht die Probleme Ihres Kindes? Waren ihre Erklärungen und Vermutungen klar und einsehbar? Erschien sie willens und offen, über praktische Einzelheiten zu sprechen wie Vereinbarungen über telefonische Notrufe oder versäumte Sitzungen? Ist sie Ihnen mit Achtung und Höflichkeit begegnet? Erschien Ihnen ihr Behandlungsplan vernünftig? Therapieziele sollten frühzeitig im Therapieverlauf festgelegt werden, wenn vielleicht auch noch nicht in der zweiten oder dritten Sitzung, und Sie selbst, Ihr Kind und der Therapeut sollten daran beteiligt sein. Dabei bilden die Probleme die Ausgangslage, und die Ziele geben vor, wohin es gehen soll. Zusammen ergeben Start und Ziel den bestmöglichen Verlauf für die Therapie, wie eine Art Landkarte, wo man immer wieder nachsehen kann, ob man auf dem richtigen Weg ist.

Wenn Ihr Kind sich zum Beispiel jeden Tag traurig fühlt, keine Freunde hat und versucht, sich vor der Schule zu drücken, könnten die ersten Ziele darin liegen, daß es dahin kommt, sich 80 % der Zeit wohl zu fühlen, drei neue Freunde gewinnt und ohne Einwände jeden Tag zur Schule geht. Nach einem Monat können Sie einfach einmal überschlagen, an wievielen Tagen Ihr Kind traurig war im Vergleich zu Tagen, an denen es zufriedenen war, welche Fortschritte sich in punkto Freundschaften ergeben haben und wie oft ihr Kind sich geweigert hat, zur Schule zu gehen. Die Therapieziele geben Ihnen einige Anhaltspunkte, um einschätzen zu können, ob ihr Kind Fortschritte macht oder nicht.

Wie man einen Therapeuten für einen depressiven Jugendlichen auswählt

Die Entwicklungsaufgaben eines Jugendlichen unterscheiden sich von denen eines Kindes, und auch die Erfordernisse einer Theapie für Jugendliche sind andere als für Kinder. Die depressive Erkrankung eines Teenagers trifft zeitlich mitten hinein in spezielle Entwicklungsaufgaben wie z. B. von den Eltern unabhängig zu werden und zu lernen, mit ansteigenden sexuellen und aggressiven Impulsen umzugehen.

Psychotherapeuten, die gut mit Jugendlichen arbeiten können, unterscheiden sich vielleicht von ihrer Persönlichkeit her von denjenigen, die gerne mit Kindern oder mit Erwachsenen arbeiten. Die psychotherapeutische Arbeit mit Jugendlichen erfordert sicherlich viel Sinn für Humor und ein gewisses Bewußtsein für die eigenen Schwächen, denn die Jugendlichen werden einen immer mal wieder darauf stoßen. Der Therapeut sollte mit Jugendlichen gelassen und entspannt umgehen und ihnen zeigen können, wie sie sich in ihrer Haut, so wie sie nun einmal sind, wohlfühlen und gut zurechtkommen können.

Auf der anderen Seite sollte der Therapeut sich nicht kumpelhaft verhalten und so tun, als sei er jemand aus ihrer Clique. Wie auch die Eltern trägt der Therapeut viel Verantwortung. Sowohl in der Gruppen– wie auch in der Einzeltherapie braucht es nicht immer bitterernst zugehen, aber der Therapeut sollte immer wissen, wann der Spaß aufhört, und das Heft in der Hand haben.

Eine Jugendliche sollte so weit, wie sie selbst dazu bereit ist, bei der Auswahl ihrer Therapeutin mit einbezogen werden, und sie sollte das Recht haben, jemanden abzulehnen, bei dem sie sich nicht wohl fühlt. Wenn allerdings Ihre jugendliche Tochter so depressiv und zurückgezogen ist, daß ihr alles egal zu sein scheint, oder sie so verwirrt ist, daß sie jeden Therapeuten ablehnt, sollten Sie für sie eine Entscheidung treffen. Jugendliche sollten sicherlich mehr und mehr Eigenverantwortung übernehmen können, aber eine depressive Jugendliche ist ohne Zweifel behandlungsbedürftig, ob sie selbst nun davon überzeugt ist oder nicht. Ihre Aufgabe ist es, dafür zu sorgen, daß sie diese Behandlung auch erhält.

Weil ein Jugendlicher den Therapeuten meist mehr für sich vereinnahmen will als dies bei einem Kind in der Regel der Fall ist, kann es in manchen Fällen ratsam sein, die therapeutische Arbeit mit der Familie und die individuelle Therapie mit dem Jugendlichen auf zwei verschiedene Therapeuten aufzuteilen. Es gehört zum Gelingen des therapeutischen Prozesses, daß Eltern immer wieder über den Verlauf informiert werden, wobei ich selbst regelmäßig in gemeinsamen Sitzungen mit dem Jugendlichen und seiner Familie einen Überblick des Therapieverlaufs gebe. Während der *Therapie* halte ich Kontakt mit Elternhaus und Schule, was mir dabei hilft, die aktuellen Lebensumstände des Jugendlichen zu verstehen und die Behandlung daraufhin auszurichten.

Was in in der Therapie passiert und wie Sie die Therapie zu Hause unterstützen können

Bei der Behandlung depressiver Kinder arbeiten Therapeuten gewöhnlich mit einer der folgenden Methoden: tiefenpsychologisch fundierte Psychotherapie und Psychoanalyse, Klientenzentrierte Spieltherapie und Gesprächspsychotherapie, kognitive Verhaltenstherapie oder Familientherapie. Die theoretische Ausrichtung des Therapeuten beeinflußt die Art seines Vorgehens und seiner Ratschläge, wie viele Sitzungen pro Woche er anbietet und wie lange die Therapie eventuell dauern wird. Wenn auch heutzutage viele Therapeuten Vorgehensweisen und Behandlungsgrundsätze verschiedener Richtungen miteinander kombinieren, und wenn auch jedes Vorgehen mit einer medikamentösen Behandlung oder Gruppentherapie verbunden werden kann, so ordnen sich doch die meisten Therapeuten einer dieser vier grundlegenden Methoden zu.

Tiefenpsychologisch fundierte Psychotherapie und Psychoanalyse
Die tiefenpsychologisch fundierte und psychoanalytische Therapiekonzeption faßt die Symptome als Ausdruck eines inneren Konflikts auf. Das Augenmerk der therapeutischen Bemühungen ist hauptsächlich darauf gerichtet, diesen Konflikt zu erfassen, Einsicht über seine Entstehung zu erlangen, letztendlich zu einem gesünderen Kompromiß mit seinen wiedersprüchlichen inneren Strebungen zu kommen

und ein stabileres «Selbst» zu erlangen. Gegründet auf die Theorien von Sigmund Freud und seinen Schülern wird dem Kind dabei geholfen, sein Innenleben wahrzunehmen. Kinder, die zu jung sind, um darüber sprechen zu können, werden angeregt, ihre Gefühle und ihre Konflikte im Spiel auszudrücken. Bei der tiefenpsychologisch fundierten Psychotherapie und den psychoanalytischen Verfahren wird versucht, den Kindern dabei zu helfen, ihre Konflikte zu verstehen und zu lösen. Weil die Entwicklung dieser Selbstwahrnehmung eine gewisse Zeit braucht, könnte ein tiefenpsychologisch/psychoanalytisch ausgerichteter Therapeut eine Frequenz von mehreren Sitzungen pro Woche über einen längeren Zeitraum von bis zu mehreren Jahren empfehlen.

Klientenzentrierte Kinder-Spieltherapie und Gesprächspsychotherapie
Diese Therapieform wurde von dem amerikanischen Psychologen Carl Rogers entwickelt; Virginia Axline übertrug dieses Konzept auf die psychotherapeutische Arbeit mit Kindern.

Therapeutische Ziele liegen im Aufbau von Selbstakzeptanz und einer Verbesserung des Selbstwertgefühls, einer differenzierteren Selbstwahrnehmung und Selbstreflektion, insbesondere auch was das Gefühlsleben des Patienten betrifft. Der Therapeut stellt durch seine Einfühlung, Akzeptanz und Bereitschaft zu echter menschlicher Begegnung einen therapeutischen Schutzraum bereit, in dem dieses Nachdenken über sich selbst und die Konfrontation mit auch angstbesetzten Gefühlsinhalten möglich wird. Dies soll dem Patienten ermöglichen, neue, bewußtere und angemessenere Entscheidungen für sich selbst im Rahmen seiner Lebensgestaltung zu treffen.

In der Klientenzentrierten Kinder-Spieltherapie stimuliert eine solche therapeutische Atmosphäre die Kinder dazu, im Spiel und in der Beziehung zum Therapeuten ihre Gefühle und Konflikte auszudrücken, wobei die Begleitung des Therapeuten dabei hilft, diese Konflikte zu verstehen und zu verarbeiten. Zur Kinder-Spieltherapie gehören regelmäßige Gespräche mit allen wichtigen Personen aus dem Lebensumfeld des Kindes.

Klientenzentrierte Psychotherapiesitzungen finden in der Regel einmal pro Woche statt, bei jüngeren Kindern mitunter zweimal pro Woche. Eine Behandlung dauert in etwa zwanzig bis 60 Sitzungen innerhalb eines Zeitraums von etwa einem halben bis zwei Jahren.

Kognitive Verhaltenstherapie
Diese Therapieform hat sich aus der wissenschaftlichen Psychologie des Lernens heraus entwickelt. Das Kind wird hier dazu angeleitet, sich

selbst und seine Umwelt neu einzuschätzen und zu bewerten sowie störende Verhaltensmuster zu verändern und neue Verhaltensweisen einzuüben. Dabei muß nicht notwendigerweise eine Einsicht über die Ursprünge des Problemverhaltens erarbeitet werden. Diese Therapie ist eher kurz, sie dauert in der Regel eher ein paar Monate als Jahre.

Familientherapie
Familientherapeuten betrachten das depressive Kind als den Symptomträger in einer gestörten Familie. Die gesamte Familie ist der «Patient» und wird in gemeinsamen Sitzungen behandelt, um das Fehlverhalten aller Familienmitglieder zu verändern. Familientherapien können von ein bis zwei Sitzungen bis zu einem Jahr dauern.

Die Behandlung Ihres Kindes kann durchaus verschiedene Vorgehensweisen aus all diesen Therapien umfassen, die weiter unten ausführlicher beschrieben werden. Auch wenn Sie sicher nicht der Ko-Therapeut Ihres Kindes werden sollen, kann Ihr Bemühen um ein Verständnis dieser therapeutischen Ansätze den Therapieerfolg unterstützen.

Tiefenpsychologisch fundierte Pychotherapie und Psychoanalyse

Psychotherapie auf der Ebene von Gesprächen. Dieser Ansatz zielt darauf ab, dem Kind beim Verständnis seiner selbst und seiner Gefühle zu helfen. Erinnerungen und Träume können wertvolle Hinweise auf unbewußte Vorstellungen geben, die für die jetzige seelische Verfassung des Kindes mit verantwortlich sein könnten.

Zum Beispiel kann ein Kind untröstlich über den Tod eines Haustieres sein und nicht darüber hinwegkommen. Im Rahmen der Psychotherapie kann dem Kind geholfen werden, z. B. zu entdecken, daß tief innen immer noch die erschütternde Erinnerung darüber vorhanden ist, wie sein Vater plötzlich nicht mehr da war, als sich die Eltern einmal für ein halbes Jahr getrennt hatten; oder es erinnert sich daran, wie schmerzhaft es die Unzugänglichkeit seiner Mutter vor Jahren erlebt hatte, als sie sich in einer depressiven Krise befand und voll von eigenen Problemen war. Durch die tiefenpsychologische Therapie werden solche verdeckten Themen ins Licht gerückt, und dies hilft dem Kind, zu verstehen, wie vergangene Ereignisse die Verarbeitung heutiger Erlebnisse beeinflussen und belasten können.

Die 15jährige Jocelyn wurde wegen einer Depression behandelt. Einmal erzählte sie beim Beginn unserer Sitzung einen Traum: «Heute habe ich geträumt, wie ich mit Freunden an einem Strand war, und ich fand dort einen vergrabenen Schatz. Es war eine Schatztruhe, und mein

Bruder half mir beim Ausgraben. Keiner hatte mir geglaubt, daß da ein Schatz vergraben lag, aber er war wirklich da, und in der Truhe waren ganz schöne Muscheln und noch andere schöne Sachen.» Jocelyn und ich sprachen in dieser Stunde über die Bedeutung dieses Traums, und wir kamen beide darauf, daß dieser Traum etwas mit den guten und schönen Dingen in Jocelyn selbst zu tun hatte, mit ihren inneren Schätzen, die von keinem wahrgenommen werden. Das Graben und Entdecken erschien ihr ähnlich wie unsere Therapiestunden zu sein, wo wir auch nach dem Ausschau halten, was bei ihr vergraben ist, und sie meinte, ich sei wie ihr Bruder in ihrem Traum, der ihr beim Ausgraben geholfen hatte.

Ein anderes Mal berichtete Jocelyn von einem Traum, in dem sie mit einem Rennauto fuhr: «Ich fuhr mit einem roten Ferrari, ich glaubte, es war der von meiner Mutter, und damit zu fahren machte großen Spaß, aber ich konnte nicht abbremsen. Ich fuhr immer schneller und schneller, und während ich durch die Straßen raste, war da ein Polizist mit seinem Strafzettelblock, der sah mich finster an, aber ich habe nie einen Strafzettel bekommen. Ich hatte ein bißchen Angst, und ich machte mir auch Sorgen, weil es ja das Auto meiner Mutter war, aber es hat trotzdem Spaß gemacht.»

Dieser Traum war so inhaltsreich in seiner ganzen Gestaltung, daß wir mehrmals darauf zurückgekommen sind. Jocelyn erkannte das Fahren mit dem Ferrari als ein Symbol für verschiedene gefährliche Handlungen, die für sie aber auch einen verführerischen und reizvollen Charakter hatten wie Alkohol trinken, Drogeneinnahme und Sexualität. Die Tatsache, daß es sich um das Auto ihrer Mutter handelte, hatte vielleicht ein wenig mit Neid auf das gewandte und kultivierte Auftreten ihrer Mutter zu tun. Zuerst dachte Jocelyn, der Polizist würde für ihren Vater stehen, aber einige Monate später, als sie ihre eigenen sehr strengen Bewertungsmaßstäbe deutlicher wahrnahm, meinte Jocelyn, der Polizist sei eine Seite von ihr selbst.

Bei der psychodynamischen Therapie werden auch die innerpsychischen Abwehrmechanismen wie z. B. die «Verleugnung» besonders beachtet. Durch das Bewußtsein wird Verleugnung wie eine Art Schutz eingesetzt, um schmerzliche Erlebnisse und Erinnerungen nicht wahrnehmen zu müssen. Der Prozeß des Verleugnens selbst kann aber die Dinge verschlimmern. Ein Teenager z. B., der seiner Alkoholproblematik nicht wirklich ins Gesicht sieht, kann auch seine Depression nicht bearbeiten.

Alle guten Therapeuten, aber insbesondere tiefenpsychologisch orientierte Psychotherapeuten, entwickeln eine besondere Hellhörigkeit für solche Abwehrmechanismen. Sie begreifen, daß ihre Patienten, und manchmal auch die gesamte Familie, sich einer Veränderung widersetzen können, auch wenn sie dadurch weiter leiden. Therapeuten müssen mit diesen «Widerstand» rechnen und damit umgehen können – z. B. abgesagte oder verpaßte Therapiesitzungen, oder oberflächliche Gespräche, bei denen das eigentlich wichtige Thema vermieden wird – sonst kann die Therapie scheitern.

Duch die psychodynamische Therapie wird üblicherweise nicht nur die Einsicht in innere Probleme und Konflikte gefördert, sondern sie wirkt auch stützend. Dies geschieht dadurch, daß der Therapeut das Kind bestätigt und ermutigt. Der Therapeut kann mitunter auch Ratschläge bei Problemen geben oder auch vorschlagen, in bestimmten Situationen einmal etwas anderes auszuprobieren.

Spieltherapie. Oft leidet ein Kind still unter Sorgen und Konflikten, kann mit niemandem darüber sprechen und erfährt keinen Trost. Für die Bearbeitung solcher inneren Aspekte der Depression hat sich speziell die Spieltherapie als nützlich erwiesen. Von dieser Form der Therapie profitieren auch kleinere Kinder, die noch nicht in der Lage sind, ihre Gedanken und Gefühle in Worte zu kleiden.

Der Therapeut stellt verschiedene altersgemäße und dem Problem angemessene Spielsachen zur Verfügung. Die Kinder könne sowohl beim freien Spiel, beim Malen, bei Brettspielen oder im Gespräch Fortschritte machen. Das Spielen ist eine Möglichkeit, sowohl innere Konflikte auszudrücken – z. B. die Angst, daß die Eltern nicht mehr da sein könnten – wie auch tatsächliche Ereignisse darzustellen, wie z. B. Demütigungen oder Kränkungen.

Gewöhnlich werden ein oder zwei Sitzungen von 30 bis 50 Minuten ìn der Woche angeboten. Der Therapeut beobachtet das Spiel, spielt manchmal auch mit, und gibt von Zeit zu Zeit Kommentare, die dem Kind beim Verständnis seiner Situation und seiner Schwierigkeiten helfen. Zeitweilig kann er dem Kind auch bestimmte Spiele oder Spielabläufe vorschlagen, um ein spezielles Problem zu lösen.

Zum Beispiel vestarb Jonathans Vater ganz unerwartet, als Jonathan vier Jahre alt war. Jetzt, im Alter von fünf Jahren, zeigte Jonathan eine Depression, gekennzeichnet durch tiefe Traurigkeit und Einschlafstörungen.

Der Junge hatte nie viel über den Tod seines Vaters gesprochen, nur einmal geweint. Jonathans Mutter glaubte, daß der Tod des Vaters «ihn garnicht richtig berührt hat», weil der Vater soviel gearbeitet und recht wenig Kontakt mit dem Jungen gehabt hatte.

In der Spieltherapie befaßte sich Jonathan gewöhnlich mit der Puppenfamilie und dem Puppenhaus. Er nahm immer zwei Kinderpuppen und eine Mutterpuppe und stellte im Spiel verschiedene Situationen dar, aber er spielte niemals etwas, was am Abend stattfand. Nach einigen Monaten, als sich ein persönliches Vertrauensverhältnis zwischen Jonathan und seinem Therapeuten entwickelt hatte, spielte Jonathan mit den Puppen «nach dem Abendbrot», und der Therapeut entschloß sich, das Thema «ins Bett gehen» anzusprechen.

«Wann ist es Zeit für die Kinder, schlafen zu gehen?» fragte der Therapeut.

«Sie können nicht schlafen gehen», erwiderte Jonathan.

«Warum nicht?»

«Sie haben keinen Vater.»

«Sie können nicht ohne ihren Vater schlafen gehen?»

«Nein, weil er ihnen immer im Bett eine Geschichte vorliest, und sie können ohne eine Geschichte nicht einschlafen.» In den braunen Augen des kleinen Jungen standen Tränen.

Über die nächsten Therapiestunden spielte Jonathan immer wieder Szenen vom Ins-Bett-gehen, und manchmal mußte der Therapeut die Vater-Puppe spielen. Auf Vorschlag des Therapeuten ließ Jonathan die Mutter-Puppe Geshichten vorlesen.

In den begleitenden Sitzungen mit der Mutter half der Therapeut ihr dabei zu erkennen, wie stark Jonathan immer noch über den Tod seines Vaters trauerte. Die Mutter hatte die Möglichkeit, sich im Gespräch noch einmal ihrer eigenen Trauer zuzuwenden und zu bearbeiten, was es ihr dann ermöglichte, an die Stelle ihres verstorbenen Mannes zu treten. Jonathans Spiel wurde zunehmend freudvoller, und je stabiler seine Mutter wurde, desto häufiger tauchte sie auch in den Spielszenen auf. Innerhalb eines Jahres entwickelte sich Jonathan sehr zufriendenstellend und konnte friedlich die ganze Nacht durchschlafen.

Was Sie tun können. Für die meisten Kinder ist Spielen heilsam, bevor sie je einen Therapeuten zu Gesicht bekommen haben. Letztendlich ist Spielen eine Möglichkeit, die Welt und die Beziehungen zu anderen neu zu formen. Wenn Ihr Kind spielt, kann es Ereignisse korrigieren und sie nach seinen eigenen Vorstellungen gestalten. In der spielerischen Phantasie können Kinder z. B. etwas wiedergutmachen, etwas Neues ausprobieren oder einüben oder sich von schwierigen Erlebnissen ablenken.

Wenn Sie mit Ihrem Kind spielen, sollten Sie wirklich auch innerlich anwesend sein, Zeit haben und bereit sein, Ihr Kind in eine andersartige Welt mit anderen Regeln zu begleiten. Vielleicht werden Sie sich wirklich zum ersten Mal dabei erleben können, wie Sie die Vorschriften Ihres Kindes befolgen.

Vielleicht müssen Sie z. B. ein Baby spielen, und ihr Kind ist ein Elternteil. Sie müssen vielleicht auf dem Fußboden sitzen oder in eine aus den Sofakissen gebaute Burg hineinkrabbeln, so alberne Sachen machen wie 20 Mal unter einer Decke hervorschauen und jedesmal so tun, als seien Sie ganz überrascht. Vielleicht werden Sie ein Tiger sein und auf allen vieren im ganzen Haus herumschleichen, um nach Tigernahrung zu suchen. Krieg, das Zuhause, Schule, Puppen: unendliche Möglichkeiten. Wenn Sie mit Ihrem Kind spielen, widmen Sie Ihrem Kind Ihre Zeit, und Sie werden sicherlich sehr viel mehr von ihm erfahren als wenn Sie Ihr Kind vor sich hinsetzen und direkt über seine Gefühle oder Sorgen befragen.

Nehmen Sie sich die Zeit, mit Ihrem Kind zu spielen. Versuchen Sie, für diese Zeit Ihre Aufgaben und Pflichten beiseite zu lassen. Wenn es sein muß, ziehen Sie den Stecker aus dem Telefon. Aber richten Sie wirklich eine halbe Stunde ein, in der Sie sich ganz den Erfahrungen mit Ihrem Kind überlassen können.

Lassen Sie Ihr Kind eine Auswahl aus einer Reihe von Spielsachen treffen, die die eigenen inneren Bilder anregen können: Bauklötze, Puppen und Figuren, Malblock und Stifte, Knete usw. Richten Sie eine Spielecke ein, wo Sie sich keine großen Sorgen um Unordnung oder Kleckerei machen müssen. Ältere Kinder malen auch gern. Einige wollen vielleicht eine Geschichte oder ein Gedicht schreiben oder auch Ihnen etwas diktieren. Sie sollten sich dabei nicht um den richtigen Satzbau oder die Rechtschreibung kümmern; schließlich wird jetzt gespielt.

Fangen spielen oder mit dem Ball herumschießen ist ein aktiveres Spiel. Sportliche Aktivitäten bieten gute Möglichkeiten, mit Wettbewerb, Gewinnen und Verlieren umgehen zu lernen. Ein Spaziergang oder eine Radtour ist eine wunderbare Möglichkeit zur Gemeinsamkeit mit Ihrem Kind.

Wenn Sie mit Ihrer Tochter spielen und die Zeit mit ihr verbringen, können Sie auf ihre Äußerungen und Handlungen achten und auf die Themen, die für sie von Interesse zu sein scheinen. Beachten Sie ihre Gefühle, wenn sie auch vielleicht einer Puppe oder einer anderen Figur gegenüber ausgedrückt werden. Machen Sie sich keine Gedanken darüber, was Sie im Spiel antworten sollen. Bleiben Sie einfach im Fluß und öffnen Sie sich Ihren Gedanken und Gefühlen. Wenn Sie hilfreich für Ihr Kind wirken wollen, sollten Sie es nicht speziell darauf anlegen, «therapeutisch» zu sein.

Klientenzentrierte Kinder–Spieltherapie
und Gesprächspsychotherapie

Seelisch belastete Kinder und Jugendliche wissen oft zunächst nicht genau, woran sie eigentlich leiden. Der nichtdirektive, klientenzentrierte Therapieansatz ist hauptsächlich darauf gerichtet, die eigenen Gefühle, Denkinhalte, Werte und Ziele zunächst genauer wahrzunehmen, um eine bessere Ausgangslage für neue, bewußte Entscheidungen zu schaffen. Im Zentrum des therapeutischen Bemühens steht die «Selbstreflexion» des Patienten, das Nachdenken über sich selbst. Im Gegensatz zu den tiefenpsychologischen Verfahren wird auf Deutungen und Erklärungen von Seiten des Therapeuten weitgehend verzichtet. Der Patient bestimmt selbst Gesprächsinhalte oder Spiele in den Sitzungen, und der Therapeut stellt eine unterstützende Atmosphäre von Einfühlung (Empathie), Akzeptanz und echter persönlicher Begegnung bereit.

Klientenzentrierte Kinder-Spieltherapie. Wie bei den tiefenpsychologisch fundierten Verfahren ist für Kinder das Heilmedium neben dem therapeutischen Beziehungsangebot das Spielen in einem gut ausgestatteten Spielzimmer. Mit Hilfe der Spielmaterialien oder durch kreative Gestaltungen können Kinder ihre Konflikte symbolisch ausdrükken und im Spielhandeln verarbeiten. Die Spieldarstellungen und die Art des Zusammenspiels mit dem Therapeuten werden als persönlich sinnvolle und verstehbare Mitteilungen über die Innenwelt des Kindes und die Art seiner Beziehungen zur Umwelt aufgefaßt und durch die empathische, «spiegelnde» Begleitung des Therapeuten bestätigt und verdeutlicht. Dies kann auf sprachlicher Ebene oder durch die Art des Mitspielens des Therapeuten erfolgen. Das Kind erfährt, daß es mit dem, was es erlebt und denkt, verstanden wird, auch mit seinen schwierigen, negativen oder ängstigenden Gefühlen und Gedanken. Es erfährt, daß es «richtig» fühlt und denkt, und sein Selbstwertgefühl wird auf diese Weise gestärkt. Grenzen werden bei zerstörerischem und gewalttätigem Verhalten gesetzt. So wird das Kind auch mit der Realität konfrontiert, und es wird ihm dabei geholfen, zwischen Phantasie und Wirklichkeit zu unterscheiden. Diese Therapiemethode sieht ausdrücklich den zusätzlichen Einsatz von lern- und verhaltenspsychologisch begründeten Techniken vor, wenn dies in Hinblick auf ein konkretes Verhaltensziel angezeigt ist.

Ein Beispiel: Sabine, 7 Jahre, ein ansprechendes und intelligentes Mädchen, hatte Schlafstörungen, wollte nicht essen und war manchmal so deprimiert, daß sie äußerte, sie wolle nicht mehr weiterleben. Ihr Vater litt seit einem Jahr an einer schweren Nierenerkrankung, mußte wö chentlich in einer Klinik behandelt werden, war seit einiger Zeit arbeitslos und litt selbst unter depressiven Verstimmungen. Die Mutter hatte seitdem wenig Zeit für Sabine, weil sie jetzt den Lebensunterhalt der Familie als Zimmermädchen in einem Hotel verdienen mußte. Sabine wurde seitdem zu Hause vom Vater betreut, der recht ungeschickt, mitunter auch grob mit dem kleinen Mädchen umging. Sabine aber vergötterte ihren Vater.

Eines ihrer Lieblingsspiele bei Beginn der therapeutischen Sitzungen war «Krankenschwester». Es ging oft um blutige Verletzungen bei den Puppen, bei der Therapeutin oder bei Sabine selbst, die äußerst sorgfältig und ausführlich behandelt wurden. Eines Tages zeigte Sabine der Therapeutin eine Narbe auf ihrem Nasenbein und fragte: «Weißt du, woher das kommt?» Die Therapeutin verneinte und fragte Sabine, ob sie es denn selbst wisse. Sabine antwortete: «Ich weiß es auch nicht, ich habe es einmal gewußt, aber ich habe es vergessen.»

Aufmerksam geworden, fragte die Therapeutin die Mutter beim nächsten Gespräch nach dem Ursprung der Narbe. Die Mutter konnte keine genauen Angaben dazu machen. Auch der Vater konnte nichts dazu sagen. Nach einigen Sitzungen sprach Sabine noch einmal über ihre Narbe: «Ich weiß jetzt wieder, wie das passiert ist. Ich bin mit dem Kopf auf den Tellerrand gefallen, und da hat es geblutet.»

In den folgenden Sitzungen stellte Sabine Szenen dar, wo es um Auseinandersetzungen zwischen Kindern und Erwachsenen ging. Die Kinder gehorchten nicht und beschimpften die Erwachsenen, von denen sie sich ungerecht behandet fühlten. In den begleitenden Elternsitzungen fragte die Therapeutin nach Problemen im erzieherischen Alltag und nach Auseinandersetzungen zwischen Eltern und Kind. Der Vater berichtete, daß er oft sehr ungeduldig mit Sabine sei, und die Mutter äußerte, daß der Vater die Kinder auch anschreie. Beide Eltern wirkten bei dieser Thematik sehr bedrückt und hilflos. Da der Vater weiterhin sehr depressiv war, erschien eine gezielte Erziehungsberatung, bei der er hätte sehr aktiv und frequent mitarbeiten müssen, nicht aussichtsreich. Er begab sich auf den Rat der Therapeutin in eine psychiatrische Behandlung. Es wurde gemeinsam entschieden, daß Sabine nach der Schule einen Kindergarten besuchen sollte, um den Vater von den Erziehungsaufgaben, denen er offensichtlich wenig gewachsen war, zu entlasten.

In den Spielstunden ging es nun wieder ruhiger her, Sabine malte harmonische Szenen. Eines Tages sagte Sabine sehr ernst: «Das mit der Narbe war ganz anders, jetzt weiß ich es ganz genau. Aber du darfst dem Papa nichts sagen, sonst weint er. Einmal hat der Papa mich ganz doll auf den Kopf gehauen, als ich nicht essen wollte, und meine Nase ist auf den Teller geknallt und hat geblutet.» Sabine wirkte sehr traurig bei dieser Schilderung, aber auch wie befreit. Sie äußerte in der Folge vermehrt offen Kritik am Vater, ohne dabei seine positiven Seiten zu vergessen. In den begleitenden Elterngesprächen wurde diese Thematik weiter bearbeitet.

Die Symbolebene des Spiels und die therapeutische Begleitung ermöglichten, daß allmählich Sabines schmerzliche Erinnerungen wieder dem Bewußtsein zugänglich wurden, wobei die Patientin das Tempo dieses Prozesses selbst bestimmte. Die Schwierigkeiten in der Vater-Kind-Beziehung kamen nach und nach in aller Deutlichkeit auf den Tisch, wodurch es möglich wurde, gemeinsam mit den Eltern gezielt Entlastungen zu schaffen, u. a. wurde beschlossen, daß Sabine nach der Schule einen Hort besuchte. Sabine konnte die große gefühlsmäßige Bandbreite ihrer Beziehung zum Vater mit Hilfe der therapeutischen Begleitung wahrnehmen und ausdrücken und wurde dadurch entlastet. Ihre zunächst unerklärlichen depressiven Zustände, Eßstörungen und Schlafstörungen, die sich mit Einsetzen der Therapie schon reduziert hatten, verschwanden schließlich vollständig. Wenn Sabine jetzt Erlebnisse hatte, die ihr Kummer machten, konnte sie diese sofort mit der Mutter besprechen und sich Trost und Hilfe holen.

Klientenzentrierte Gesprächspsychotherapie. Mit zunehmendem Alter wachsen die sprachlichen Fähigkeiten, und um so besser können Kinder direkt im Gespräch mit dem Therapeuten das, was sie bewegt, mitteilen und darüber nachdenken. Spielen und Gestalten kann aber auch noch für Jugendliche neben dem Gespräch eine wichtige Ausdrucksebene sein, um das, was noch nicht gesagt werden kann, symbolisch mitzuteilen. Der Hauptakzent der klientenzentrierten Therapie ist auch bei Jugendlichen darauf gerichtet, daß sie mit ihren eigenen Gefühlen, Gedanken und Werten in Kontakt kommen können, und es wird ihnen dabei geholfen, ihre eigenen Wege und Ziele herauszufinden. Ergänzend erforderlich sind bei vielen Jugendlichen in vorsichtiger Balance zu der nicht-direktiven therapeutischen Haltung auch direktive pädagogisch-aufklärerische, zielorientierte und unterstützende Vorgehensweisen. Direkten Fragen der Patienten sollte nicht ausgewichen werden, nachdem die Absicht und Motivation der Frage geklärt und verstanden wurde; Jugendliche zwingen Therapeuten oft dazu, Stellung zu beziehen, sich über persönliche Haltungen und Werte klar zu werden und diese gut zu begründen. Um den Prozeß der Selbstreflektion voranzubringen, müssen Jugendliche mitunter durch direkte Themen- oder Gestaltungsvorschläge dazu angeregt werden, sich auszudrücken und mitzuteilen.

Martin, 15 Jahre, berichtete der Therapeutin voller Stolz, wie er beim Kartenspielen einem Freund mit Hilfe einiger Tricks Geld abgeknöpft hatte. Martin war seit längerem in therapeutischer Behandlung wegen depressiver Verstimmungen, Schulschwierigkeiten und Anpassungsproblemen. Früher hatte er außerdem eingekotet und nachts eingenäßt. Er lebte allein mit seiner Mutter, die als Putzhilfe nur über wenig Einkommen verfügte, und die ebenfalls wegen Depressionen psychiatrisch behandelt wurde. Die kleine Familie hatte Schulden, weil die Mutter Martin gerade eine neues Fahrrad gekauft hatte und außerdem die Waschmaschinenreparatur bezahlt werden mußte. Gleichzeitig war aber zu spüren, daß Martin ein Problem hatte.

Obwohl Martin sich über seinen Gewinn freute, schien er sich doch irgendwie nicht ganz wohl dabei zu fühlen. Es war deutlich, daß er die Meinung der Therapeutin dazu hören wollte.

Die Therapeutin sprach Martins Wunsch an, selbst einen Beitrag zum Familienbudget zu leisten, und seine Freude darüber, die Mutter von ihren Geldsorgen ein wenig entlastet zu haben. Sie fragte Martin dann, ob ihm gegenüber seinem Freund ganz wohl sei, was Martin verneinte: «Ich weiß ja, daß die Tricks nicht richtig waren. Vielleicht hat er auch gemerkt, daß ich geschummelt habe, aber es hat Spaß gemacht.» Die Therapeutin sagte daraufhin: «Ich frage mich, ob es nicht andere Möglichkeiten gibt, Geld zu verdienen, ohne daß Du bald Deinem Freund nicht mehr in die Augen blicken kannst.» Martin wurde nachdenklich. Dann meinte er: «Am Laden bei uns an der Ecke steht ein Schild, Flaschenabnehmer gesucht, da könnte ich ja mal fragen. Ein Freund von mir fährt Werbezeitungen aus, das könnte ich auch probieren. Aber das ist nicht so lustig wie Kartenspielen.» Die Therapeutin wies darauf hin, daß Martin ja weiter seinen Freund beim Kartenspielen austricksen könne, aber ohne ihm dabei Geld abzuknöpfen, eben nur «zum Spaß». In der Folge ließen die Betrügereien nach, und Martin gab Nachhilfestunden bei einem jüngeren Schüler in der Nachbarschaft und fuhr außerdem Werbezeitungen aus. Die Therapeutin sprach Martin ihre Anerkennung aus und thematisierte auch seine Erleichterung darüber, sich in Übereinstimmung mit dem, was er selbst eigentlich richtig findet, verhalten zu können.

Gerade für Jugendliche ist die Entwicklung von Werten und Idealen sehr wichtig, und der Therapeut sollte ihnen dabei helfen, die für sie wichtigen und richtigen zu erkennen, zu schützen und zu verwirklichen.

Was Sie tun können. Die Klientenzentrierte Therapeutin wird Sie sicher zu regelmäßigen Gesprächen einladen, um gemeinsam mit Ihnen zu versuchen, Ihr seelisch belastetes Kind besser zu verstehen. Damit die Therapeutin die Spiel- und Gesprächsthemen des Kindes in der Therapiestunde gut verstehen und einordnen kann, ist es wichtig, daß sie regelmäßig über das Alltagsgeschehen in Elternhaus und Schule informiert wird. Es ist für die Therapeutin hilfreich, die ganze Familie kennenzulernen, sowie jeden, der außerdem für Ihr Kind wichtig ist, und im Verlauf der Therapie immer mal wieder zu sehen, und auch regelmäßigen Kontakt mit der Lehrerin des Kindes zu haben, um über die Entwicklung und auftauchende Probleme in der Schule informiert zu sein.

Wenn Ihnen die Innenwelt Ihres Kindes deutlicher wird, eröffnen sich mitunter neue Möglichkeiten und Erfordernisse im Umgang mit ihm, die Sie gemeinsam mit der Therapeutin besprechen und bearbeiten können. Wenn Sie dann neue Wege im Kontakt mit Ihrem Kind ausprobieren, können Sie darüber immer wieder Rücksprache mit der Therapeutin halten und eventuell erforderliche Veränderungen vornehmen.

Es kann vorkommen, daß Sie bei diesen begleitenden Elterngesprächen an einige wichtige Gefühle oder Erlebnisse aus Ihrer gegenwärtigen Situation stoßen oder aus Ihrer Vergangenheit und Kindheit. Diese können wichtig sein für Ihre heutige Beziehung zu Ihrem Kind und damit auch zu einem Thema der Gespräche mit der Therapeutin werden, ohne das es dabei zu einer eigentlichen Therapie für Sie selbst kommen muß.

Eltern erleben im Verlaufe der Gespräche die Beziehung zu Ihrem Kind oft verändert und positiver, und sie entdecken manchmal bei sich selbst neue Seiten. Einige Eltern verspüren im Verlauf solcher Gespräche das Bedürfnis, das eigene Erleben und eigene Probleme intensiver zu klären und möchten eine eigene Psychotherapie beginnen. Dabei hat es sich als günstig erwiesen, eine eigene Behandlung erst dann zu intensivieren, nachdem das Kind schon eine gewisse Stabilisierung erreicht hat.

Verhaltenstherapie

Diese Therapieform soll Ihrem Kind dazu verhelfen, neue Fertigkeiten zu erlernen. Dabei werden sicherlich auch Methoden der Kognitiven Verhaltenstherapie, des Verlernens von Hilflosigkeit sowie Übungen zum Aufbau sozialer Fertigkeiten und zum Problemlösen zur Anwendung kommen.

Kognitive Verhaltenstherapie. Mit den Techniken der Kognitiven Verhaltenstherapie kann Ihrem Kind geholfen werden, schädigende Denkmuster und störende Überzeugungen wie z. B. «An mir ist überhaupt nichts recht» aufzudecken, zu untersuchen und zu verändern. In der Therapie lernt Ihr Kind zu erkennen, wie sich seine Gefühle und seine Verhaltensweisen in Abhängigkeit von seinen Denkmustern entwikkeln. Ihr Kind wird dazu angeleitet, seine negativen Überzeugungen kritisch zu überprüfen, indem vernunftbezogene Argumente entwikkelt werden, die für oder gegen diese Überzeugungen sprechen. Zuletzt wird mit ihm eingeübt, wie es ungünstige, depressionsfördernde Denkmuster und Überzeugungen durch günstigere und realistischere ersetzen kann.

Im Rahmen der Theorie der Kognitiven Verhaltenstherapie wird angenommen, daß Depressionen durch falsche Denkweisen und Überzeugungen entstehen. Diese Denkfehler umfassen: willkürliche Schlußfolgerungen, selektive Wahrnehmungen, Personalisierung, Übertreibung, Schwarz-Weiß-Denken und unzulässige Verallgemeinerungen.

Willkürliche (negative) Schlußfolgerungen zu ziehen, heißt, Ereignisse als ungünstig zu interpretieren, ohne dabei den Sachverhalt genau zu kennen und ohne andere Erklärungsmöglichkeiten zu berücksichtigen. Ein Beispiel: Ihre Tochter erwartet einen Anruf von einer Freundin, der aber nicht erfolgt, und Ihre Tochter denkt gleich, daß ihre Freundin sie nicht mehr mag. Es kann aber durchaus sein, daß ihre Freundin dringend etwas zu erledigen hatte und erst spät nach Hause gekommen ist, oder daß sie sich nicht wohlgefühlt hat, oder daß sie zu viele Hausaufgaben aufhatte, so daß sie zum Telefonieren keine Zeit hatte, oder daß ihre Eltern ihr nach einer Auseinandersetzung verboten hatten, zu telefonieren.

Selektive Wahrnehmungen zu haben, heißt, nur die ungünstigen Aspekte einer Situation herauszupicken und ausschließlich diese ins Auge zu fassen, ohne auch die positiven Seiten zu sehen. Ihr jugendlicher Sohn geht zum ersten Mal aus, und alles verlief recht gut bis auf den Umstand, daß er versehentlich ein Glas Bowle umgestoßen hatte. Am nächsten Tag kann Ihr Sohn an nichts anderes mehr denken als an seine Ungeschicklichkeit, mit der er den ganzen Abend verdorben hat, und daß das Mädchen, mit dem er zusammen war, bestimmt denkt, was für ein Idiot er doch sei.

Personalisierung bezieht sich darauf, daß man meint, persönlich schuldig zu sein für Umstände, deren Ursachen in Wirklichkeit ganz woanders liegen. Ihr Kind könnte sich zum Beispiel die Schuld an Ihrer Scheidung geben.

Übertreibung bedeutet, «eine Maus zum Elefanten zu machen». Zum Beispiel könnte Ihr Sohn auf dem Weg zur Schule in Tränen ausbrechen, weil er seine Fußballbildchen vergessen hat, die er einem Freund zeigen wollte. Er ist davon überzeugt, daß sein Freund deswegen sehr wütend oder tief enttäuscht sein und sicher nicht mehr mit ihm reden wollen wird. Ihrem Sohn ist der ganze Tag dadurch vermiest. *Untertreibung* positiver Ereignisse ist die dazu in Ergänzung stehende Störung. Wenn Ihre Tochter eine gute Note für ihre Sozialkundeklausur bekommt, könnte sie Ihre anerkennenden Worte so zurückweisen: «War doch einfach, der Test war nur über ein halbes Kapitel, und er zählt sowieso nicht viel.» oder «Das war nur Zufall, ich bin trotzdem schlecht.»

Schwarz-Weiß-Denken führt dazu, daß von einem einzigen Fehler auf komplettes Versagen gefolgert wird: wenn Ihr Kind ein neues Mathe-Problem nicht gleich versteht, sich für «total blöd» hält; wenn es einmal schlapp gemacht hat, «in Sport niemals gut» war.

Unzulässige Verallgemeinerung bezieht sich auf die Annahme, daß eine spezielle Schwierigkeit der Beweis für ein umfassendes Problem ist. Ihr Kind denkt, «ich kann nicht K-a-r-t-o-f-f-e-l-n buchstabieren, also bin ich ganz schlecht im Buchstabieren», oder «Susan hat mich nicht zu ihrem Fest eingeladen, weil alle mich nicht leiden können.»

Durch die Kognitive Verhaltenstherapie wird eine Verbesserung der Stimmungslage angestrebt, indem versucht wird, diese Art von Denkfehlern zu korrigieren. Die Therapie dauert in der Regel drei oder vier Monate mit wöchentlichen Sitzungen. Therapeutische «Hausaufgaben» können im Durchdenken und Vorstellen von schwierigen Situationen und neuen Lösungsmöglichkeiten bestehen; oder es werden Aktivitäten bestimmt, die die Stimmungslage verbessern können. Diese sollen dann häufiger durchgeführt werden.

Was Sie tun können. Sie könnten damit anfangen, Ihrer Tochter beim Erstellen eines Stimmungs-Aktivitäten-Tagebuchs zu helfen. Dort kann sie ihre alltäglichen veschiedenen Unternehmungen festhalten, wobei sie ihre jeweilige Stimmung auf einer Skala einschätzen und notieren sollte, von «sehr traurig» (1) bis «sehr glücklich» (5). Wenn Sie dann gemeinsam an Hand des Tagebuchs feststellen können, welche Aktivitäten Ihre Tochter glücklich machen, sollten Sie sie dabei unterstützen, mit diesen Beschäftigungen mehr Zeit zu verbringen.

Wenn Ihr Kind Routine im Führen dieses Tagebuchs erworben hat, kann eine weitere Spalte zum Notieren der jeweiligen Gedanken eingeführt werden. Dann können Sie gemeinsam die Gedankenmuster entdecken, die zusammen mit den depressiven Gefühlen auftreten.

Zum Beispiel hatte die 12jährige Sheila morgens vor der Schule eine Menge Schwierigkeiten. Sie brauchte viel Zeit zum Aufstehen, und ihre Mutter mußte sie ununterbrochen antreiben. Dies führte erwartungsgemäß zu erhöhten Spannungen zwischen ihnen. In der Therapie untersuchten Sheila und ihre Mutter das Problem. Nachdem sie sich die

Verhaltens- und Denkmuster genau verdeutlicht hatten, konnte Sheila ihre Gefühle, die sie jeden Morgen nach dem Aufwachen überfielen, als Anspannung und Angst erkennen. Sheila und ihre Mutter legten zusammen eine Liste an. In einer Spalte wurde Sheilas Verhalten notiert (sich anziehen und für die Schule fertigmachen), in einer anderen ihre Gefühle (Anspannung, Angst). Eine weitere Spalte war für Sheilas Gedanken vorgesehen. Eine Woche lang schrieb Sheila ihre «automatischen» Gedanken am Morgen auf. Ihr wurde klar, daß sie Gedanken hatte wie: «Ich werde sicherlich aufgerufen und weiß die Antwort nicht und mache mich zum Gespött», oder «Keiner wird mit mir beim Essen am Tisch sitzen wollen».

Nachdem Ihr Kind darin eingeübt ist, seine negativen Gedanken wahrzunehmen und aufzuschreiben, können Sie gemeinsam versuchen, zu prüfen, ob diese Gedanken den Tatsachen entsprechen und vernünftig begründet oder ob sie unrichtig und schädigend sind. Sheila und ihre Mutter besprachen diese automatisch auftretenden negativen Gedanken. Ihre Mutter erinnerte ihre Tochter daran, daß sie durchschnittliche und sogar auch gute Noten auf ihre letzten Arbeiten bekommen hatte und fragte: «Bei wieviel Prozent richtiger Antworten bekommt man eine gute Note?»

«Ich glaube, bei achtig bis neunzig Prozent.»

«Und bei wieviel eine mittlere?»

«Bei siebzig oder achtzig Prozent.»

«Ist es also wahr, daß du die richtige Antwort auf mindestens siebzig Prozent aller Fragen und manchmal sogar auch auf neunzig Prozent weißt?»

«Ja, glaub schon.»

«So weißt du also viel öfter die richtige Antwort auf die Fragen, als daß du sie nicht weißt.»

«Ja, schon, aber ich werde ganz verkrampft, wenn ich vor der ganzen Klasse aufstehen und antworten muß.»

Sie können dann einen vernunftbezogeneren Gedanken anbieten an Stelle des negativen, der zur Depression Ihres Kindes beiträgt: «Vielleicht liegt ein Grund für deine Verkrampfung darin, daß du denkst, du wirst eine falsche Antwort geben.»

«Ja, das stimmt, ich sag mir die ganze Zeit: Ich werde das nicht wissen, ich werde etwas Falsches sagen, ich werde mir blöd vorkommen.»

«Dadurch wird es doch schwer, richtig zu antworten, auch wenn du die Antwort eigentlich weißt! Vielleicht solltest du versuchen, anders mit dir selbst zu reden...»

«Wie denn?»

«Zum Beispiel: Ich habe gestern Abend meine Hausaufgaben gemacht und ich habe das Thema gut drauf. Ich kann die meisten Fragen
richtig beantworten.»
«Das könnte ich probieren, aber insgeheim werde ich es vielleicht
anzweifeln.»
«Das ist ganz normal. Fang doch einfach mal damit an, so mit dir
selbst zu reden. Wir wissen ja beide, daß es stimmt, und nach und nach
wirst du auch davon überzeugt sein.»
Eine weitere wirksame Methode, die Sie zu Hause anwenden können, ist die «pro und kontra»-Technik. Diese Methode ist im Rahmen
der Kognitiven Verhaltenstherapie von Dr. Aaron Beck und seinen
Mitarbeitern an der Pennsylvania-Universität entwickelt worden.
Sheila hatte zugegeben, daß sie manchmal nur über Kopfschmerzen
oder Bauchschmerzen klagte, um nicht zur Schule gehen zu müssen.
Wie viele andere depressive Kinder hatte Sheila jedoch dabei nur die
eine Seite der Medaille betrachtet. Als sie sich mit ihrer Mutter zusam-
mensetzte, um eine «pro und kontra»-Liste in bezug auf das Schuleschwänzens zu erstellen, konnte sie unterschiedliche Aspekte zur Beurteilung des Problems einbeziehen und eine vernunftbezogenere
Haltung dazu gewinnen.

Pro:
– brauche nicht vor der ganzen Klasse aufzustehen und zu antworten
– fühle mich nicht verkrampft
– fühle mich nicht blöd
– brauche mir keine Sorgen darüber zu machen, ob jemand mit mir
  Mittagessen gehen will

Kontra:
– werde wegen des Schuleschwänzens ein schlechtes Gewissen haben
– werde Unterricht und Zensuren versäumen, weiter zurückbleiben
  und deshalb noch verkrampfter werden
– kann nicht mit meinen Freundinnen zusammen sein
– meine Eltern sind unzufrieden mit mir
– am nächsten Tag fällt es mir noch schwerer, zur Schule zu gehen und
  mit den anderen zurechtzukommen.

Sheila befestigte diese Liste an ihren Nachttisch, und jeden Morgen
beim Aufwachen wurde sie so daran erinnert, daß Schuleschwänzen
auf lange Sicht ungünstigere Folgen hat als zur Schule zu gehen.

Verlernen von Hilflosigkeit. Sie erinnern sich vielleicht aus dem Kapitel
3 daran, daß Depressionen Ausdruck einer erlernten Hilflosigkeit sein

können. Tatsächlich neigen depressive Kinder im Vergleich zu normalen dazu, die Ursachen eigenen Versagens und Unvermögens als unveränderlich, quasi angeboren zu sehen statt als Folge von mangelndem eigenen Bemühen. Der Therapeut führt dem Kind vor Augen, daß Mißerfolge bei angemessenen Anforderungen und Aufgaben normalerweise auf zu geringen Einsatz zurückzuführen sind. Mit therapeutischer Unterstützung wird Ihr Kind erfahren, wie gut es tut, die Früchte von Anstrengung und Ausdauer ernten zu können.

Zum Beispiel kam die 11jährige Alexis in Tränen aufgelöst zur Therapiesitzung, weil sie die Mathe-Hausaufgaben nicht lösen konnte. Sie schmiß ihr Buch wütend hin und rief: «Ich versteh's nicht, ich bin zu blöd!» Ich antwortete: «Ich weiß, daß du nicht blöd bist, weil du für mich herausbekommen hast, wie das Türschloß aufgeht,» wobei ich mich darauf bezog, wie sie gerade an diesem Nachmittag ein spezielles Problem gelöst hatte.

Vorsichtig und ohne sie für etwaigen mangelnden Einsatz oder Faulheit zu kritisieren, schlug ich Alexa vor, gemeinsam noch einmal einige frühere Aufgaben des aktuellen Kapitels im Mathe-Buch durchzugehen. Therapeutisch hierbei wirkt insbesondere die Mischung von Ermutigung und der Möglichkeit, durch eigenes Handeln das Problem anzugehen. Auch Sie können sicher auf diese Weise Ihr Kind unterstützen.

Was Sie tun können. Führen Sie Ihren Kindern vor Augen, daß sie ihre Lebensumstände zu einem erheblichen Teil selbst bestimmen können, und daß Erfolge das Ergebnis von Einsatz und Ausdauer sind und nicht reine Glückssache. Wenn zum Beispiel Ihre Tochter einen Erfolg errungen hat, eine gute Zensur oder eine sportliche Leistung, beglückwünschten Sie sie, indem Sie den Erfolg mit ihrem eigenen Einsatz in Verbindung bringen: «Das war toll, wie du den Siegpunkt geholt hast. Dein ganzes Training hinten im Hof hat sich doch wirklich gelohnt.»

Wenn Ihr Sohn keinen Erfolg bei einem selbstgewählten und angemessenen Ziel hat, sprechen Sie mit ihm darüber, wie er es nochmal mit etwas mehr Einsatz versuchen könnte: «Du bist sicher enttäuscht über die schwache Note in Geschichte. Ich denke, es wäre vielleicht nicht schlecht, für die nächste Zeit Geschichte beim Lernen obenan zu setzen. Von meinem Geschichtslehrer an der Oberschule weiß ich noch einige Tricks, wie man sich Namen und Daten gut merken kann, und wenn du willst, kann ich sie dir beibringen.»

Sie wissen sicherlich schon, daß Sie ein wichtiges Vorbild für Ihr Kind sind. Wenn Sie selbst einen Erfolg errungen haben, zeigen Sie, daß Sie stolz darauf sind, und erwähnen Sie, mit wieviel Einsatz Sie dafür gearbeitet haben: «Ich habe es genossen, soviel Lob für meinen Vortrag zu bekommen. Ich habe viel Zeit und Mühe dafür verwendet, um auch ganz sicher zu sein, daß er gut wird.» Genauso sollten Sie einen Mißerfolg auch offen zugeben und darüber nachdenken, was Sie nächstes Mal besser machen könnten. «Ich war wirklich ärgerlich heute, daß ich nicht schneller gelaufen bin. Aber ich muß sicher viel mehr Zeit auf dem Sportplatz verbringen, wenn ich unter den Ersten landen will.»

Training sozialer Fertigkeiten. Einige Lern-theoretiker sind der Ansicht, daß Kinder depressiv werden, wenn sie zu wenig positive Bestätigung von anderen bekommen, und dies könnte daran liegen, daß sie eventuell nicht ausreichend über grundlegende soziale Fertigkeiten verfügen.

Tatsächlich fällt es depressiven Kindern schwer, sich unverbindlich mit anderen zu unterhalten, lustig zu sein oder über die Witze anderer zu lachen, andere freundlich anzuschauen, auf ein Lob zu reagieren oder eine vertrauenserweckende und positive Stimmung auszustrahlen. Kurz gesagt, sie zeigen all das Verhalten nicht, was andere Kinder dazu anregt, mit ihnen spielen oder sich mit ihnen anfreunden zu wollen.

Dieses Problem führt natürlich in einen Teufelskreis. Ein Kind mit unzureichenden sozialen Fertigkeiten kommt schwer mit anderen zurecht und wird deshalb vielleicht von vielen Unternehmungen ausgeschlossen. Wenn Ihr depressives Kind dadurch weniger Gelegenheiten hat, sich mit anderen anzufreunden, wird es sich immer einsamer und unzulänglicher fühlen.

Das Training sozialer Fertigkeiten soll depressiven Kindern beibringen, wie sie mit anderen erfolgreich umgehen können. Durch Unterricht, Gruppendiskussion, therapeutisches Vorbild und Rollenspiele – auch mit Hilfe von Videoaufnahmen – können depressive Kinder all dies lernen: soziale Situationen richtig einordnen und das Verhalten anderer Menschen dabei richtig verstehen, die Bedürfnisse und Gefühle anderer wahrnehmen, eine Unterhaltung führen, sich mit jemandem anfreunden und mit Konflikten umgehen. Durch Übungen innerhalb und außerhalb der Therapiesitzungen kann sich Ihr Kind neue Verhaltensweisen aneignen und wird nach und nach die Früchte verbesserter sozialer Kontakte ernten, wie z. B. Anerkennung durch Gleichaltrige, vermehrte und vertiefte Freundschaften, und einen gutes Gespür im Umgang mit anderen Menschen.

Was Sie tun können. Soziale Fertigkeiten sind grundlegende menschliche Fähigkeiten, die normalerweise ganz automatisch ablaufen, wenn man mit anderen Menschen in Kontakt tritt. Soziale Fertigkeiten sind in einer eher belanglosen Unterhaltung über das Wetter oder Sport ebenso gefordert wie bei einem ganz persönlichen Austausch tiefer Gefühle. So wie körperliche Fähigkeiten die Grundlage für Erfolge beim Sport sind und Denkfähigkeiten für das Lernen und Problemlösen, so braucht es soziale Fertigkeiten, um mit anderen Menschen gut auszukommen.

Sie sind sich vielleicht nicht bewußt darüber, wie viele soziale Fertigkeiten Sie über die Jahre hinweg entwickelt haben. Zum Beispiel wissen Sie, daß es wichtig ist, daß man denjenigen, mit dem man spricht, auch anschaut; daß man bei der Begrüßung dem anderen seine Hand reicht; daß man denjenigen, der gerade spricht, nicht unterbricht; daß man lächelt, wenn man freundlich sein will. Sie können Ihrem Kind viele Ihrer eigenen sozialen Umgangsformen näherbringen.

Seien Sie ein Vorbild für gute soziale Fähigkeiten, sowohl im Umgang mit Ihren Kindern wie auch mit anderen Menschen. Bringen Sie ihnen Achtung entgegen, indem Sie «Bitte» und «Danke» sagen, und indem Sie aufmerksam zuhören, wenn Ihnen etwas erzählt wird, ganz gleich, wie alt Ihr Gegenüber ist. Sagen Sie «Guten Tag» und «Auf Wiedersehen», «Guten Morgen» und «Gute Nacht». Eine gewisse Nachlässigkeit in der alltäglichen Routine des Zusammenlebens und in den Umgangsformen kann sich leicht einspielen, aber Sie sollten aufmerksam bleiben. Nehmen Sie die Anwesenheit Ihres Kindes zur Kenntnis und zeigen Sie ihm, daß Sie sich freuen, wenn Sie es sehen.

Gemeinsame Unternehmungen können Ihren Kindern Gelegenheiten bieten, von Ihnen beim Umgang mit anderen zu lernen und selbst soziale Verhaltensweisen einzuüben. Sie könnten beispielsweise zusammen Essen gehen und dabei gute Manieren zeigen. Oder Sie besuchen Bekannte und zeigen sich als höflicher Gast. Sprechen Sie vorher mit Ihren Kindern darüber, was von ihnen erwartet wird, und zeigen Sie ihnen Ihr Vertrauen und Ihre Anerkennung. (Sie wissen sicher, daß mit Umgangsformen auch ein wenig Schauspielerei verbunden ist.)

Da soziale Fertigkeiten mehr beinhalten als «Bitte» und «Danke» zu sagen, können Rollenspiele sehr nützlich sein, wenn man sich auf gewisse Situationen vorbereiten will. Sie wollen Ihrem Kind Möglichkeiten aufzeigen, wie man eine Unterhaltung anfangen kann, wie man Anerkennung zeigt und entgegennimmt, eine Einladung taktvoll ablehnen kann, um Hilfe bittet, mit Gruppendruck umgeht, für einen Freund einsteht, negative Gefühle ausdrückt oder sich wirkungsvoll schützt, wenn man gehänselt wird.

Sie wissen, daß Ihr Kind so etwas nicht im Unterricht lernt, und Sie wissen auch, daß es für Kinder nicht einfach ist, sich erfolgreiche Strategien ganz allein auszudenken. Sie selbst haben jedoch schon viele solcher Situationen durchgestanden und können Ihre Erfahrung und Ihr Wissen Ihrem Kind zur Verfügung stellen.

Sie können sicherlich schon im Voraus erkennen, wenn schwierige Situationen anstehen, und dann, wenn sie eintreten, recht einfach damit fertigwerden. Rollenspiele bieten Ihrem depressiven Kind Möglichkeiten, einen ihm angemessenen Verhaltensstil und Problemlösungen zu entwickeln.

Sie können sich auch Situationen ausdenken, die Sie beide dann besprechen, und sie können gemeinsam überlegen, was in solchen Situationen zu tun ist. Solche Situationen können z. B. sein:

– Du siehst einen neuen, etwas verstimmt aussehenden Mitschüler allein beim Essen sitzen.
– Du begrüßt ein Mädchen aus Deiner Fußballgruppe, und sie dreht sich um und schaut weg.
– Du möchtest gerne auf dem Schulhof mitspielen, aber du hast bisher noch nie mitgemacht.
– Du bist wütend, weil sich einige deiner Mitschüler über deinen neuen Haarschnitt lustig machen.
– Du bist gekränkt, weil du nicht zu einem Fest eingeladen wurdest.

Training von Problemlösefähigkeiten. Wenn depressive Kinder vor einem Problem stehen, fallen ihnen nur wenige Lösungsmöglichkeiten ein. Sie verstehen sich auch nicht gut darauf, die Gefühle anderer zu erkennen, und sie verstehen oft auch nicht, warum andere sich auf bestimmte Art und Weise verhalten. Depressive Kinder unterschätzen sich oft selbst in ihren Möglichkeiten, etwas zu erreichen; sie haben zumeist nur das Endziel im Auge (nach dem Prinzp: Alles oder Nichts), ohne den Zwischenschritten und dem Weg zum Ziel hin genügend Aufmerksamkeit zu widmen.

In der Therapie wird Ihrem Kind mit dem Problemlösetraining beigebracht, wie es Schritt für Schritt in zwischenmenschlichen Situationen besser zurechtkommen kann. Hier soll mit Hilfe ausgearbeiteter Übungen, Rollenspielen und Übungen in Realsituationen neues Verhalten erlernt und eingeübt werden.

Was Sie tun können. Sie können Ihren Kindern tagtäglich ein Vorbild darin sein, wie man erfolgreich Probleme löst. Natürlich wird man nicht jedes Problem lösen können, aber fast jedes Problem kann angepackt werden, wenn man folgende fünf logische Schritte beachtet:

1. Beschreiben Sie das Problem:
   Wenn Sie irgendwie merken, daß etwas nicht stimmt, vielleicht nur durch die Veränderung der Atmosphäre oder Ihrer Stimmung, oder weil jemand anderes meint, es gäbe ein Problem, sollten Sie versuchen herauszubekommen, worin ganz genau die Schwierigkeiten liegen und wer diese Schwierigkeiten hat. Stellen Sie die Fakten klar.
2. Bestimmen Sie Ihre Ziele:
   Denken Sie darüber nach, was Sie mit der Problemlösung erreichen wollen: Das Problem endgültig aus der Welt schaffen? Ihren Freund wiedergewinnen? In eine höhere Gehaltsstufe kommen? Mit Ihren Eltern besser zurechtkommen?
3. Sammeln Sie Ideen:
   Lassen Sie sich ungefiltert alles Denkbare einfallen, was man tun könnte, um das Problem zu lösen, auch scheinbar Unmögliches oder Komisches. Schreiben Sie all Ihre Ideen auf, lassen Sie nichts aus. Je mehr Möglichkeiten, um so besser. Denken Sie kreativ. Vermeiden Sie es, in Entweder-Oder-Kategorien zu denken.
4. Wägen Sie das Für und Wider ab:
   Nehmen Sie eine Bewertung aller Möglichkeiten vor, indem Sie sich klarmachen, welche Folgen jeweils für die Beteiligten damit verbunden sind, wie hoch die Wahrscheinlichkeit ist, das Ziel zu erreichen, welche Risiken jeweils damit verbunden sind, und ob sie ethisch-moralisch vertretbar sind. Wählen Sie die beste Möglichkeit aus.
5. Schreiten Sie zur Tat:
   Handeln Sie. Probieren Sie es aus. Verwirklichen Sie Ihren Plan und beobachten Sie, was passiert. Bewerten Sie die Folgen Ihres Planes in Hinblick auf Ihre Ziele, und verändern Sie gegebenenfalls Ihr Vorgehen entsprechend. Mit anderen Worten, Sie können sowohl aus Ihren Fehlern wie aus Ihren Erfolgen lernen.

Familientherapie

Bei der Familientherapie wird grundsätzlich die gesamte Familie in gemeinsamen Sitzungen in die Behandlung mit einbezogen. Aus familientherapeutischer Sichtweise wird der Patient ausdrücklich mit dem Begriff «Indexpatient» gekennzeichnet, d. h., er ist «als Patient benannt».

Theoretisch bezieht sich dieser Ansatz auf die «Systemtheorie», die die Familie als ein lebendiges System betrachtet. Wie andere lebende Systeme funktioniert auch die Familie nach bestimmten Regeln, es gibt bestimmbare Grenzen, und die Basis bildet die Kommunikation zwischen ihren Mitgliedern. Die Ursachen einer kindlichen Depression können nach systemtheoretischer Betrachtungsweise nur im Rahmen des gesamten Familiensystems verstanden werden. Dabei werden die Ursachen eher in kreisförmigen denn in geradlinigen Abläufen gesehen. Zum Beispiel würde ein Familientherapeut die Ursachen von Johnnys Depression nicht kennzeichnen, indem er sagt, daß sein Vater für ihn sehr fern und wenig erreichbar ist, sondern statt dessen versuchen, ein kreisförmig sich widerholendes Muster von ungünstig wirkenden familiären Kommunikationsabläufen aufzudecken: Wenn sich Johnny depressiv verhält, zieht sich sein Vater zurück, weil er dieses Verhalten als Schwäche versteht und damit auf seine eigenen Schwachpunkte gestoßen wird. Wenn sich der Vater zurückzieht, macht sich die Mutter Sorgen um Johnny und nimmt mehr Nähe zu ihm auf, um ihm über seine Depression hinwegzuhelfen. Je fürsorglicher seine Mutter sich verhält, um so depressiver und bedürftiger wird Johnny, was die Aufmerksamkeit und die Fürsorglichkeit seiner Mutter weiter erhöht und gleichzeitig die Distanz seines Vaters zu ihm verstärkt. Dies erhöht wiederum Johnnys depressives Verhalten und damit auch die Überfürsorglichkeit seiner Mutter.

Eine der familientherapeutischen Methoden, das «kreisförmige Fragen», entstand aus dieser Sichtweise über die kreisförmigen Verursachungen von Störungen. Durch kreisförmiges Fragen werden familiäre Verhaltensmuster untersucht. Man fragt jemanden nach dem Verhalten anderer und läßt Vergleiche ziehen: «Johnny, wer wird ärgerlicher, wenn du dich zu mies fühlst, um zur Schule zu gehen, dein Vater oder deine Mutter?» Eine kreisförmige Frage kann auf die Vergangenheit abzielen – «Wenn du vor der Scheidung deiner Eltern depressiv geworden wärest, hätten Sie sich anders verhalten?» – oder auf die Zukunft: «Wenn du deine Depression überwunden hast, wer wird wohl als nächster der Familie krank werden?»

Viele Familientherapeuten vertreten die Ansicht, daß die Symptome des «identifizierten Patienten» auf Probleme innerhalb des Familiensystems hinweisen. Auf diese Weise kann zum Beispiel die Depression der Tochter die Trauer der ganzen Familie darüber ausdrücken, daß der Vater die Familie verlassen hat, oder die Eltern werden durch die Depression des Kindes von ihren Eheproblemen abgelenkt, oder einem Elternteil wird damit sogar über eigenen Kummer hinweggeholfen.

In ihrem Buch «Sex, Love and Violence» (1990) beschreibt Chloe Madanes eine Jugendliche, die einen Selbstmordversuch unternommen hatte und damit ihre Mutter, die an einer Depression litt, dazu zwang, sich zusammenzureißen, um mit der unmittelbaren Krisensituation fertigzuwerden. Madanes war der Ansicht, daß die Mutter ihre

Tochter versteckt um Hilfe gebeten hatte, aber durch diese Reaktion der Tochter, dem Selbstmordversuch, mußte sie mit einem Schlag wieder voll leistungsfähig sein.

Die Therapie für diese Familie umfaßte Übungen, bei denen die Mutter depressives Verhalten zeigte, und die Tochter lernte, darauf mit angemessenerer Unterstützung zu reagieren: durch Bestätigung, Ablenkungen, Aufmunterung durch gemeinsame Unternehmungen und Zeigen von Zuneigung. Es funktionierte.

Dieser Fall verdeutlicht ein weiteres wichtiges Prinzip des familientherapeutischen Konzepts, nämlich das der familiären Rollen. In der Familientherapie geht es oft um die Zuweisung angemessener Rollen und Aufgabenverteilungen und die Bestimmung klarer Grenzen zwischen «Untersystemen» wie «Eltern» und «Kinder». Bei dem o. g. Fall war gefordert, daß die Tochter zeitweise die Rolle eines Elternteils übernahm, indem sie sich um die Mutter kümmerte. Diese therapeutische Vorgabe ermöglichte es den beiden, ihre richtigen Rollen im wirklichen Leben wieder wahrzunehmen. Familien funktionieren am besten, wenn beide Eltern eng zusammenarbeiten. Dann können ihre Kinder Kinder bleiben, ohne so etwas wie ein Partnerersatz, ein Vertrauter oder ein Verbündeter eines Elternteils zu sein oder ihn gar bemuttern zu müssen. In der Therapie mit der Familie eines depressiven Kindes werden alle Themen angesprochen, die zu der kindlichen Depression beigetragen haben könnten. Darüber hinaus werden alle Familienmitglieder darin unterstützt, mit der gemeinsamen Belastung fertig zu werden.

Gruppentherapie

Neben einer Einzel- oder Familientherapie kann ihr Kind auch von einer Gruppentherapie profitieren. Im Zentrum des therapeutischen Prozesses steht hier die Zusammenarbeit und die Kommunikation innerhalb der Gruppe. Der Gruppenleiter unterstützt hauptsächlich diesen Gruppenprozeß und ist weniger Therapeut im üblichen Sinne. Die Gruppe kann aus Kindern oder Jugendlichen oder auch aus Familien mit vergleichbaren Problemen bestehen. Bei einer anderen Art von Gruppen, dem «Netzwerk», kommen alle zusammen, die irgendwie mit Ihrem Kind zu tun haben, um gemeinsam nach Lösungen für die Probleme zu suchen.

Gruppentherapie mit Gleichaltrigen. Im Entwicklungsverlauf von Kindern werden Gleichaltrige immer wichtiger, insbesondere mit Einsetzen der Pubertät. Kinder, und insbesondere Teenager, besprechen ihre Probleme häufig viel offener in einer Gruppentherapie mit Gleichaltrigen als in einer Einzeltherapie.

Jeff zum Beispiel gehörte einer «Nachbetreuungsgruppe» an, in der Jugendliche nach ihrem stationären Aufenthalt behandelt wurden. Einige Monate zuvor hatte Jeff einen Selbstmordversuch unternommen. Inzwischen war der 15jährige wieder zu Hause und ging zur Schule, aber er litt immer noch darunter, daß seine Freundin mit ihm Schluß gemacht hatte, und er sprach über seine Schwierigkeiten, ein anderes Mädchen kennenzulernen. Eines Tages sagte Jeff während der Gruppensitzung: «Heute sah ich Cathy in der Schule. Sie sprach mit einigen älteren Schülern und sie tat dabei so, als wäre ich Luft.»

Ein anderer Junge in der Gruppe, Dan, der ähnliche Probleme mit Mädchen hatte, sagte: «Sie ist ein gemeines Biest, Mann, vergiß sie. Wenn Du sie wieder triffst, sag ihr ins Gesicht, daß sie ein gemeines Biest ist, und dann beachte sie nicht mehr.» Jeff fühlte sich ein bißchen besser, weil jemand «auf seiner Seite» war, aber Dan ging dem eigentlichen Problem ebenso wenig auf den Grund wie Jeff.

«Seid Ihr beiden Jungs Cathy gegenüber nicht ein wenig unfair? Hat sie nicht das Recht, selbst zu entscheiden, mit wem sie sprechen will und mit wem nicht? ? Schließlich geht sie ja nicht mehr mit dir. Warum interessiert es dich überhaupt? Und woher willst du wissen, ob sie dich überhaupt gesehen hat? Wie kannst du sicher sein, daß sie dich wirklich absichtlich nicht beachtet hat?» Karen näherte sich dem Problem von einer anderen Seite, indem sie sich in das Mädchen hineinversetzte. Damit regte sie Jeff dazu an, sich in einen anderen Menschen einzufühlen.

«Jawohl, und hast du nicht gesagt, sie hätte mit dir Schluß gemacht, als du hinter einer anderen her warst?» Elise hielt Jeff nun den Spiegel vor und sagte ihm, daß er sich besser an seine eigene Nase fassen sollte, was sein Problem mit Cathy betraf. Diese drastische Kritik seiner Altersgenossen war für Jeff sicherlich leichter verdaubar, als wenn sie von einem erwachsenen Therapeuten gekommen wäre.

«Okay, ja, ich war viel mit einer anderen unterwegs, aber das war ja nur, weil Cathy so mit ihren Aufführungen beschäftigt war und sowieso keine Zeit für mich hatte.» Jeff sprach jetzt offen über seine Bedürfnisse und wie enttäuscht er gewesen war, aber er sah immer noch nicht seinen eigenen Anteil bei dem Konflikt und gab weiterhin dem Mädchen die Schuld.

«Ja, er hat völlig recht. Wenn Mädchen eine Aufführung machen, denken sie sowieso nur an sich selbst.» Dan stellte Jeff und sich selbst wieder als bedauernswertes Opfer dar.

«Mir scheint, ihr habt das schon öfter mit Mädchen erlebt, aber ihr seid immer noch nicht bereit, eure eigene Schuld dabei zu sehen.» Karen hatte wieder das Wort ergriffen. Sie verwendetete den schwierigen Begriff «Schuld», wodurch ihr Beitrag einen negativen Unterton bekam, aber wenigstens bestand sie weiterhin darauf, daß alle beide, Jeff und Dan, auch mal ihr eigenes Verhalten kritisch unter die Lupe nehmen sollten. Sie zeigte auch ein sich wiederholendes Verhaltensmuster auf, was es den beiden schwerer machte, weiterhin ihren eigenen Anteil an ihren Problemen mit Mädchen zu leugnen.

Ein solcher Austausch findet immer wieder in den wöchentlichen Gruppensitzungen statt. Die Teilnehmer lernen sich untereinander gut kennen, sie lernen, sich gegenseitig in bezug auf ihr Verhalten und ihre Einstellungen offen den Spiegel vorzuhalten, und gleichzeitig erleben sie auch Unterstützung. Wenn depressive Jugendliche das Wagnis eingehen, neue Verhaltensweisen in der Schule und im Alltag auszuprobieren, können sie immer wieder in den sicheren Schoß der Gruppe zurückkehren, wo sie Akzeptanz und Verständnis erfahren.

Gruppentherapie mit mehreren Familien. Speziell für Familien mit Jugendlichen kann diese Therapieform ausgesprochen positiv wirken. Es ist eine Art Mischung aus Familien- und Gruppentherapie, wobei mehrere Familien zusammenkommen, Eltern und Jugendliche, um ihre jeweils ähnlich gelagerten Probleme zu besprechen. Kürzlich kam es zu folgender Diskussion in einer meiner Familiengruppen:

Jeanne sprach über ihre 14jährige Tochter Clare: «Es ist zwischen uns anders geworden, seit sie versucht hat, sich umzubringen. Ich war wütend auf sie und bin es immer noch, weil sie etwas getan hat, was unser Leben völlig hätte zerstören können. Ihr Vater und ich wären vernichtet gewesen. Ich hätte nicht gewußt, wie wir hätten weiterleben können. Und jetzt steh ich immer wie unter Alarm, habe Angst, sie könnte es nochmal machen, insbesondere wenn ich ihr etwas verbiete oder etwas von ihr verlange, was sie nicht gerne macht.»

«Du fühlst dich wie unter Geiselhaft,» bemerkte eine andere Mutter mit einer selbstmordgefährdeten Tochter.

«Genau so», antwortete Jeanne.

«Du tust ja so, als ob es mein Fehler wäre», beklagte sich Clare, «als ob ich selbst etwas dafür kann, daß ich mich so gefühlt habe. Ich wußte einfach nicht mehr, was ich tun sollte. Natürlich bin ich damit nicht zu dir gekommen, denn du warst so sauer auf mich, du wolltest nicht mit mir reden.»

Mutter und Tochter waren sowohl wütend wie auch ängstlich, aber sie sahen beide jeweils nur ihren eigenen Standpunkt. Völlig gefangen in ihren eigenen intensiven Gefühlen, konnten sie nicht die Gefühle des jeweils anderen wahrnehmen. Einer der Jugendlichen erkannte, daß er eine ähnliche Situation erlebt hatte:

«Du solltest zugeben, Clare, daß du dir vorher überhaupt nicht überlegt hast, was es für deine Familie bedeutet, wenn du dich umbringst. Mein Vater hat Selbstmord verübt. Das war vor zwei Jahren, und ich habe es bis heute nicht verdaut. Er fehlt mir andauernd. aber ich bin auch irgendwie wütend auf ihn, weil er überhaupt nicht an mich und an meine Gefühle gedacht hat. Er hat nicht danach gefragt, was er mir damit zumutet. Er hätte sich helfen lassen können.»

«Wahrscheinlich hast du recht. Ich weiß, daß es dumm von mir war, aber ich war zu dieser Zeit völlig fertig.»

«Auf der anderen Seite verstehe ich, was Clare sagen will», fügte eine andere Mutter hinzu. «Ich denke, ich weiß, wie es dir ging, weil ich das auch mal durchgemacht habe. Ich war so ohne jede Hoffnung, und ich dachte, niemand kann mir helfen. Ich habe jedoch dann erlebt, daß Leute für mich da waren, gerade so wie deine Mama für dich dagewesen wäre, wenn sie davon gewußt hätte, aber damals glaubte ich daran auch nicht.»

Clare und ihre Mutter weinten. Clare erlebte, daß sie von jemandem verstanden wurde, und ihre Mutter fühlte sich getröstet, weil jemand erkannt hatte, daß sie ihre Tochter liebt und daß sie keine schlechte Mutter ist. Daß eine Erwachsene eine Jugendliche verstehen und daß auch ein Jugendlicher sich in eine Mutter einfühlen kann, sind die besonderen Erfahrungsmöglichkeiten bei der Gruppentherapie mit mehreren Familien. Manchmal sind Mitteilungen über den Graben zwischen den Generationen hinweg besser zu verstehen, wenn sie von jemandem außerhalb der eigenen Familie ausgesprochen werden. Anscheinend kann man aufmerksamer und ungehinderter zuhören, wenn man persönlich nicht unmittelbar betroffen ist.

Netzwerk-Gruppen. Mit dieser therapeutische Methode wird die wahrscheinlich größtmögliche Gruppe im Umfeld eines Patienten mit einbezogen. Im Arbeitsbereich ist es recht modern geworden, mit Netzwerk-Gruppenarbeit Beziehungen zu verbessern und so die beruflichen Entwicklungsmöglichkeiten voranzutreiben. Diese Methode eignet sich aber ebenso für die Behandlung depressiver Kinder oder Jugendlicher. Es soll ein soziales Netz für die Bewältigung einer depressiven Krise und weiterer Schwierigkeiten aufgebaut werden.

Die Netzwerk-Gruppe umfaßt eine Reihe von Personen der Familie des Kindes, aber auch Personen außerhalb der Familie. Man setzt sich zusammen, um das Problem und seine Ursachen zu verstehen und um gemeinsam eine Lösungsstrategie zu entwickeln, die man dann mit vereinten Kräften umzusetzen versucht.

Um ein unterstützendes soziales Netzwerk für ein bestimmtes Kind aufzubauen, wende ich mich zuweilen an folgende Personen:

– die unmittelbaren Familienmitglieder wie Eltern, Stiefeltern, Geschwister
– die erweiterte Familie wie Großeltern, Tanten, Onkeln, Cousins und Cousinen
– Pfarrer, Priester, Rabbis oder andere Geistliche und Mitglieder der Gemeinde
– Personen aus dem Schulbereich wie Lehrer, Rektoren, Schulpsychologen und Nachhilfelehrer
– Gleichaltrige: Freunde oder Mannschaftkameraden
– Polizeibeamte
– Babysitter
– Arbeitgeber der Eltern
– Vorgesetzte der Jugendlichen
– andere Personen, die bereit sind, dem Kind und seiner Familie zu helfen.

Diese Netzwerk-Gruppen können sich in Büros, im Krankenhaus, in Schulen oder zu Hause treffen. Manchmal haben wir auch schon Telefonkonferenzen mit 1000 km entfernt lebenden Personen abgehalten. Es ist für diesen therapeutischen Ansatz wichtig, daß versucht wird, jeden einzubeziehen, der zur Lösung des Problems irgendwie beitragen kann.

Julie Woodward, Sozialarbeitern an der Oberschule des 17jährigen Dave, rief mich an, weil Dave gedroht hatte: «Ich laß mich vollaufen, steig dann in den Jeep und bring mich um.» Cathy Allen, seine Therapeutin, wollte ihn stationär aufnehmen lassen, was von Dave und seinem Vater jedoch abgelehnt worden war. Dave hatte dazu gesagt, wenn man ihn einschließen würde, würde er sich sowieso umbringen, weil er es nicht aushalten würde, seine Freiheit zu verlieren.

Ich schlug Julie und Cathy vor, Dave und seiner Familie dabei zu helfen, betroffene und interessierte Personen zu einem unterstützenden sozialen Netz zusammenzubringen, wo wir dann alle gemeinsam das Problem durchsprechen würden, um zu einer anderen Lösung zu kommen.

Wie trafen uns an einem Abend in der Praxis der Therapeutin. Die Gruppe bestand aus Cathy Allen, Julie Woodward, Anne, der Freundin von Dave, seinen Freunden Mark und Joe, Daves Vater Bill, und seiner Mutter Pat. Am Anfang fragten wir jeden nach seiner Ansicht über das Problem. Dave sprach von seinen Schwierigkeiten: die Scheidung seiner Eltern, die neue Ehe seines Vaters und auch von depressiven Störungen. Daves Vater war der Meinung, Daves Probleme lägen daran, daß er sich mit der Scheidung und der neuen Ehe nicht abfinden könne und daß er nicht bereit sei, sich an Regeln zu halten. Pat stimmte dieser Einschätzung zu. Sie erwähnte, daß sie seit vier Jahren mit ihrem Ex-Mann Bill kein einziges Mal Kontakt hatte, und gab zu, daß dies für Dave sicher schwierig gewesen sei.

Von anderen wurden die Probleme zwischen Dave und seiner Freundin Anne angesprochen sowie die Spannungen zwischen ihm und seinem Vater. Julie erwähnte Daves Auseinandersetzungen in der Schule sowie sein aggressives und selbstzerstörerisches Verhalten. Cathy erinnerte daran, daß Dave demnächst vor Gericht erscheinen muß, weil er jemandem bei einer Auseinandersetzung den Kiefer gebrochen hatte.

Daves Freundin Anne meinte, daß ihre instabile Beziehung zueinander etwas mit dem Scheitern der Ehe seiner Eltern zu tun habe. Joe, ein guter Freund von Dave, war der Meinung, die Probleme von Dave hätten hauptsächlich damit zu tun, daß er mit niemandem richtig reden könnte. Ich selbst brachte vorsichtig Daves Alkoholproblem zur Sprache und traf damit auf einhellige Zustimmung.

Als Daves Freund Mark darauf hinwies, daß Dave Schwierigkeiten habe, mit seinem Vater zu sprechen, fiel allen plötzlich auf, daß fast jeder in dieser Familie Schwierigkeiten hatte, sich klar und direkt dem anderen mitzuteilen. Mark und Joe sprachen über Daves Gefühle für seinen Vater und erwähnten seine Wünsche nach mehr Nähe zu ihm. Dave und Bill schwiegen dazu, aber man konnte ihnen ansehen, daß Mark und Joe den Finger auf den wunden Punkt gelegt hatten. Als ich Bill fragte, ob die Botschaft bei ihm angekommen sei, nickte er und bejahte es.

Bill sprach dann über die Beziehung zwischen Dave und Anne und erwähnte, daß Dave einmal bei Anne und ihrer Familie habe übernachten wollen. Er habe es aber nicht erlaubt. Er erwähnte auch, daß Dave behauptet hatte, seine Mutter hätte schon zugestimmt. An dieser Stelle sah Pat Bill direkt an und sagte mit leiser Stimme, daß sie nie ihre Erlaubnis gegeben habe. Pat und Bill sprachen dann ein wenig darüber, wie Dave sie beide ausmanövriert hatte. Ganz nebenbei kam es so zu einem Gespräch zwischen Daves Eltern, das länger dauerte, als sie insgesamt in den vergangenen vier Jahren miteinander gesprochen hatten.

In der Netzwerk-Gruppensitzung wurde dann besprochen, wie Freunde und Verwandte Dave unterstützen könnten. Julie Woodward teilte ihre Beobachtung mit, daß Dave, sobald er von dem geplanten Gruppentreffen erfahren hatte, eine deutlich gebesserte Stimmmungslage gezeigt und sich auch positiver verhalten hatte. Alle waren einverstanden, sich über einen gewissen Zeitraum wöchentlich zu treffen, um Daves Probleme weiter zu bearbeiten. Dave seinerseits versprach seinen Freunden und seiner Familie, keinen Selbstmordversuch zu unternehmen.

Medikamentöse Behandlung

Vielleicht haben Sie schon über neuere Fortschritte bei der medikamentösen Behandlung der Depression bei Erwachsenen gehört. Auch depressive Kinder können manchmal von diesen Medikamenten profitieren. Ein Kind sollte jedoch Medikamente nur im Rahmen eines umfassenden Behandlungsplans, der auch psychotherapeutische Maßnahmen umfaßt, erhalten.

Medikamente werden bei depressiven Kindern üblicherweise so lange verordnet, bis die akute Depression sich gebessert hat und ein Rückfall mit großer Wahrscheinlichkeit kurz- und mittelfristig nicht zu erwarten ist. Wennn für Ihr Kind eine medikamentöse antidepressive Behandlung empfohlen wurde, muß diese von einem Arzt fortlaufend kontrolliert werden, auch wenn Ihr Kind zusätzlich von nichtärztlichen Psychotherapeuten behandelt wird.

Weil antidepressive Medikamente neben ihren Heilwirkungen auch unerwünschte Wirkungen haben können, sollten Sie den Arzt Ihres Kindes bitten, Sie darüber genau zu informieren, und auch mit Ihnen allgemein über die Notwendigkeit von Medikamenten zu sprechen. Die positiven Wirkungen antidepressiver Medikamente sind bei Kindern und Jugendlichen insgesamt weniger gut belegt als bei Erwachsenen. Dennoch wird durch eine beträchtliche Anzahl wissenschaftlicher Studien die Annahme gestützt, daß sie Depressionen und Aufmerksamkeitsstörungen bei einigen Kindern mildern können. Am wenigsten sicher lassen sich positive Wirkungen von Antidepressiva bei Jugendlichen vorhersagen, was eventuell an den starken hormonellen Veränderungen während dieses Lebensabschnitts liegt.

Trizyklische Antidepressiva

Die Trizyklischen Antidepressiva (TCA) sind nach einer dreikettigen Verbindung ihrer chemischen Struktur benannt. Die folgenden TCA werden am häufigsten bei Depression im Kindes- und Jugendalter verschrieben: Imipramin (Tofranil), Clomipramin (Anafranil), Amitriptylin (z. B. Saroten), Desipramin (Pertofran) und Nortriptylin (Nortrilen). Diese Medikamente wirken sich positiv auf Störungen des Neurotransmitterstoffwechsels aus, daß heißt auf Störungen, die die Übertragungsfunktion wichtiger chemischer Botenstoffe innerhalb des Gehirns betreffen. Antidepressiva sind keine «Glückspillen», d. h. sie haben keine stimmungsverändernde Wirkung bei Personen, die nicht depressiv erkrankt sind, und sie erzeugen weder Abhängigkeiten noch Suchtverhalten. Bei biochemischen Veränderungen des Hirnstoffwechsels können Antidepressiva jedoch die dadurch entstandenen Symptome – depressive Stimmungslage, Schlaflosigkeit, Müdigkeit und Appetitverlust – vermindern, indem diese Stoffwechselfunktionen wieder besser ausbalanciert werden. Bei etwa drei von vier Kindern, die mit einer ihnen angemessenen Medikamentendosis behandelt werden, kann mit positiven Auswirkungen gerechnet werden.

Zu einer Entscheidung kommen. Ihr Kinderpsychiater sollte Ihnen und Ihrem Kind genau und verständlich erklären, warum er die Entscheidung für eine medikamentöse Behandlung für eine gute Wahl hält. Weil die Medikamente die Symptome mindern, bespreche ich zusammen mit dem Kind und den Eltern, bei welchen Symptomen genau dies der Fall sein kann. Subjektiv kann ein Kind seine Symptome ganz anders erleben als sie vom Arzt beschrieben werden, und deshalb rege ich die Kinder dazu an, mit ihren eigenen Worten die sie belastenden Symptome zu benennen. Ein depressives Kind kann zum Beispiel sagen, «Ich fühle mich immer so einsam» oder «Ich habe immer viel Bauchschmerzen.»
Sprechen Sie mit dem Psychiater Ihres Kindes über die Anwendung der Medikamente, fragen Sie nach den möglichen positiven Auswirkungen und auch, wie lange es dauert, bis sich diese Wirkungen zeigen. Fragen Sie danach, welche kurz- und langfristigen Nebenwirkungen auftreten können, und wie häufig diese etwa vorkommen. Wenn Sie und Ihr Kind irgendwie kein gutes Gefühl oder größere Zweifel in bezug auf die Medikamente haben, was dann dazu führen kann, daß Sie die Medikamentendosis selbständig verringern oder die Behandlung frühzeitig abbrechen, sollten Sie dies besser offen mit Ihrem Arzt besprechen, als daß Sie damit hinter dem Berg halten.

Nachdem Sie alle Argumente für und gegen eine medikamentöse Behandlung ausführlich besprochen haben und genau über die möglichen Wirkungen bei Ihrem Kind Bescheid wissen, können Sie sich besser vorstellen, was auf Sie zukommt und worauf Sie achten müssen. Ich selbst versuche immer, die Dosis des Medikaments so gering wie möglich, d. h. am untersten Rand des Wirkspektrums zu halten, wofür viele verschiedenen Gründe sprechen. Zunächst ist es sinnvoll, die Behandlung mit einer niedrigen Medikamentendosis zu starten: Erstens gibt es einige Patienten, die schon voll auf eine niedrige Dosis ansprechen; zweitens sind bei einer niedrigen Dosis unerwünschte Nebenwirkungen üblicherweise weniger ausgeprägt; drittens kann sich das Kind an eventuelle Nebenwirkungen gewöhnen oder sogar auch überwinden, bevor die Dosis erhöht wird; viertens könnte eine zu hohe Anfangsdosis zu Nebenwirkungen und damit zu einem Behandlungsabbruch bei einem Medikament führen, welches vielleicht bei einer niedrigeren Dosierung gut vertragen worden wäre. Dann kann ich die Dosis langsam Schritt für Schritt erhöhen, bis eine größtmögliche Symptomwirkung bei möglichst wenig Nebenwirkungen erreicht ist, oder bis zu einer vertretbaren Maximaldosis. Wenn sich bei einem bestimmten Medikament keine Wirkung zeigt oder nicht zu tolerierende Nebenwirkungen auftreten, kann eventuell ein anderes Medikament ausprobiert werden.

Der Arzt Ihres Kindes wird sicherlich ein Medikament nicht nur nach dem Krankheitsbild Ihres Kindes verordnen, sondern auch immer die speziellen Nebenwirkungen im Blick haben. Einige Antidepressiva haben z. B. speziell beruhigende Effekte. Sie werden dann insbesondere abends Kindern mit Schlafstörungen verabreicht.

Es gibt eine Reihe von Kindern mit einem überdurchschnittlich schnellen Medikamentenstoffwechsel, und bei ihnen sind häufigere, entsprechend kleinere Dosen zwei- bis dreimal am Tag angezeigt. Kinder mit Aufmerksamkeitsstörungen und depressiven Störungen z. B. scheinen auf eine über den Tag und den Abend verteilte Medikamentendosis besser anzusprechen.

Ihr Arzt wird darüber hinaus vielleicht wissen wollen, wie Ihr Kind und auch andere Familienangehörige bisher auf ähnliche Medikamente reagiert haben. Dies ist deshalb wichtig, weil eine positive Medikamentenwirkung bei einem nahen Verwandten die Wahrscheinlichkeit erhöht, daß dies auch bei Ihrem Kind der Fall sein könnte.

Sie selbst wie auch Ihr Kind werden vielleicht schon nach einigen Tagen Verbesserungen des Schlafs und des Appetits feststellen können, aber behalten Sie im Auge, daß die volle Wirkung der TCA normalerweise erst nach einigen Wochen eintritt. Wenn eine medikamentöse

Behandlung mißlingt, liegt es meistens an einer zu kleinen Dosis über einen zu kurzen Zeitraum. Erst nachdem ein Medikament in voller Dosis über einen Zeitraum von sechs bis acht Wochen verabreicht worden ist, kann die Wirkung umfassend beurteilt werden.

Auf Anraten seines Kinderarztes kam Steven zusammen mit seiner Großmutter in meine Sprechstunde. Der 12jährige war seit einigen Monaten depressiv. Er beschrieb Ein- und Durchschlafstörungen, Müdigkeit tagsüber, Gefühle von Teilnahmslosigkeit und Mattigkeit sowie Appetitmangel. Steven hatte zwar nicht abgenommen, aber trotz eines Wachstumsschubs auch nicht zugenommen. Steven wohnte bei seiner Großmutter, weil sein Vater die Familie verlassen hatte, als er zwei Jahre alt gewesen war und seine Mutter vor zwei Jahren einen tödlichen Autounfall erlitten hatte, wobei es sich möglicherweise um Selbstmord gehandelt haben könnte. Nachdem ich noch mit seinem Kinderarzt und seinem Lehrer gesprochen hatte, kam ich zu der Einschätzung, daß Stevens Störungen wirklich als Ausdruck einer depressiven Erkrankung einzuordnen sind.

Ich schlug mehrere Behandlungsmöglichkeiten vor, erklärte, wie eine psychotherapeutische Behandlung aussehen könnte, und wies auf die Möglichkeit einer medikamentösen Behandlung hin. Sowohl Steven als auch seine Großmutter äußerten Vorbehalte gegenüber einer medikamentösen Behandlung, und so einigten wir uns darauf, zunächst nur psychotherapeutisch vorzugehen und nach sechs Wochen die Behandlungsergebnisse zu überprüfen.

Steven füllte den Beck-Depressions-Fragebogen aus, mit dem spezifisch depressive Symptome erfaßt werden können. Wir planten, den Test nach sechs Wochen zur Überprüfung von Veränderungen zu wiederholen.

Die Therapie zeigte einige positive Wirkungen, aber nach sechs Wochen klagte Steven immer noch über chronische Müdigkeit, Schlafstörungen und Appetitmangel. Die Testwerte im Beck-Fragebogen waren zwar vermindert, aber lagen noch im Bereich einer depressiven Störung.

Wir besprachen noch einmal das Für und Wider von Medikamenten, und Steven entschloß sich zu einem Versuch. Ich schlug ihm vor, eine eigene Skala zu entwerfen, um das Ausmaß der Symptome, unter denen er am meisten litt, selbst einzuschätzen und die Wirkung der Medikamente überprüfen zu können. Steven schrieb Symptome auf wie «die ganze Zeit müde sein», «totale Langeweile haben» und «überhaupt nicht daran interessiert sein, was passiert». Dann fügte er jeweils eine Unterteilung von 1 (negativ) bis 10 (positiv) an, und wir hefteten diese Liste in seinen Ordner ein.

Stevens Dosis wurde über einen Zeitraum von zwei Wochen allmählich gesteigert, und er konnte die Medikation gut, d. h. ohne viele Nebenwirkungen, vertragen. Das erste, was Steven bemerkte, war, daß er besser schlafen konnte. Seiner Großmutter fiel auf, daß er wieder Appetit bekam. Nach einem Monat besserte sich Stevens Stimmungslage, und er nahm aktiver an der Psychotherapie teil. Es zeigten sich über einen Zeitraum von von zehn Wochen kontinuierlich ansteigende positive Effekte. Steven bekam fünf Monate lang Antidepressiva, bis zum Ende des Schuljahres. Dann brachen wir die medikamentöse Behandlung ab, und er ist nun seit drei Jahren beschwerdefrei. Steven ging während des laufenden Schuljahres einmal wöchentlich zur Therapie, im neuen 7. Schuljahr wurden die Sitzungen auf einmal pro Monat reduziert. Im Augenblick besucht er seine Therapeutin ab und zu, wenn er ein spezielles Problem mit ihr besprechen will.

Nebenwirkungen. Die hauptsächlichen Nebenwirkungen der TCA sind Verlangsamung und Trägheit, Sehstörungen, Mundtrockenheit, Gewichtszunahme, Schwierigkeiten beim Wasserlassen, Herzklopfen und Schwindelgefühle bei eventuell erniedrigtem Blutdruck. Unterschiedliche Medikamente können auch unterschiedliche Nebenwirkungen haben, und wenn ein Kind ein bestimmtes Medikament nicht gut verträgt, kann ein anderes Medikament zur Anwendung kommen. Einige Nebenwirkungen werden nur als mehr oder weniger unangenehm empfunden, während man bei anderen sofort den behandelnden Arzt verständigen sollte.

Nebenwirkungen, die Sie dem Arzt Ihres Kindes mitteilen sollten:

– Sehstörungen oder Augenschmerzen	– epileptische Anfälle
– Verwirrtheitszustände	– Probleme beim Wasserlassen
– Schwächeanfälle	– Hautausschläge und Juckreiz
– Halluzinationen	– Zittern
– unregelmäßiger Herzschlag	– Halsschmerzen und Fieber

Nebenwirkungen, die nicht unbedingt ärztlich abgeklärt werden müssen:
Diese Nebenwirkungen verlieren sich zumeist im Verlauf der Behandlung; falls sie jedoch anhalten, sollten Sie den Arzt Ihres Kindes verständigen:

– Verstopfung	– Schwindelgefühle
– Hunger auf Süßigkeiten	– Übelkeit, Brechreiz
– Verlangsamung, Trägheit	– Müdigkeit, Schwäche
– Mundtrockenheit	– schlechter Geschmack
– Kopfschmerzen	– Gewichtsveränderungen

Kinder und Jugendlichen zeigen oft weniger Nebenwirkungen als Erwachsene. Viele Nebenwirkungen wie Mundtrockenheit oder schlechter Geschmack verlieren sich innerhalb weniger Tage oder können leicht behoben werden. Bezüglich der Mundtrockenheit empfehle ich zum Beispiel zuckerfreie Bonbons, Kaugummi oder Getränke. Auch andere Nebenwirkungen wie Trägheit, Müdigkeit und Übelkeit können gewöhnlich leicht behoben werden. Bei Müdigkeit können die Medikamente am Abend eingenommen werden, womit aus der unerwünschten Nebenwirkung eine erwünschte Wirkung werden kann.

Schwindelgefühle treten oft ein, wenn man morgens schnell aufsteht, und deshalb rate ich den Kindern, ein wenig langsamer aufzustehen und vielleicht noch ein bißchen auf der Bettkante sitzen zu bleiben, bevor sie sich in den neuen Tag stürzen.

Wenn die Medikamente Übelkeit verursachen, sollten Sie versuchen, sie zusammen mit einer kleinen Mahlzeit zu verabreichen, z. B. einigen Keksen. Achten Sie darauf, daß Ihr Kind regelmäßig nach dem Essen die Zähne putzt. Antidepressiva können nämlich den Speichelfluß vermindern, und der Speichelfluß umspült ja normalerweise die Zähne und verhindert dadurch die Entstehung von Löchern.

Herz-Kreislauf-Nebenwirkungen sind eher selten zu beobachten. Weil jedoch die Herztätigkeit, insbesondere der Herzrhythmus, beeinflußt werden könnten, sollte bei jedem Kind, das im Rahmen einer Depressionsbehandlung TCA verabreicht bekommt, ein Elektrokardiogramm (EKG) gemacht werden. Ihr Arzt wird im Laufe der Behandlung eventuell diese Untersuchung wiederholen, speziell wenn die Dosis verändert werden sollte.

Ihr Arzt wird vielleicht auch eine Blutspiegeluntersuchung durchführen, um die Aufnahme der Medikamente durch den Körper zu überprüfen. Auf diese Weise kann festgestellt werden, ob das Kind oder der Jugendliche die Medikamente wie verschrieben einnimmt und ob durch die Dosismenge die notwendige Höhe des Medikamentenblutspiegels erzielt wird.

Bei vielen Medikamenten, die bei einer Depression verschrieben werden, kann sich die Wirkung verändern, wenn gleichzeitig andere ärztlich verordnete oder rezeptfreie Medikamente eingenommen werden. Dies gilt auch für Alkohol oder Drogen. Bei der Behandlung von Jugendlichen kann dies eine nicht zu unterschätzende Gefährdung bedeuten, wobei mangelnde Kenntnis negative Folgen nach sich ziehen kann! Teilen Sie dem Psychiater Ihres Kindes mit, welche Drogen Ihr Kind gerade einnimmt, und fragen Sie zuerst den behandelnden Arzt, bevor Sie Ihrem depressiven Kind andere Medikamente geben.

Andere Medikamente

Lithium. Wenn Ihr depressives Kind auf trizyklische Antidepressiva nicht anspricht, könnte ihr Arzt eventuell Lithium zur Unterstützung der antidepressiven Wirkung der TCA verschreiben. Üblicherweise wird Lithium bei der Behandlung manisch-depressiver (bipolarer) affektiver Störungen bei Jugendlichen und Erwachsenen angewendet, seltener bei Kindern. Lithium hat sich als therapeutisch wirksam sowohl bei der akuten Behandlung manischer Episoden wie auch bei der Verhinderung von Rückfällen erwiesen.

Lithium wird zumeist in Tabletten- oder Kapselform zwei- oder dreimal täglich verabreicht. Die Höhe der Wirkdosis wird mit Hilfe von Blutspiegeluntersuchungen bestimmt, die anfangs recht häufig durchgeführt werden, die aber im Verlauf der Behandlung, wenn die richtige Dosiseinstellung erfolgt ist, weniger oft notwendig sind.

Häufige Nebenwirkungen bestehen in Durstgefühlen und vermehrtem Flüssigkeitsbedarf sowie häufigerem Wasserlassen. Manche Kinder leiden an Magenverstimmungen oder Durchfall, und manche nehmen bei diesen Medikamenten an Gewicht zu.

Anzeichen für eine zu hohe oder sogar schädliche Dosis können Erbrechen, undeutliche Aussprache, Müdigkeit, unsicherer Gang oder Veränderungen der Aufmerksamkeit und des Bewußtseins sein.

Lithium ist bei sachgemäßer Anwendung eine sichere und wirkungsvolle Medikation, aber Sie sollten doch die verschiedenen Risiken und Nebenwirkungen genau mit Ihrem Arzt durchsprechen, bevor mit einer solchen Behandlung begonnen wird. Auf jeden Fall sollte auch Ihr Kind über Art und Zweck dieser Medikation seinem Verständnis gemäß aufgeklärt werden.

Vor dem Behandlungsbeginn mit Lithium wird Ihr Arzt wahrscheinlich einige Laboruntersuchungen durchführen. Diese bestehen in umfassenden Analysen verschiedener Blutwerte und der Schilddrüsenfunktion. Eine Urinuntersuchung kann klären, ob die Nieren Ihres Kindes das Medikament gut vertragen können. Eventuell wird auch ein Elektrokardiogramm (EKG) durchgeführt.

Wenn eine akute manische Episode begleitet ist von massiven psychotischen Symptomen wie akustischen Halluzinationen, Größen- oder Verfolgungswahn, können in der akuten Phase zusätzlich zur Lithiumbehandlung antipsychotisch wirksame Medikamente gegeben werden, um diese Symptome schneller zu beheben.

Wenn Ihr Kind Lithium nicht verträgt oder sich keine therapeutischen Effekte zeigen, könnte der Arzt Carbamazepin (Tegretol) verordnen. Dieses ursprünglich zur Behandlung epileptischer Anfälle eingesetzte Medikament hat sich auch als wirksam bei einigen Kindern und Jugendlichen mit einer bipolaren depressiven Erkrankung erwiesen.

Andere Antidepressiva. Bei Erwachsenen werden atypische Depressionen, die mit erhöhter Schläfrigkeit und Eßsucht einhergehen, erfolgreich mit Monoaminooxydasehemmern (MAO-Hemmer) behandelt. Zusätzlich zu den auch bei den TCAs auftretenden Nebenwirkungen zeigen sich bei dieser Art von Medikamenten gewisse Nahrungsunverträglichkeiten; insbesondere betrifft dies Käse, Joghurt und Sauerrahm. Bei der Einnahme von MAO-Hemmern muß deshalb auf eine strikte Diät geachtet werden. Neuere Antidepressiva wie Fluoxetin (Fluctine), die bei Erwachsenen bereits mit großem Erfolg eingesetzt werden, werden im Augenblick in Hinblick auf ihre Sicherheit und Wirkung bei der Behandlung von depressiven Kindern und Jugendlichen überprüft.

10. Sollten Sie Ihr depressives Kind stationär behandeln lassen?

Trisha, eine Schülerin mit durchgängig guten Schulnoten, die innerhalb ihres Schwimmteams bei den Schulmeisterschaftkämpfen Hervorragendes geleistet hatte, stand vor den Landesmeisterschaftskämpfen, wo sie gute Chancen gehabt hätte, sich für die nationalen Wettkämpfe zu qualifizieren. Anstatt aber zusammen mit ihrem Team in die neue Saison zu starten, hatte sie eine ganze Flasche Tylenol ausgetrunken, 24 Stunden lang mit niemandem darüber gesprochen und wäre mit ihren 16 Jahren beinahe daran gestorben. Trisha wurde nach viertägiger Behandlung auf der Intensivstation zu unserer psychiatrischen Abteilung überwiesen. Die Jugendliche war weiterhin in recht depressiver Stimmung, voller Scham und Reue über die Sorgen und Ängste, die sie ihren Eltern bereitet hatte. Auf den ersten Blick erschien dieses fleißige und perfekt wirkende Mädchen grenzenloses Selbstvertrauen zu besitzen, aber Trisha litt unter einer nagenden Angst, nicht gut genug zu sein.

Im Krankenhaus arbeitete Trisha sehr ernsthaft daran, ihre Depression zu überwinden. Bald begann sie, in den Gruppensitzungen und bei ihrem Therapeuten über ihre Gefühle von Selbstzweifel zu sprechen. Trisha nahm dabei ihre Eltern stark in Schutz und bestand darauf, daß sie «die besten Eltern sind, die man überhaupt haben kann». Allmählich gewann sie die Sicherheit, daß niemand die Absicht hatte, ihre Eltern anzuklagen, und sie konnte darüber sprechen, daß ihre Eltern sehr hohe und vielleicht unrealistische Erwartungen an sie stellten. Trishas Eltern ihrerseits erkannten in Familiengesprächen allmählich, daß sie den starken Wunsch hatten, ihre Tochter solle all das erreichen, was sie selbst nicht hatten leisten können.

Trisha blieb zwei Wochen im Krankenhaus und unterzog sich anschließend noch ein paar Monate einer ambulanten Behandlung. Sie wurde nach und nach emotional stabiler und unabhängiger und nahm auch wieder ihr Schwimmtraining auf. Aber jetzt war es für Trisha zum ersten Mal so, als ob sie die Leistungen für sich selbst erbrachte anstatt für jemand anderen.

Durch die kurzzeitige stationäre Aufnahme wurde für Trisha ein geschützter Raum bereitgestellt, wo sie beginnen konnte, sich mit ihren Gefühlen von Hoffnungslosigkeit auseinanderzusetzen, die dazu geführt hatten, daß sie sich das Leben hatte nehmen wollen. Trisha drückte es einige Monate später so aus: «Ich fand die Idee schrecklich, im

Krankenhaus bleiben zu müssen, aber es war doch notwendig für mich. Ich war nahe daran abzustürzen, aber ich hatte so viel um die Ohren, daß ich es gar nicht mitbekam. Im Krankenhaus hatte ich einfach so lange eine Ruhepause von all dem, bis ich mich selber wieder in die Hand bekommen konnte.»

Die meisten depressiven Kinder und Jugendliche können ambulant behandelt werden. Unter bestimmten Umständen jedoch – z. B. nach Suizidversuchen – kann durch eine stationäre Aufnahme die Behandlung Ihres Kindes einen entscheidenden Impuls erhalten.

Es ist noch gar nicht so lange her, daß viele Psychiater davon überzeugt waren, es sei wichtig, schwer depressive Kinder wie Trisha dem «schädigenden Einfluß» ihrer Familien zu entziehen, und sie behielten sie so lange in der Klinik, bis sie sich wieder psychisch stabilisiert hatten – von etwa sechs Monaten bis zu einem Jahr. Danach wurde das Kind eventuell noch für ein bis zwei Jahre in einem entsprechenden Heim untergebracht. Heutzutage ist es üblich, eine suizidale Jugendliche wie Trisha kurz stationär psychiatrisch zu behandeln und danach ambulant weiterzubetreuen, wobei die Mitarbeit der Familie, die viel zu positiven Veränderungen beitragen kann, ausdrücklich begrüßt wird.

Als Elternteil eines depressiven Kindes sollten Sie genau darüber Bescheid wissen, warum ein stationärer Aufenthalt für Ihr Kind indiziert sein könnte. Sie sollten die Vor- und Nachteile einer solchen Behandlung kennen, damit Sie entscheiden können, ob diese für Ihr Kind notwendig ist.

Wir werden gemeinsam Schritt für Schritt diesen Entscheidungsprozesses durchlaufen, wobei ausgeführt wird, für welche Kinder eine stationäre Behandlung notwendig ist, und für welche nicht, und alternative Vorgehenswesen besprochen werden.

Warum sollten Sie Ihr depressives Kind stationär behandeln lassen?

Eine stationäre Aufnahme kann bei jedem der folgenden Anlässe angebracht sein:

- Durch das Verhalten des Kindes wird es selbst oder werden Andere gefährdet.
- Ihr Kind zeigt keine Forschritte in der ambulanten Behandlung.
- Es kann sich überhaupt nicht mehr zu Hause, in der Schule oder im Freundeskreis einfinden.
- Durch die Depression wird die Behandlung einer schwerwiegenden körperlichen Erkrankung gestört, oder durch eine körperliche Erkrankung wird die Behandlung der Depression gestört.

Nachteile einer stationären Aufnahme

Ob Sie sich nun für oder gegen einen Krankenhausaufenthalt für Ihr depressives Kind entscheiden, Sie sollten wissen, daß eine notwenige stationäre Behandlung auch einige deutliche Nachteile mit sich bringen kann.

Negatives Signal. Zum Beispiel könnte die stationäre Aufnahme von Ihrem Kind so verstanden werden, daß es nicht mehr für sich verantwortlich sein kann oder unfähig ist, im Alltag zurechtzukommen. Auch wenn dies durchaus für die aktuelle Situation zutreffend sein kann, möchten wir ja beim Kind Vertrauen aufbauen in seine Fähigkeiten, wieder Verantwortung für sich selbst übernehmen zu können. Die Jugendlichen könnten die stationäre Aufnahme als eine Art Bestrafung verstehen. Ihre depressive jugendliche Tochter fühlt sich vielleicht schon schuldig für vieles, für das sie gar nichts kann, vielleicht sogar dafür, depressiv zu sein. Daher sollte denjenigen Jugendlichen, die sich durch eine notwenige stationäre Aufnahme wie bestraft fühlen, erklärt werden, daß dies zu ihrem Wohl geschieht und genauso wenig eine Bestrafung bedeutet wie eine Blinddarmoperation für jemanden mit einer Blinddarmentzündung.

Viele Eltern meinen aus der Indikation für eine stationäre Behandlung eine Art Anklage an sie herauszuhören, als ob damit bewiesen werden soll, daß sie nicht mehr in der Lage sind, die Verantwortung für ihr Kind zu übernehmen. Dies ist natürlich nicht richtig. Wenn eine stationäre Behandlung notwendig ist, sollte dies von der ganzen Familie als die im Moment beste Möglichkeit angesehen werden können und begrüßt werden, den Bedürfnissen des Kindes Rechnung zu tragen.

Soziale Stigmatisierung. Obschon dies heutzutage weniger als früher der Fall ist, kann eine stationäre Aufnahme soziale Ächtung hervorrufen, oder Eltern und Kinder können dies zumindest befürchten. Mit der Unterstützung eines einfühlsamen Therapeuten sollten Sie und Ihr Kind jedoch in der Lage sein, damit genau wie mit anderen unangenehmen Ereignissen im Leben fertig zu werden.

Verlust des Bewegungsspielraums. Die stationäre Behandlung bringt zweifellos Einschränkungen von Autonomie und Selbstbestimmung mit sich. Dies ist für Jugendliche unangenehmer als für Kinder. Angesichts dessen wird seitens des stationären Behandlungsteams immer sehr darauf geachtet, daß die Fähigkeiten Ihres Kindes, für sich selbst Verantwortung zu übernehmen, soweit wie irgend möglich angesprochen und erhalten werden.

Das Krankenhausmilieu. Wenn auch die therapeutisch gesteuerte Gruppendynamik auf der Station hilfreich bei der Behandlung depressiver Kinder sein kann, können gelegentlich auch Probleme durch den Kontakt mit anderen schwer beeinträchtigten Kindern entstehen. Es ist wichtig, daß Sie über die allgemeine Athmosphäre der psychiatrischen Station mit dem behandelnden Arzt Ihres Kindes sprechen. Er wird versuchen, Ihr Kind einer Station oder Behandlungsgruppe zuzuordnen, die hilfreich statt schädigend für Ihr Kind ist.

Distanz. Wenn Ihr Kind weit weg von zu Hause behandelt wird, sind Ihre Möglichkeiten, mit einbezogen zu werden, mitunter recht beschränkt. Jugendliche können speziell die Trennung von ihren Freunden schmerzhaft erleben.

Vorteile der stationären Behandlung

In gewissen Fällen jedoch kann die stationäre Behandlung die bestmögliche Lösung für Ihre Familie bedeuten. Die stationäre Überwachung kann lebensrettend sein, wenn Ihr Kind selbstmordgefährdet, drogenabhängig oder chronisch weglaufgefährdet ist. Darüber hinaus wird eine kontrollierte medikamentöse und intensive psychotherapeutische Behandlung ermöglicht. Das Krankenhaus bietet einen geschützten Raum für eine notwendige Ruhepause und Halt und Struktur für diejenigen Kinder und Jugendlichen, die dies benötigen.

Medikamentöse Behandlung. Ein kurzer stationärer Aufenthalt kann hilfreich für ein Kind sein, welches umfassend medikamentös behandelt werden muß, insbesondere wenn seine Depression auch mit Verwahrlosungstendenzen oder absichtlichen Selbstverletzungen einhergeht.

Zum Beispiel wurde mir Peter, ein 12jähriger jugendlicher Diabetiker, von einem Kinderarzt überwiesen, weil seine Diabetes entgleist war. Peter hatte gelernt, sich selbst Insulin zu spritzen, aber er schwankte hin und her zwischen trotzigem Bestehen darauf, die Behandlung der Erkrankung völlig in die eigene Hand zu nehmen, und totaler Unselbstständigkeit, dies speziell nach längeren Phasen von hohem Blutzucker.

Von Anfang an, seit seine Erkrankung vor einem Jahr erkannt wurde, ignorierte Peter die Diätvorschriften. Manchmal ging er einfach los und und kaufte sich Süssigkeiten und *junk food*, was seine Blutzuckerwerte hochtrieb. Wenn seine Eltern ihn dazu anhielten, seine

Blutzuckerwerte zu überprüfen, ging Peter ins Badezimmer und behauptete dann, er habe es getan, was aber ganz offensichtlich nicht stimmte. Peter konnte seine Erkrankung nicht akzeptieren und war voller Ärger über die damit verbundenen Einschränkungen. Aber er war auch depressiv. Wie viele andere Kinder mit einer schwerwiegenden chronischen Erkrankung erlebte er einen wesentlichen Verlust seiner Lebensqualität. Zuweilen klagte er voller Zorn und Bitterkeit darüber, daß sein Leben verpfuscht sei, bevor er eine Chance gehabt hätte, es zu genießen. Peters Depressionen sind ausgelöst worden durch die Diabeteserkrankung, aber bald wurde der Diabetes dadurch verschlimmert. Beide Bedingungen wirkten ungünstig aufeinander ein, und Peters Leben wurde vollständig davon überrollt. Tatsächlich wäre dadurch sein Leben fast beendet worden.

Nach einem fünftägigen Aufenthalt im Kinderkrankenhaus waren Peters Blutzuckerwerte wieder normalisiert. Danach verbrachte Peter zwei weitere Wochen auf der psychiatrischen Jugendlichen-Station, wo er medikamentös und psychotherapeutisch behandelt wurde. Bei einem Kurs über die Behandlung von Diabetes lernte Peter, mit seiner Erkrankung im Rahmen eines ganz normalen Jugendlichen-Alltags umzugehen, und mit einer psychologischen Behandlung wurde Peter dabei geholfen, die seine Erkrankung begleitenden Gefühle von Zorn, Trauer und Verlust zu verarbeiten.

Peter wurde entlassen mit der vollen Selbstverantwortung für seine Diät, seine Insulininjektionen und der Kontrolle seiner Blutzukkerwerte. Anstatt sich weiter in unfruchtbare Auseinandersetzungen mit seinen Eltern zu verstricken, hatte Peter regelmäßige Rücksprachen mit einer auf die Behandlung von Jugendlichen mit Diabetes spezialisierten Krankenschwester. Durch diese sehr einfühlsame und vernünftige junge Frau, selbst Diabetikerin, wurden die Eltern von ihrer Aufpasserrolle befreit und konnten wieder eine davon unbelastete Beziehung zu ihrem Kind aufnehmen.

Manche depressive Kinder brauchen eine antidepressive Medikation, und die Einstellung der Dosis kann einfacher und sicherer im stationären Setting erfolgen in Hinblick auf die Wirkungs des Medikaments, mögliche Nebenwirkungen, die Mitarbeitsbereitschaft Ihres Kindes und eventuelle Widerstände (siehe Kapitel 9).

Intensive Behandlung. Es gibt ambulant keine vergleichbar intensive Behandlung, wie sie eine gut ausgestattete Krankenhausabteilung bietet. Wenn nötig, ist hier eine Einzelbetreuung rund um die Uhr möglich. Für die meisten Kinder finden auf der Station mehrmals am Tag therapeutische Sitzungen statt. Zusätzlich gibt es regelmäßig gruppen- unf familientherapeutische Sitzungen. Von der Intensität und auch der Quantität der Therapieangebote her ist es dem stationär behandelten Kind kaum mehr möglich, vor seinen Problemen die Augen zu verschließen. Es wird zwangsläufig zu Veränderungen herausgefordert. Durch den stationären Aufenthalt ist es möglich, unmittelbar auf das im stationären Alltag auftauchende Problemverhalten und die depressiven Gefühle therapeutisch einzugehen. Gefühle und Erinnerungen müssen also nicht erst in der Therapiestunde wieder aufgewärmt und lebendig gemacht werden, und die Bearbeitung problematische Ereignisse muß nicht tagelang auf sich warten. Auf einer gut ausgestatteten Station können die Mitarbeiter schwierig zu bewältigende Situationen im voraus erkennen und alternatives Verhalten unterstützen.

Die Therapeuten versuchen, die Probleme «auf den Tisch» zu bringen, indem in den Therapiesitzungen die Konflikte wiederbelebt werden. Ein problematisches Interaktionsmuster, das ganz aktuell während der therapeutischen Sitzung entsteht, kann leichter bearbeitet und verändert werden als etwas, worüber nur berichtet wird. Auch wenn Ihr Kind auf der Station zunächst versucht, sich anders zu verhalten, so wird doch bald das charakteristische Verhaltensmuster sichtbar werden im alltäglichen Umgang mit den anderen Patienten, den Stationsmitarbeitern, den Therapeuten und Ärzten. Wenn erst einmal das Problem Ihres Kind lebendig und greifbar im Stationsalltag zutage getreten ist, können wir darauf eingehen und eine gangbare Lösung erarbeiten.

Beispielsweise behauptete der 15jährige Jason steif und fest, er sei nur deshalb depressiv, weil seine Eltern ständig an ihm herumnörgeln und seine Lehrer ihn wie ein kleines Kind behandeln würden. Jason behauptete, es wäre alles in Ordnung, wenn man ihn einfach in Ruhe lassen würde.

Genau so verhielten wir uns während der ersten Tage seines stationären Aufenthalts: Jason konnte seine Schulaufgaben machen, wann und wie er wollte, und er wurde zu den therapeutischen Gruppensitzungen und Aktivitäten eingeladen, aber niemand bestand auf seiner Teilnahme.

Wenn die vom Kind erhoffte Aufmerksamkeit für ein unerwünschtes Verhalten, wie z. B. Verweigerung, ausbleibt, verstärkt sich dieses Verhalten zunächst für eine Weile, so als ob das Kind verzweifelt versucht, die von ihm gewünschte Reaktion auf dieses Verhalten doch wieder hervorrufen zu können. So fing Jason damit an, recht wenig Aktivität zu zeigen, und bald tat er fast gar nichts mehr. Einige Mitarbeiter wollten jetzt eingreifen und ihn dazu anhalten, Schularbeiten zu machen und an den Gruppen teilzunehmen. Ich schlug vor, zunächst weiter abzuwarten und der Verlockung zu widerstehen, die gleichen Strategien anzuwenden, die schon bei seinen Eltern und Lehrern von Mißerfolg gekrönt waren. Nach einigen Tagen erschien Jason bei den Gruppentreffen und meinte, jeden Tag in seinem Zimmer zu sein, sei «totlangweilig». Wir reagierten auf sein Erscheinen ohne großen Applaus, und Jason zeigte sich in der Gruppe immer provokativer: er störte den Ablauf, unterbrach die Gespräche, und es schien, als wollte er bestraft werden. Statt ihn aber von den Gruppentreffen auszuschließen, beschrieben wir ihm sein Verhalten und meinten, es sei eine Möglichkeit für ihn, zu Hause und in der Schule das Eingreifen der Erwachsenen herauszufordern. Jason sprach gut auf diese Konfrontation und Interpretation an. Sein Verhalten veränderte sich sehr schnell. Im Verlauf einiger Wochen wurde Jason immer initiativer und begann endlich damit, Verantwortung für sein Leben zu übernehmen und seine Pflichten zu erfüllen. Nach seiner Entlassung brauchten seine Eltern sehr viel Unterstützung dabei, sich zurückzuhalten und nicht gleich einzuspringen, wenn etwas schiefging, sondern statt dessen zulasssen zu können, daß Jason einfach den Tatsachen ins Auge blicken und die Konsequenzen seines Verhaltens selbst tragen konnte.

Ein geschützter Hafen. Wenn zu Hause oder in der Umgebung des Kindes seine Sicherheit bedroht erscheint, kann ein stationärer Aufenthalt zunächst einfach Schutz bieten. Beispielsweise wurde der 15jährige Dale durch einen 28jährigen Bekannten und Nachbarn ausgenutzt. Der ältere Mann befreundete sich mit dem einsamen und depressiven Jungen und bedachte ihn mit Aufmerksamkeit und Geschenken. Dale reagierte auf diese Angebote, indem er emotional recht abhängig von diesem Mann wurde, und dieser brachte ihn dazu, bei Wettschwindeleien mitzumachen. Nachdem Dale stationär aufgenommen worden war, berichtete er, es sei ihm nicht möglich gewesen, die Beziehung abzubrechen, weil er sich und seine Mutter von diesem Nachbarn bedroht gefühlt hatte.

Atempause. Der vielleicht wichtigste Vorteil einer stationären Behandlung liegt darin, daß damit für ein schwer belastetes oder selbstmordgefährdetes Kind eine Ruhepause erzwungen wird. Auch ein sich chronisch verweigerndes Kind, welches unendlich viele Tricks auf Lager hat, um Regeln zu umgehen und Ihre Anweisungen zu unterlaufen, kann physisch und psychisch sehr erschöpft sein. Allein was z. B. an Sinnesreizen und Gefühlsqualitäten alltäglich auf einen jungen Menschen einströmt – Musiklärm, Fernsehen, Sex- und Gewaltvideos, Auseinandersetzungen mit Gleichaltrigen, nicht endenwollende schulische Anforderungen, das ganze Ausmaß von zu verarbeitenden Informationen – ist mitunter beängstigend. Ein schwer depressives Kind kann mit der Verarbeitung all dessen völlig überfordert sein.

Struktur. Das Krankenhaus schirmt das Kind von vornherein von vielen Reizen ab, und es muß sich über den Alltagsablauf nicht viele Gedanken machen oder Entscheidungen treffen. Für einige Kinder ermöglicht die festgelegte stationäre Routine – feste Zeiten fürs Aufstehen und Schlafengehen, regelmäßige Mahlzeiten, festgelegte Zeiten für Schule und Hausaufgaben, klare Regeln mit umrissenen Konsequenzen bei Übertretung, Verbot von körperlichen Auseinandersetzungen, Beschimpfungen, Drogen, Waffen – daß Energien freiwerden für eine Stabilisierung der Persönlichkeitsentwicklung. Die Entlastung von vielen Alltagssorgen gibt Ihrem Kind Raum, sich mit sich selbst und seinem Verhalten genauer zu beschäftigen und über seine Konflikte zu reden, statt sie auszuagieren.

Die stationäre Behandlung: eine Unterbrechung

Es ist hilfreich, den Krankenhausaufenthalt als eine zeitlich begrenzte Pause im Leben Ihres Kindes zu betrachten. Für einige Kinder wirkt sich diese Pause positiv aus, während sie für andere durchaus auch negative Folgen haben kann.

Durch den Krankenhausaufenthalt wird vermutlich so ziemlich alles unterbrochen, was im Leben Ihres Kindes vor sich geht. Schädigend wirkende Prozesse wie Abwertung, Konflikte und Sündenbockrollen werden gestoppt. Aber es werden vielleicht auch gesunde familiäre Kommunikationsmuster, Einigungsprozesse und Zusammenarbeit unterbunden.

Durch einen Krankenhausaufenthalt kann Drogenmißbrauch gestoppt werden, und in anderen Fällen wird vielleicht unglücklicherweise ein eigenmotivierter Drogenentzugsversuch unterbrochen.

Genauso wie die stationäre Behandlung vor einer schädigenden Abhängigkeit schützen kann, kann sie einer gesunden Unabhängigkeit und Autonomie entgegenstehen. Durch die stationäre Aufnahme werden die normalen Entwicklungsaufgaben des Jugendlichen unterbrochen: sich von seiner Familie zu lösen, die Beziehungen zu Gleichaltrigen zu vertiefen und gegenseitige Unterstützung zu erfahren und sich an anderen Erwachsenen als den Eltern zu orientieren.

Weil der Krankenhausaufenthalt einen grundlegenden Wandel für den Jugendlichen und seine Welt mit sich bringen kann, sollte man, wenn man sich dafür entscheidet, gut überlegen, ob die Probleme damit wirklich gemindert werden. Sie wollen natürlich, daß Drogenmißbrauch, kriminelles oder antisoziales Verhalten, Schuleschwänzen und Weglaufen aufhört. Aber Sie wollen sicher nicht die Entwicklung von Selbstsicherheit, von neuen guten Freundschaften, von familiären Anpassungs- und Einigungsprozessen und einen sich vertiefenden kommunikativen Austausch unterbrechen.

Leider ist die Entscheidung darüber, was unterbrochen werden sollte, nicht immer einfach zu treffen. Entwicklungs- und Reifungsschritte können manchmal gerade durch ungünstige Erfahrungen, Enttäuschungen, Fehler und Mißerfolge einen wichtigen Impuls bekommen. Auch Verlust- und Trauererlebnisse können zu persönlichem Wachstum führen. Ein Jugendlicher kann manchmal von einer ausgeprägten Depression oder von Drogenmißbrauch geheilt werden mit Hilfe einer unterstützenden und engagierten Familie, einem tragfähigen Freundeskreis und kompetenten Therapeuten, und im Verlauf dieses Prozesses können all diese Bindungen gestärkt und vertieft werden. Aber durch sich wiederholende Mißerfolge und Verschlechterungen können genau diese Bindungen auch zerstört werden.

Weiterhin bietet sich mit dem Krankenhausaufenthalt die Chance, einen sich immer wiederholenden Teufelskreis zu unterbrechen. Sie sollten auch die Möglichkeit der Aufnahme in eine Tagesklinik, ein Heim, eine Jugendwohngemeinschaft oder ähnliches in Betracht ziehen. In gewissen Fällen kann der Jugendliche durch den Aufenthalt in einer Jugendwohngemeinschaft oder bei Freunden oder Verwandten davor bewahrt werden, so unmündig zu werden wie es bei einem Krankenhausaufenthalt bisweilen der Fall sein kann.

Beachten Sie jedoch die Unterschiede zwischen einer kurzzeitigen stationären Krisenintervention und einer stationären Langzeittherapie. Bei selbstzerstörerischem und gefährlichem Verhalten kann eine kurzfristige stationäre psychiatrische Behandlung notwendig und sogar lebensrettend sein.

Der Entscheidungsprozeß

Sie sollten die Probleme Ihres Kindes genau beschreiben können, um zu klären, ob ein Krankenhausaufenthalt die beste Lösung bedeutet. Holen Sie sich Rat bei dem Therapeuten Ihres Kindes, bei Ihren Feunden und anderen Ihnen nahestehenden Personen. Mit Hilfe dieser Gruppe von Personen können Sie und Ihr Kind sich über bestimmte Entwicklungsziele klarwerden. Überlegen Sie, was Sie von einem Krankenhausaufenthalt im Vergleich zu anderen Behandlungsmöglichkeiten erwarten können, und wie Sie erkennen können, wann für Ihr Kind der Zeitpunkt der Entlassung gekommen sein wird.

Das Problem genau beschreiben

Wenn ein Problem klar erkannt worden ist, zeigt sich oft schon die Lösung – vielleicht eine stationäre Behandlung –, und Ihr Kinderpsychotherapeut sollte mit Ihnen und Ihrem Kind eine übereinstimmende Auffassung darüber erarbeiten, was wirklich vorliegt. Zum Beispiel war eines von Hollys Problemen, daß die 12jährige sich für die Krebserkrankung ihrer Mutter persönlich verantwortlich und schuldig fühlte. Das Problem von unbegründeten Schuldgefühlen bei Erkrankungen anderer Personen könnte genau beschrieben werden, indem man folgende Fragen stellt: Wann traten die Schuldgefühle zum ersten Mal auf? Wie oft fühlst du dich schuldig? Wie oft am Tag denkst du daran? Für wie lange? Hält dich das davon ab, etwas zu machen, was dir Spaß macht? Sie können auch direkt das Problem angehen: mit Hilfe eines Therapeuten könnte Holly die irrationale Ansicht korrigieren, für die Krebserkrankung eines anderen die Schuld zu tragen, und sie könnte all die schmerzlichen Gefühle erkennen, durcharbeiten und verstehen, die durch die Erkrankung ihrer Mutter an die Oberfläche gekommen sind. Zuletzt können Sie prüfen, ob das Problem verschwunden ist.

Wenn Ihr Kindes sein Problem beschreibt, muß dies nicht mit Ihrer Sichtweise übereinstimmen. Wenn ich Eltern nach dem Problem ihrer Tochter frage, sagen sie vielleicht: «Sie ist depressiv» oder «Sie hat ein niedriges Selbstwertgefühl» oder «Sie übernimmt keine Verantwortung». Wenn ich jedoch die Jugendliche frage, höre ich vielleicht immer nur: «Sie mischen sich andauernd ein.» Selbstverständlich steht am Beginn eines therapeutischen Arbeitsbündnisses mit einem Kind oder einem Jugendlichen dessen eigene Problemdefinition. Dann kann gemeinsam daran gearbeitet werden, z. B. herauszufinden, ob die Jugendliche sich so verhalten kann, daß die Eltern sich nicht «andauernd einmischen».

Rat und Unterstützung einholen

Die erste Begegnung mit einem (Kinder-) Psychiater haben Sie vielleicht nicht im Rahmen einer ambulanten Therapie Ihres Kindes, sondern eventuell während einer Krisensituation – z. B. nach einem Selbstmordversuch. Aber wie bei jeder anderen Lebenskrise finden sich neben allem Unglück immer auch Chancen. Sie haben jetzt die Möglichkeit, die Beziehung zu dem neuen Therapeuten Ihres Kindes auf partnerschaftliche Zusammenarbeit zu gründen. Im Rahmen der Aufnahmegespräche, wenn über das Für und Wider einer stationären Behandlung diskutiert wird, hat ja jeder Beteiligte die Möglichkeit, seine Gedanken und Gefühle mitzuteilen, das Problem genauer zu erfassen, Mißverständnisse auszuräumen und zu Entscheidungen zu kommen.

Wenn Ihr Kind schon ambulant therapeutisch behandelt wird, ist wahrscheinlich auch sein Therapeut in diesen Entscheidungsprozeß mit einbezogen. Zu welcher Entscheidung Sie auch immer in Zusammenarbeit mit dem Therapeuten kommen, Sie und Ihr Kind sollten spüren können, daß Ihre Gedanken und Gefühle Beachtung finden, Ihre Meinungen respektiert werden und Ihre Mitarbeitsbereitschaft vom Behandlungsteam erwartet und positiv aufgenommen wird.

Besondere Beachtung verdient die Reaktion Ihres Kindes in Bezug auf die geplante stationäre Aufnahme. Sie sollte sorgfältig besprochen und verstanden werden. Manchmal sucht ein Kind direkt Hilfe, aber weit öfter verhält es sich einfach irgendwie auffällig, um ein Eingreifen der Erwachsenen herauszufordern. Das Kind sollte jedoch soweit wie möglich direkt in den Entscheidungsprozeß für eine stationäre Behandlung miteinbezogen werden, um seine Eigenverantwortung und seine Motivation für die zukünftige Zusammenarbeit zu stärken. Wenn Sie sich zusammen mit dem Therapeuten für eine stationäre Behandlung entscheiden, sollten Sie und Ihr Kind das Gefühl haben, daß die Probleme ernst genommen werden, daß sein Hilferuf gehört wurde, und daß die Dinge sich zum Besseren entwickeln werden.

Wenn Sie geschieden sind oder getrennt leben, sollten Sie auch den nicht-sorgeberechtigten Elternteil in den Entscheidungsprozeß mit einbeziehen. Es könnte sonst sein, daß er ablehnend reagiert und später den therapeutischen Prozeß stört. Auch wenn Sie den Ex-Partner als Teil des Problems betrachten, sollten Sie ihm die Chance bieten, zu einer Lösung beizutragen. Manchmal können auch Geschwister ganz spezielle Perspektiven aufzeigen, unter denen Sie und Ihr Kind das Problem noch nicht gesehen haben.

Auch Ihr Priester, Pfarrer oder Rabbi kann bei diesem Prozeß hilfreich sein, speziell wenn er Ihre Familie gut kennt. Verwandte und für Sie und Ihr Kind wichtige und gute Freunde können Ihnen vor und während der stationären Behandlung zur Seite stehen. Es kann wirklich jeder Unterstützung bieten, der ihr Kind gut kennt oder für seine Entwicklung verantwortlich ist oder sein wird. Dies können Lehrer, Berater, Anwälte oder Bewährungshelfer sein.

Freunde können, obwohl oft von Psychotherapeuten übersehen, eine entscheidende zusätzliche Hilfe sein. Insbesondere Jugendliche verlassen sich sehr auf den Rat und die Unterstützung ihrer Freunde. Zum Beispiel brachten Brandons Freunde den 16jährigen zur Behandlung. Brandon war schwer depressiv und voller Selbstmordgedanken, aber er hatte nicht genug Energie, diese in die Tat umzusetzen. Brandons Mutter wohnte in einem anderen Bundesstaat und besuchte ihn nur selten. Sein Vater war ganz mit sich selbst beschäftigt, ging völlig in seiner Arbeit auf und war nur selten zu Hause. Gewöhnlich aß der Junge allein vor dem Fernseher sein Abendbrot und las dann bis spät in die Nacht hinein, bis er einschlief.

Brandons Freunde merkten, daß er sich veränderte, seinen Humor verlor, an Wochenenden viel trank und ohne Grund Streitereien anfing. Obwohl die Freunde den Vater daraufhin ansprachen, unternahm dieser selbst nichts.

Schlußendlich nahmen die Freunde die Sache in die Hand und brachten Brandon zur Behandlung. Eine Freundin kannte mich von einem Vortrag, den ich an ihrer Oberschule gehalten hatte, und sie stellte sich mir eines Tages im Krankenhaus in den Weg und fragte, ob sie mir kurz mal einen Freund vorstellen könnte. Ich gab den Jugendlichen gleich im Krankenhaus einen Termin und sprach dann lange mit Brandon. Der Junge war wirklich sehr depressiv und stand kurz vor einem Selbstmordversuch. Nachdem ich auch Kontakt mit seinem Vater aufgenommen hatte, brachten wir Brandon noch am gleichen Abend zur stationären Aufnahme.

Brandons Freunde hielten während seines zweiwöchigen Krankenhausaufenthalts durchgehend Kontakt mit ihm. Sie besuchten ihn häufig, nahmen an den Sitzungen der «Unterstützungsgruppe» teil, die Angehörigen und Freunden offensteht, brachten ihm Schulaufgaben mit und erleichterten ihm seinen Wiedereinstieg ins normale Schulleben. Brandons Freunde spielten sicherlich eine Schlüsselrolle bei seiner Genesung, sie waren wie eine Familie im besten Sinne des Wortes.

Es kann Verwandten und Freunden selbst sehr gut tun, im Rahmen eines gemeinsam gestalteten Behandlungsprozesses sinnvolle Aufgaben übernehmen zu können. Sie können von Beginn an mitarbeiten, schon bei der Entscheidung für einen stationären Aufenthalt, und ihre Unterstützung kann sich über die gesamte Zeit der Behandlung erstrecken und sollte idealerweise auch danach noch weitergehen.

Ziele setzen

Nachdem Sie zunächst die speziellen Probleme genau erfaßt und sich eingehend beraten haben, sollten Sie einige realitische und erreichbare Ziele setzen. Das hilft bei der Entscheidung über die passende Behandlung für Ihr Kind, einschließlich einer stationären Behandlung. Es gibt sehr verschiedene Behandlungsziele. Hollys Vater hatte das Ziel, daß seine Tochter dahin kommt, die lebensbedrohliche Krankheit ihrer Mutter so zu verarbeiten, daß sie ihre Angst nicht voller Zorn ausagieren muß und schließlich von ihrer sterbenden Mutter auch Abschied nehmen kann. Ein Jugendlicher nannte als wichtigstes Ziel, die Beziehung mit seinem Stiefvater so zu verändern, daß er vom ihm als vollwertig anerkannt und akzeptiert werden würde.

Krisenintervention. Die Behandlung in einer dramatischen Krisensituation zielt darauf ab, selbstzerstörerisches Verhalten zu unterbrechen und Selbstverletzungen sowie Verletzung anderer zu verhindern. Kriminelles Verhalten, Drogen- und Alkoholmißbrauch und Weglaufen müssen zum Wohl des Jugendlichen, seiner Familie und der Gesellschaft so schnell wie möglich gestoppt werden. Dies kann durch eine stationäre Aufnahme ermöglicht werden; in gewissen Fällen habe ich selbst auch gute Erfahrungen gemacht mit einer Aufsicht rund um die Uhr durch die Familie, begleitet von einer intensiven therapeutischen Krisenintervention.

Solch eine grundlegende Einbeziehung der Familie führt häufig zu bemerkenswerten Veränderungen. Nachdem ein Vater fast 48 Stunden hintereinander mit seinem selbstmordgefährdeten Sohn zusammen gewesen war, berichtete er: «Ich habe an diesem Wochenende mehr mit John gesprochen als in den letzten fünf Jahren zusammen. Ich kannte ihn bis jetzt gar nicht richtig. Nun habe ich meinen Sohn kennengelernt, und das hat uns beide verändert. Es wird nie wieder wie vorher zwischen uns sein.»

Untersuchungen. Wenn ich mit einer Familie zusammensitze und wir die stationäre Aufnahme besprechen, stoßen wir gewöhnlich auf Probleme, die weiterer Abklärung bedürfen. Manchmal ist ein Krankenhausaufenthalt die beste Möglichkeit, aus erster Hand eine Beurteilung der Gefühlslage des Kindes, seines Verhaltens, seiner Gedanken, die es in verschiedenen Situationen mitteilen kann, und seiner Beziehungsfähigkeit vorzunehmen.

Oft wird ein Kind von der Schule angemeldet, weil es Ärger macht, nicht mitkommt oder schwänzt. Die Ursachen der Schulprobleme können in einer begrenzten intellektuellen Begabung liegen, in Lernstörungen, Depressionen, Ängsten, Ablenkbarkeit, Drogenmißbrauch, Müdigkeit, Phobien und anderem mehr. Im Rahmen eines stationären Aufenthalts in einer Abteilung, die auch eine Klinikschule hat und wo Lernstörungen abgeklärt werden können, ist mitunter die Erfassung, Diagnostik und Behandlung solcher Störungen besser möglich. Die Krankenhausschule unterscheidet sich allerdings von einer normalen Schule. Es ist möglich, den Unterricht stärker auf das einzelne Kind abzustimmten, und Ablenkungen können besser ausgeschaltet werden.

Wenn man darüber entscheiden will, ob eine solche stationäre Untersuchung sinnvoll ist, sollte man überlegen, ob eher die Beobachtung in einer recht kontrollierten Lernsituation in der Klinik oder im normalen schulischen Umfeld Aufklärung über die Probleme Ihres Kindes bringt. Im stationären Umfeld können viele Einflüsse kontrolliert und die Probleme genauer unter die Lupe genommen werden. Andererseits ist die Beurteilung des kindlichen Verhaltens und seiner Leistungen in einem natürlichen Umfeld eventuell wirklichkeitsnäher.

Eine vollständige Untersuchung Ihres Kindes beinhaltet eine Untersuchung seiner Gesundheit und seines Entwicklungsstandes, seiner persönlichen Stärken, seiner Möglichkeiten, sein Leben zu bewältigen, seines Bewußtseins, seiner Fähigkeiten zur Selbstkontrolle und seines Selbstwertgefühls. Um Ihrem Kind helfen zu können, sollte die Untersuchung wirklich gesamthaft die Gedanken, Gefühle, Verhaltensweisen und Beziehungen Ihres Kindes erfassen. Sie können mit dem Psychotherapeuten Ihres Kindes besprechen, ob diese Untersuchung besser innerhalb des Krankenhauses oder außerhalb stattfinden sollte.

Unterstützung und Halt geben. Die stationäre Aufnahme bietet einem vielfältig belasteten Kind oder Jugendlichen größtmögliche Unterstützung und Fürsorge. Eine so weitreichende Unterstützung sollte nur in dem Umfang und nur so lange erfolgen, wie das Kind sie braucht.

Bitte denken Sie einmal über den Begriff «Struktur» nach. Sie können sich vorstellen, daß es ganz verschiedene Einrichtungen und Dienste für ein belastetes Kind gibt, die mehr oder weniger feste Regeln oder «Strukturen» aufweisen und damit Halt geben können.

Im Verlauf der normalen Entwicklung bilden Kinder und Jugendliche innere Strukturen aus, innere Ordnungsgefüge, die ihnen Halt geben können, und die dabei helfen, Informationen einzuordnen und zu verarbeiten, mit Belastungen umzugehen und mit anderen Menschen in Beziehung zu treten. Aber manchen Kindern fehlt dieser innere Halt, fehlen diese inneren Strukturen. Entweder sind sie unter äußeren Belastungen zusammengebrochen, oder sie haben sich nie richtig entwickeln können. Ein schwer depressives Kind kann von einer stationären Behandlung profitieren, weil hier äußere Strukturen als Ersatz für das fehlende «innere Korsett» bereitgestellt werden: bestimmte Grenzen, in denen es sich bewegen kann, Verhaltensregeln, Vorschriften und Personen, die dem Kind helfen, mit starken und bedrohlichen Gefühlen klarzukommen.

Das Krankenhaus steht an dem einen Ende der «Struktur»-Skala, das Zuhause und der normale Schulalltag am anderen Ende. Nun unterscheiden sich Familien darin, wieviel Halt, wieviel Struktur sie bieten, von sehr wenig bis sehr viel. Es gibt allerdings auch Kinder, die jegliche Art von Struktur ablehnen, nicht pünktlich nach Hause kommen, keine Regeln einhalten, die Schule schwänzen oder einfach abhauen. In der Mitte der »Struktur«-Skala mit dem Krankenhaus am einen Ende und dem Zuhause am anderen sind die Tages- oder die Nachtklinik sowie intensive ambulante Behandlungsprogramme einzuordnen. Bei dieser Art von Behandlungen, die milder strukturiert sind, wohnen die Kinder zu Hause, gehen eventuell sogar in die normale Schule, aber sie werden zusätzlich täglich über viele Stunden betreut. Diese Behandlungsformen sind für Kinder gedacht, die in der Lage sind, auf eine normale Schule zu gehen, bei einer ambulanten Behandlung mitzuarbeiten und sich zu Hause an einige Grundregeln zu halten.

Eine stationäre Aufnahme bietet Unterstützung, indem sie auch einfach erst einmal von den Problemen entlastet. Wenn ein Kind oder ein Jugendlicher nicht mehr als drei Stunden in der Nacht schlafen kann, oder wenn eine Familie zu erschöpft ist, um die Dinge weiter im Griff zu halten, ist sofortige Entlastung nötig, um sich erstmal erholen zu können, bis man dann zum normalen Alltagsleben mit seinen Aufgaben und Pflichten zurückfindet.

Tom, ein 15jähriger Delinquent, kam aus einer Familie, die häufig Grenzen setzte und auch recht konsequent war. Aber Tom benahm sich sehr aggressiv, und wenn er zurechtgewiesen wurde, mußten ihn seine Eltern oft direkt daran hindern, wegzulaufen. Beide Eltern mußten auf ihn aufpassen und manchmal dabei die ganze Nacht aufbleiben. Als sie Tom schließlich zur Aufnahme brachten, waren sie vollständig erschöpft. Unser erstes Ziel in Hinblick auf die stationäre Aufnahme bestand darin, für die Familie von Tom eine Erholungspause zu schaffen.

Wir hatten andere Möglichkeiten diskutiert, Verwandte und Freunde aufgelistet, die bei der Beaufsichtigung von Tom hätten aushelfen können, und sogar daran gedacht, Tom bei einer anderen Familie unterzubringen. Aber der Junge begann, psychotische Symptome zu entwickeln, und sein Verhalten wurde immer gewalttätiger. Wir beschlossen die stationäre Aufnahme, um eine geschlossene und sichere

Umgebung zu bieten und eine medikamentöse antipsychotische Behandlung einzuleiten.

Selbst in diesem Fall konnte sich Toms Familie weiter selbstkompetent fühlen, weil sie voll in die Entscheidung über die Plazierung ihres Sohnes einbezogen worden war. Während der stationären Behandlung war Toms Familie sehr aktiv mit dabei, seine Entlassung und die Rückkehr nach Hause zu planen.

Veränderungen. Eltern, die eine stationäre Behandlung ihres Kindes ins Auge fassen, erwarten gewöhnlich eine Art grundsätzlicher Veränderung. Sie könnten hoffen, daß eine »biochemische Störung«»mit der Medikation beseitigt wird. Sie könnten wünschen, daß sich das Verhalten ihres Kindes ändert oder sich seine Schulleistungen verbessern. Der ambulante Psychotherapeut Ihres Kindes hatte vielleicht die Aufnahme emfohlen, weil die ambulante Therapie bisher nicht erfolgreich gewesen war. Wenn Sie der Meinung sind, daß familiäre Probleme vorliegen, könnte Ihr Ziel vielleicht darin liegen, ein brauchbares familiäres Reglement zu entwickeln, bei dem die Eltern sich die Führung teilen und den Kindern altersangemessene Rechte und Pflichten zugeteilt werden. Vielleicht erwarten Sie, daß Ihr Kind oder Ihre Jugendliche wirksame Problemlösefertigkeiten lernt oder soziale Fähigkeiten und Beziehungen entwickelt. Die stationäre oder jegliche andere Form der Behandlung sollte Ihr Kind voranbringen im Bereich von Ich-Entwicklung, Selbstwertgefühl, Selbständigkeit, Selbstkontrolle und Einfühlungsvermögen für andere. Wenn Sie überlegen, ob Sie Ihr Kind stationär behandeln lassen sollten, können Sie einmal auflisten, welche Veränderungen Sie sich erhoffen. Überlegen Sie, ob dafür eine kurze stationäre Behandlung eher förderlich oder hinderlich ist.

Würde zum Beispiel eine stationäre Behandlung die Selbstkontrolle oder das Selbstwertgefühl Ihres Kindes anheben oder senken? Wenn Ihre Tochter eine angemessene Selbstkontrolle zeigt und selbst auch damit zufrieden ist, könnte ihr Selbstwertgefühl beeinträchtigt werden, wenn man ihre Unabhängigkeit durch eine stationäre Aufnahme einschränkt. Wenn sie hingegen ständig abgelenkt und von Impulsen überflutet ist oder außer Kontrolle geraten ist und nicht weiß, wie sie sich wieder fangen kann, rettet die zeitlich begrenzte Unterstützung und die Außenkontrolle des Krankenhauses eventuell ihre Selbstachtung. Wenn Ihre Jugendliche sich wenigstens mit ein paar Leuten gut versteht und verläßliche Beziehungen hat, könnte sie auch in der Lage sein, auf das Angebot eines therapeutischen Arbeitsbündnisses außerhalb des Krankenhauses einzugehen. Durch eine stationäre Aufnahme könnte ihr soziales Netz, das sie sich aufgebaut hat, zerreissen. Aber wenn ihr Verhalten sehr gestört ist oder sie sich so wenig mitteilen kann, daß sie zu allen die Beziehung verloren hat, könnte die stationäre Aufnahme eventuell unwiederbringlichen Schaden verhindern helfen, und sie könnte einige wichtige soziale Fertigkeiten in einem geschützten Rahmen erlernen. Die Veränderungen beginnen schon während des Entscheidungsprozesses für die stationäre Aufnahme. Indem Sie die Probleme genau beschreiben, Veränderungsziele entwickeln und eine Behandlungsform auswählen, können Sie und Ihr Kind Ihr gegenseitiges Verstehen vertiefen und darin übereinkommen, zusammenzuarbeiten.

Zum Abschluß. Das letztendliche Ziel der Behandlung besteht natürlich darin, daß Ihr Kind zu einem normalen, selbständigen Verhalten innerhalb von Familie, Schule und Gesellschaft zurückfindet. Ob Sie eine stationäre Behandlung als beste Möglichkeit betrachten, dieses Ziel zu erreichen, und sich dafür entscheiden, wird sicher davon abhängen, welche anderen Hilfsmöglichkeiten Ihnen während einer krisenhaften Entwicklung zur Verfügung stehen,

Zum Beispiel wurde Eddie, ein selbstmordgefährdeter Jugendlicher, von der Schule mit der Frage nach einer möglichen stationären Aufnahme vorgestellt. Indem wir über die Ursachen für die Krise sprachen und das Für und Wider einer stationären Aufnahme erwogen, begannen Eddies Eltern allmählich das große Ausmaß seiner Probleme und seiner Verzweiflung zu verstehen. Zusammen mit Eddie luden sie noch am gleichen Abend einige Familienmitglieder, Nachbarn und Freunde ein, um sie um ihre Unterstützung zu bitten und sich mit ihnen zu beraten. Sie nahmen wieder Kontakt mit demjenigen Therapeuten auf, bei dem sie schon einmal vor zwei Jahren gewesen waren, und dieser erklärte sich einverstanden, mit ihnen intensiv während der Krisensituation zu arbeiten und gleich am nächsten Tag damit zu beginnen. Eddies Vater nahm eine Woche Urlaub, um für seinen Sohn da sein zu können und intensiv mitzuarbeiten. Eddie wurde erfolgreich ambulant behandelt.

Wenn Sie sich klar machen wollen, was Sie selbst zu leisten imstande sind, sollten Sie sich folgende Fragen stellen:

– Haben Sie wirklich genug Zeit und Kenntnisse, um Ihr Kind in der Krisensituation unterstützen zu können, und können Sie sicherstellen, daß Ihr Kind die Behandlungsanweisungen befolgt?

– Ist die Schule des Kindes von der Ausstattung her und personell in der Lage, zusätzliche Unterstützung für eine ambulante Behandlung zu bieten?

– Gibt es einen kompetenten Therapeuten, der auch die Zeit hat, die ambulante Behandlung Ihres Kindes engagiert durchzuführen?

Auf der anderen Seite sollten Sie auch prüfen, ob das Krankenhaus, daß Sie im Auge haben, wirklich ein für die Probleme Ihres Kindes passendes Behandlungsprogramm anbieten kann. Die Bedürfnisse eines 13 Jahre alten depressiven Mädchens unterscheiden sich grundlegend von denen eines 17jährigen Delinquenten und hochgradig geängstigten Jugendlichen. Bei der Auswahl des Krankenhaus sollten Sie den Behandlungsansatz, die Mitarbeiter, den Erfolg der Behandlungsprogramme und die gerade vorherrschende Patientenzusammensetzung beachten.

Die 13 Jahre alte Jennifer hatte wie Eddie in der Schule Selbstmordabsichten geäußert. Aber Jennifer hatte sehr wenig Unterstützung. Ihre geschiedene alkoholabhängige Mutter wollte nicht zu einem Gespräch in die Schule kommen, selbst nachdem ihr die Selbstmordideen ihrer Tochter mitgeteilt worden waren. Andere Familienmitglieder verweigerten überhaupt jedes Gespräch, und mehrere frühere Therapeuten lehnten eine erneute Arbeit mit dieser unberechenbaren Familie ab. Jennifer wurde zu ihrem eigenen Schutz stationär aufgenommen. Innerhalb einiger Wochen kam es doch dazu, daß sich eine Unterstützungsgruppe bildete, bestehend aus der betroffen Familie, Nachbarn, Lehrern und zwei Therapeuten. Die geschützte Atmosphäre des Krankenhauses hatte offensichtlich den notwendigen Rahmen für den Aufbau eines Arbeitsbündnisses mit Jennifers Familie gebildet.

Sie sollten nach einem gründlichen Nachdenken über die Vor- und Nachteile einer stationären Behandlung zu einer Entscheidung kommen. Manchmal enthält die Entscheidung für die stationäre Behandlung schon ein therapeutisches Element. All Ihre Schritte im Entscheidungsprozeß – das Problem genau erfassen, Ziele setzen und eine passende Behandlung auswählen – sind schon wichtige erste Schritte auf dem Weg zur Heilung.

Literatur

Einführung

Gans, J.E. «America's Adolescents: How Healthy Are They?» *Profiles of Adolescent Health Series,* Volume 1. Chicago: American Association, 1990.

Kapitel 1

Goertzel, Victor & Mildred George Goertzel. *Cradles of Eminence.* Boston: Little, Brown, 1962.

Harrington, R. et al. «Adult Outcomes of Childhood and Adolescent Depression.» *Archives of General Psychiatry* 47 (1990): 465.

McGlashan, T.H. «Comparison of Adolescent- and Adult-Onset Unipolar Depression.» *American Journal of Psychiatry* 146 (1989): 1208.

Kapitel 2

American Psychiatric Association. *Diagnostic and Statistical Manual of Mental Disorders* (DSM-III-R). Washington, DC: Selbstverlag, 1987. Deutsche Ausgabe: *Diagnostisches und Statistisches Manual Psychischer Störungen* (DSM-III-R). Deutsche Bearbeitung und Einführung von H.-U. Wittchen et al. Weinheim und Basel: Beltz, 1989.

Golombek, Harvey. «Feeling States During Adolescence.» *Psychiatric Clinics of North America* 13:3 (1990): 443–54.

Ivens, Carolyn & Lynn Rehm. «Assessment of Childhood Depression: Correspondence Between Reports by Child, Mother, and Father.» *Journal of the American Academy of Child and Adolescent Psychiatry* 27:6 (1988). 738–41.

McGlashan, T.H. «Adolescent Versus Adult Onset of Mania.» *American Journal of Psychiatry* 145:2 (1988). 221.

McKnew, Donald, C. Cytryn, M. Lamour & A. Apter. «Fantasy in Childhood Depression and Other Forms of Childhood Psychopathology.» *Adolescent Psychiatry* 10 (1982): 292–98.

Offer, D., E. Ostow, K. Howard & R. Atkinson. «Normality and Adolescence.» *Psychiatric Clinics of North America* 13:3 (1990): 377–88.

Puig-Antich, Joaquin, E. Lukens, M. Davies, D. Goetz, J. Brennan-Quattrock & G. Todak. «Psychosocial Functioning in Prepubertal Major Depressive Disorders: I. Interpersonal Relationships During the Depressive Episode.» *Archives of General Psychiatry* 42 (Mai 1985): 500–507.

Puig Antich et al. «Psychosocial Functioning in Prepubertal Major Depressive Disorders: II. Interpersonal Relationships After Sustained Recovery from Affective Episode.» *Archives of General Psychiatry* 42 (Mai 1985): 511–17.

Ryan, Neal, J. Puig-Antich, P. Ambrosini, H. Rabinovich, D. Robinson, B. Nelson, S. Iyengvar & J. Twomey. «The Clinical Picture of Major Depression in Children and Adolescents.» *Archives of General Psychiatry* 44 (1987): 854–61.

Shaffer, David. «Suicide in Childhood and Early Adolescence.» *Journal of Child Psychology and Psychiatry* 15 (1974): 275–91.

Spitz, R.A. «Anaclitic Depression: An Inquiry into the Genesis of Psychiatric Conditions in Early Childhood.» *Psychoanalytic Study of the Child* 2 (1946): 313.

Varanka, T. et al. «Lithium Treatment of Manic Episodes with Psychotic Features in Prepubertal Children.» *American Journal of Psychiatry* 145:2 (1988): 1557.

Winnicott, D.W. *The Maturational Processes and the Facilitating Environment.* New York: International Universities Press, 1965.

Kapitel 3:

Abramson, L.Y. et al. «Learned Helplessness in Humans: Critique and Reformulation.» *Journal of Abnormal Psychology* 87 (1978): 47.

Beardslee, W.R. & D. Podorefsky. «Resilient Adolescents Whose Parents Have Serious Affective and Other Psychiatric Disorders: The Importance of Self-Understanding and Relationships.» *American Journal of Psychiatry* 145 (1988): 63.

Beck, A.T. et al. *Cognitive Therapy for Depression.* New York: Guilford Press, 1979. Deutsche Ausgabe: Kognitive Therapie der Depression. Weinheim: Psychologie Verlags Union, 5. Auflage 1996.

Bowlby, John. «Grief and Mourning in Infancy and Early Childhood.» *Psychoanalytic Study of the Child* 15 (1960): 9.

Burns, David. *Feeling Good: The New Mood Therapy.* New York: Penguin Books, 1980.

Engstrom, I. «Family Interaction and Locus of Control in Children and Adolescents with Inflammatory Bowel Disease.» *Journal of the American Academy of Child and Adolescent Psychiatry* 30:6 (1991): 913.

Flammer, A.: *Erfahrung der eigenen Wirksamkeit. Einführung in die Psychologie der Kontrollmeinung.* Bern: Hans Huber, 1990.

Freud, Sigmund. *Trauer und Melancholie* (1917). In: Freud, Sigmund: Gesammelte Werke, Bd. 10. Frankfurt a.M.: S. Fischer, 1973.

Gershon, E.S. et al. «Diagnoses in School-Age Children of Bipolar Affective Disorder Patients and Normal Controls.» *Journal of Affective Disorders* 8 (1985): 283.

Jacobson, Edith. *Depression.* New York: International Universities Press, 1971.

Lewinsohn, Peter M. «The Behavioral Study and Treatment of Depression.» In *Progress in Behavior Modification,* edited by M. Hersen, R.M. Eisler and P.M. Miller. New York: Academic Press, 1975.

McKnew, D.H. & L. Cytryn. «Diagnoses in School-Age Children of Bipolar Affective Disorder Patients and Normal Controls.» *Journal of Affective Disorders* 8 (1985): 283.

McKnew, D.H. & L. Cytryn. «Urinary Metabolites in Chronically Depressed Children.» *Journal of the American Academy of Child and Adolescent Psychiatry* 18 (1979): 608.

Norris, Ronald V. *PMS: Premenstrual Syndrome.* New York: Rawson, 1983.

Puig-Antich, J. et al. «Growth Hormone Secretion in Prepubertal Children with Major Depression.» *Archives of General Psychiatry* 41 (1984): 455.

Rosenthal, Norman E. *Seasons of the Mind.* New York: Bantam, 1989.

Seligman, M.E.P. et al. «Attributional Style and Depressive Symptoms Among Children.» *Journal of Abnormal Psychology* 93:2 (1984): 235.

Shafii, M. & S.L. Shafii. *Clinical Guide to Depression in Children and Adolescents.* Washington, DC: American Psychiatric Press, 1992.

Spitz, R.A. «Anaclitic Depression: An Inquiry into the Genesis of Psychiatric Conditions in Early Childhood.» *Psychoanalytic Study of the Child* 2 (1946): 313.

Steinem, Gloria. *Revolution from Within.* Boston: Little, Brown, 1992. Deutsche Ausgabe: *Was heißt schon emanzipiert.* München: Knaur, 1995

Werner, Emmy G. & Ruth S. Smith: *Vulnerable but Invincible: A Study of Resilient Children.* New York: McGraw-Hill, 1982.

Kapitel 4:

Bernstein, G.A. & B.D. Garfinkel: «School Phobia: The Overlap of Affective and Anxiety Disorders.» *Journal of the American Academy of Child Psychiatry* 25:2 (1986): 235.

Christ, Adolph. «School Consultation.» In *Child and Adolescent Psychiatry: A Comprehensive Textbook,* edited by M. Lewis. Baltimore: Williams and Wilkins, 1991.

Maag, J.W. et al. «Secondary School Professionals' Ability to Identify Depression in Adolescents.» *Adolescence* 23:89 (Frühjahr 1988): 73.

Silver, L.B. *The Misunderstood Child.* New York: McGraw-Hill, 1984.

von Aster, M.G. Psychopathologische Risiken bei Kindern mit umschriebenen schulischen Teilleistungsstörungen. *Kindheit und Entwicklung, 5* (1996): 53.

Kapitel 5:

American Psychiatric Association. *Diagnostic and Statistical Manual of Mental Disorders,* 3rd ed. rev. Washington, DC: American Psychiatric Association, 1987. Deutsche Ausgabe: *Diagnostisches und Statistisches Manual Psychischer Störungen* (DSM-III-R). Deutsche Bearbeitung und Einführung von H.-U. Wittchen et al. Weinheim und Basel: Beltz, 1989.

Earls, F. «Epidemiology and Child Psychiatry: Entering the Second Phase.» *American Journal of Orthopsychiatry* 59:2 (1989): 279.

Marriage, K., S. Fine, M. Moretti & G. Haley. «Relationship Between Depression and Conduct Disorder in Children and Adolescents.» *Journal of the American Academy of Child Psychiatry* 25:5 (1986): 687.

Yates, A. «Current Perspectives on the Eating Disorders: I. History, Psychological and Biological Aspects.» *Journal of the American Academy of Child Psychiatry* 28:6 (1989): 813.

Kapitel 6:

Fraser, Craig & Deirdre Sullivan. *Burnt: A Teenage Addict's Road to Recovery.* New York: New American Library, 1989.

Gorski, Terence T. *Understanding the Twelve Steps.* New York: Prentice-Hall, 1989.

Kandel, D.B. «Epidemiological and Psychosocial Perspectives on Adolescent Drug Use.» *Journal of the American Academy of Child and Adolescent Psychiatry* 21 (1982): 328.

Morrison, M.A. «Overview: Kids and Drugs.» *Psychiatric Annals* 21:2 (Februar 1991): 72–73.

Otteson, Orlo & John Townsend, with Tim Rumsey. *Kids and Drugs: A Parents' Guide.* New York: CFS Publishing Corp., 1983.

Polson, Beth & Miller Newton. *Not My Kid: A Parents' Guide to Kids and Drugs.* New York: Arbor House, 1984.

Reeves, John & James B. Austin. *How to Find Help for a Troubled Kid.* New York: Henry Holt, 1990.

Rogers P. et al. «Adolescent Chemical Dependence: A Diagnosable Disease.» *Psychiatric Annals* 21:2 (1991: 91.

Scott, Sharon. *Peer Pressure Reversal.* Amherst, MA: Human Resource Development Press, 1985.

Kapitel 7:

Brent, David et al. «The Presence and Accessibility of Firearms in the Homes of Adolescent Suicides.» *Journal of the American Medical Association* 266:21 (4. Dezember, 1991): 2989.

Centers for Disease Control. «Attempted Suicide Among High School Students, United States, 1990.» *Morbidity and Mortality Weekly Report* 40 (1991): 633.

Centers for Disease Control. «Weapon-Carrying Among High School Students, United States, 1990.» *Morbidity and Mortality Weekly Report* 40 (1991): 681.

Freeman, Arthur & Reinecke, Mark A. Selbstmordgefahr? Erkennen und Behandeln: Kognitive Therapie bei suizidalem Verhalten: Bern: Hans Huber, 1995.

Giffin, Mary & Carol Felsenthal. *A Cry for Help.* Garden City, NY: Doubleday, 1983.

Rutter, Michael et al., eds. *Depression in Young People.* New York: Guilford Press, 1986.

Kapitel 8:

Canter, Lee. *Homework Without Tears: A Parents' Guide for Motivating Children to Do Homework and Succeed in School.* New York: HarperCollins, 1988.

Kapitel 9:

American Medical Association: *Drug Evaluations.* 6th ed., DE-6. Chicago: American Medical Association, 1996.

Axline, V.: *Kinderspieltherapie im nicht-direktiven Verfahren.* München: Reinhardt, 1972.

Beck, A.T.; Rush, A.J.; Shaw, B.F. & Emery, G.: *Kognitive Therapie der Depression.* Weinheim: Beltz, 1996.

Burns, David B. *Feeling Good: The New Mood Therapy.* New York: Penguin Books, 1980.

Bush, Richard. *A Parent's Guide to Child Therapy.* New York: Delacorte Press, 1980.

Ehrenberg, Otto, and Miriam Ehrenberg. *The Psychotherapy Maze.* New York: Holt, Rinehart and Winston, 1977.

Fishman, Katherine. «Therapy for Children.» *Atlantic Monthly*, June 1991, 47.

Herskowitz, Joel. *Is Your Child Depressed?* New York: Pharos Books, 1988.

Kovacs, M. «The Children's Depression Inventory (CDI).» *Psychopharmacology Bulletin* 21 (1985): 955–98.

Madanes, Chloe. *Sex, Love and Violence.* New York: W.W. Norton, 1990.

Reaves, John, and James B. Austin. *How to Find Help for a Troubled Child.* New York: Henry Holt and Company, 1990.

Schmidtchen, S. Kinderpsychotherapie. Stuttgart: Kohlhammer, 1989.

Seligman, Martin. *Learned Optimism.* New York: Alfred A. Knopf, 1991.

Steinhausen, H.-C. & von Aster, M.G. (Hrsg.). *Handbuch der Verhaltensmedizin und Verhaltenstherapie bei Kindern und Jugendlichen.* Weinheim: Psychologie Verlags Union, Beltz, 1993.

Wilkes, T.C.R., and A.J. Rush. «Adaptations of Cognitive Therapy for Depressed Adolescents.» *Journal of the American Academy of Child and Adolescent Psychiatry* 27:3 (1988): 381.

von Aster, S. *Kinderwelten verstehen.* Anregungen zur Spielerziehung. Zürich, Köln: Orell Füssi, 1992.

Kapitel 10:

Abroms, G., C. Fellner, and C. Whitaker. «The Family Enters the Hospital.» *American Journal of Psychiatry* 127:10 (1971): 99.

Barish, J.I., and W.A. Schonfeld. «Comprehensive Residential Treatment of Adolescents.» *Current Psychiatric Therapy* 12 (1972): 9.

Easson, W.M. *The Severely Disturbed Adolescent.* New York: International Universities Press, 1969.

Feinstein, S.C., and V. Uribe. «Hospitalization of Young People: Rationale and Criteria.» *Psychiatric Annals* 15:10 (1985): 602.

Fineberg, B.L., S.K. Sowards, and P.W. Kettlewell. «Adolescent Inpatient Treatment: A Literature Review.» *Adolescence* 15:6 (1980): 913.

Freud, A. «The Concept of Developmental Lines.» *In Normality and Pathology in Childhood* by A. Freud. New York: International Universities Press, 1965.

Hanrahan, G. «Beginning Work with Families of Hospitalized Adolescents.» *Family Process* 25 (1986): 391.

Looney, J.G., M. Blotcky, D. Carson, and J. Gossett. «A Family Systems Model for Inpatient Treatment of Adolescents.» *Adolescent Psychiatry* 8 (1980):499.

Madanes, C. «The Prevention of Re-Hospitalization of Adolescents and Young Adults.» *Family Process* 19 (1980): 179.

Manual of Psychiatric Peer Review. Committee on Peer Review, American Psychiatric Association. Washington, CD: 1985.

Marohn, R.C. *Juvenile Delinquents: Psychodynamic Assessment and Hospital Treatment.* New York: Brunner/Mazel, 1980.

Masterson, J.F. *Treatment of the Borderline Adolescent.* New York: Brunner/Mazel, 1985.

Miller, D. *Attack on the Self.* Northvale, NJ: Jason Aronson, 1986.
«The Development of Psychiatric Treatment Services for Adolescents.» In *Current Issues in Adolescent Psychiatry,* edited by J.C. Schoolar. New York: Brunner/Mazel, 1973.

Rinsley, D.B. «Intensive Psychiatric Hospital Treatment of Adolescents.» *Psychiatric Quarterly* 39 (1965): 405.
«Theory and Practice of Intensive Residential Treatment of Adolescents.» *Adolescent Psychiatry* 1 (1971): 479.
Treatment of the Severely Disturbed Adolescent. New York: Jason Aronson, 1980.

Weisman, G.K. «Crisis-Oriented Residential Treatment as an Alternative to Hospitalization.» *Hospital Community Psychiatry* 36:12 (1985): 1302.

Wilson, M.R., and N. Soth. «Approaching the Crisis in Adolescent Long-Term Hospitalization.» *Psychiatric Annals* 15:10 (1985): 586.

Zinn, D. «Hospital Treatment of the Adolescent.» *In Basic Handbook of Child Psychiatry,* edited by J. Noshpitz. New York: Basic Books, 1979.

Register